2009年金融管理与实务专业核心课程国家级教学团队研究成果
"'碳金融'支持浙江经济转型的机制、路径和对策研究"[浙科发计〔2011〕65号（Y6110747）]的成果

中国发展低碳经济的金融支持研究

郭福春　著

中国金融出版社

责任编辑：罗邦敏
责任校对：张志文
责任印制：程　颖

图书在版编目（CIP）数据

中国发展低碳经济的金融支持研究（Zhongguo Fazhan Ditan Jingji de Jinrong Zhichi Yanjiu）/郭福春著.—北京：中国金融出版社，2012.3
ISBN 978－7－5049－6270－6

Ⅰ.①中… Ⅱ.①郭… Ⅲ.①节能—经济发展—金融支持—研究—中国 Ⅳ.①F832.0

中国版本图书馆 CIP 数据核字（2012）第 014948 号

出版
发行　中国金融出版社

社址　北京市丰台区益泽路 2 号
市场开发部　　（010）63266347，63805472，63439533（传真）
网上书店　http://www.chinafph.com
　　　　　　（010）63286832，63365686（传真）
读者服务部　（010）66070833，62568380
邮编　100071
经销　新华书店
印刷　利兴印务有限公司
尺寸　169 毫米 ×239 毫米
印张　12
字数　208 千
版次　2012 年 3 月第 1 版
印次　2012 年 3 月第 1 次印刷
定价　26.00 元
ISBN 978－7－5049－6270－6/F.5830
如出现印装错误本社负责调换　联系电话（010）63263947

内 容 摘 要

研究表明，近100年来，地球地表平均温度升高了0.74℃。人类活动所产生的二氧化碳等气体是导致全球温度升高的主要因素，其对全球气候已造成极大的危害。在过去的几十年中，温室效应使海平面上升了47厘米。如果任由这种状况继续发展下去，气候变化的温室效应将对生态系统、食物与淡水供应以及人类居住带来严重的负面影响，危及人类社会未来的生存和发展。经济从传统的高排放、高能耗、高污染粗放式发展模式，转向以低排放、低能耗、低污染为特征的低碳经济发展模式，已经成为经济发展的必然选择。

但问题是，如何发展低碳经济，减少二氧化碳等温室气体的排放，抑制全球气候变暖。目前，低碳经济已经成为当今世界各国政府、各级国际性组织、专家学者，乃至国际性金融机构研究和讨论的焦点。国际性金融机构、银行等金融系统纷纷涉足低碳经济领域，使得与低碳经济发展最为紧密的碳金融市场纷纷兴起，为低碳经济的发展注入了新鲜血液，碳金融的发展俨然已成为低碳经济发展的引擎，发挥着不可替代的作用。

碳金融泛指服务于减少温室气体排放的各项金融制度和金融交易活动。其主要包括碳排放权及其衍生品的交易和投资、低碳项目开发的投融资及其他相关的金融中介活动。碳金融主要涉及两个核心层面的问题：一是如何通过金融行为解决碳排放权的初始分配和交易方案设计问题，借以提高环境资源的配置效率；二是通过金融机构绿色信贷引导产业升级转型，通过资金要素配置支持社会经济结构调整。

作为连接碳金融与低碳经济有效桥梁的碳金融衍生产品——碳排放权，势必成为研究的焦点。显然，碳排放权作为一种特殊的商品，其交易的基础依然是价格，价格波动将会导致巨大的交易风险，并受到碳排放量供给，以及各国政府之间博弈等不确定因素的影响，而碳排放量的供给需求又受到众多因素的影响，如人口规模效应、能源强度效应、金融支撑效应等。

那么，一个很自然的想法是，在低碳经济发展的进程中，中国金融支持低碳经济发展的体系如何构建。对此，本书将从以下几个方面进行探究并进行较为全面的分析。

其一，中国低碳经济发展的可能路径探析，并分析如何科学地构建符合中国低碳经济发展的完善的碳金融支撑体系。

其二，碳金融市场在低碳经济发展进程中起着不可估量的作用，因此，本书将试图探明碳金融市场碳排放权交易价格运行情况，更为直观地说，明晰碳金融市场碳排放权交易的价格波动情况及其运行风险问题，以便于为中国政策制定者更好地借鉴和参与碳金融市场交易，防范碳交易风险提供明确的方向。

其三，碳金融市场交易价格受到碳排放量的影响，进而也间接受到影响碳排放量供给的众多其他因素的影响，因此，本书将从理论上和实证上探明这些因素，尤其是探明对低碳经济发展至关重要的中国金融服务等因素，对低碳经济发展（碳排放量）起到怎样的支撑作用及其影响机制如何，或者说金融支撑对碳排放量的驱动机制如何，以及我们又该制定怎样的政策来完善和支持低碳经济的发展。

探明这些问题，对于中国更好地参与国际碳金融市场交易，构建符合中国低碳经济发展的碳金融市场体系，提高碳交易定价能力并防范市场风险，以及中国在参与低碳经济发展，实现国民经济转型升级过程中，抓住机遇，抢占碳金融发展制高点来说，无疑具有至关重要的理论价值和现实意义。

本书共分七章，具体研究内容如下。

第一章为导论。主要阐述本书的研究背景与研究意义，本书的研究方法、国内外研究现状、研究思路、逻辑框架，以及重点、难点和可能的创新点。

第二章为中国低碳经济发展背景与路径选择。主要从低碳经济的内涵与实质分析入手，介绍了低碳经济发展的国际情况，从中国经济发展与能源利用的角度，分析了中国低碳经济发展面临的现实困境，客观地分析了发展低碳经济是中国实现经济发展转型的内在要求。在系统地梳理中国低碳经济发展政策历程的基础上，在审视市场经济发达国家低碳经济发展形态基础上，认为中国在低碳经济发展上，应该构建和形成低碳经济发展的国家战略框架和规划，支持低碳技术的创新和应用，调整产业结构、构筑低碳产业体系，限制高碳产业的市场准入，构建全方位的低碳财税、金融政策体系。

第三章为金融支持低碳经济发展的体系构建。本章主要从碳金融概念及内涵入手，详尽地分析了碳金融市场、碳金融服务、碳金融政策支持低碳经济发展的作用机制，进而构建一个符合中国低碳经济发展的、三位一体的、金融支持低碳经济发展的碳金融体系框架。

第四章为金融支持低碳经济发展的理论分析。本章分析和评价了排污权交易的基础理论,建立了不同类型微观治理机制下的最优排污权制度分析的理论框架,考察了排污权在中国的实践运用;分析和评价了碳排放权的基础理论,论证了碳排放交易机制对低碳经济的促进作用,并借助于博弈论方法构建了国家之间碳减排的博弈问题,进一步分析了碳排放权这种特殊碳金融产品的市场供需机制。最后从理论上探讨了碳排放权市场交易价格的影响因素,为后文金融等诸要素支持低碳经济发展的实证研究提供了一定的理论依据。

  第五章为金融支持低碳经济发展的实证分析。本部分以浙江省为例,分析了金融支持对低碳经济发展的作用,并从碳金融最重要的组成部分——碳市场排放权交易价格的波动及其存在的风险方面进行实证分析。

  第六章为金融支持低碳经济发展的案例分析。本章以银行业为例,基于本书构建的三位一体的、金融支持低碳经济发展的碳金融体系框架,分析银行业支撑低碳经济发展的运行机制。

  第七章为金融支持低碳经济发展的政策建议。主要从碳金融市场、服务、政策三位一体的视角,指出中国在金融支持低碳经济发展方面,应该构建一个统一的交易平台,创新交易机制,抢占碳交易定价话语权;培养碳金融中介市场,完善碳金融服务体系;加强法律与制度建设,助推低碳经济发展。

Abstract

Research indicates that in the past nearly 100 years the average surface temperature of earth has risen by 0.74 degrees centigrade. The carbon dioxide and other gases, produced by human activities, are the primarily factors that lead to Earth's surface temperature increase, and they have caused tremendous damage to the climate change of Earth. Due to the greenhouse effects, the sea levels have been increased by 47 cm in the few past decades. While, if people leave this situations to continue, the greenhouse effect of climate change will have significant negative influence on the ecological system and on the supply of food and fresh water, threatening the future survival and the development of human society. The economic development has transferred from the traditional extensive pattern which is characterized by the high energy emission, high material consumption and high contamination to the pattern of low carbon economy which has the special characteristics with low energy emission, low energy as well as low pollution. That transformation is the inevitable choice of economic development.

However, the problem is how to develop the low carbon economy and reducing the emission of carbon dioxide and other gases in order to restrain the tendency of global warming. Recently, the low carbon Economy is the focus that have been researched and discussed by the governments, international organizations, experts and scholars and even the international financial institutions. The financial institutions such as international financial institutions and banks are involved in the fields of low carbon economy and generate the rise of carbon finance market which is closely connected with low carbon economy. This would inject the fresh blood into the development of the low carbon economy. The development of carbon finance, which has become the engine of low carbon economy, plays the significant role that cannot be substituted.

The carbon finance refers to the financial systems and financial trading activities which would decrease the greenhouse gas emissions. This definition mainly contains two aspects. On one side, it is focused on the carbon emissions permit as well as the relevant trade and investments of derivatives. On the other side, it tends to the investment and financing and other relevant activities on financial intermediation that attach to the low carbon projects exploitation. The carbon finance primarily relates to two core dimension questions. The first one concentrates on solving the problems of the initial allocations of carbon emission permit and trade plans through financial behaviors so as to improve the allocation efficiency of environmental resource. The second one pays attention to the upgrading and transformation led by the green credit of the financial institutions; to support the economic structural adjustment through the capital elements allocation.

However the carbon finance derivatives, the carbon emission permit, will become the focus of research that link the carbon finance and low carbon economy. Obviously, as a kind of special commodity, the carbon emission permits' foundation of trade is still price. The price fluctuation which would lead to the huge transaction risk is influenced by the uncertain factors such as the demand and supply of carbon emission permits and the games among government. While as the demand and supply of carbon emissions is affected by numerous factors, for instance, the effects of population scale, energy intensity and financial support etc..

As a result, a natural thought has appeared. On the stages of the low carbon economic development, how the Chinese government plays the vital role on financial support in order to sustain the system of low carbon economic growth? Therefore, this essay will explore from the following aspects and also will conduct a more comprehensive analysis.

Initially, it will explore the routines in terms of the low carbon economic growth in China and how to construct scientific and perfect financial support systems that correspond with the growth of low carbon Economy.

Secondly, the carbon financial markets play the vital role on the stages of low carbon economic development. So, it concentrates on the idea that how the trade price of carbon emission permits operates on the carbon financial market. In other words, it will clarify the fluctuation of trade price on carbon emission permits as well as the problems of operation risks. As a result, this will bring more advises to the policymakers and provide the clear direction to participate in the trade of carbon financial market and to prevent the trade risk.

Finally, the trade price of carbon financial market is affected by the carbon emission and indirectly is affected by the supply of carbon emissions and other factors. Then, these factors are going to be theoretically and empirically verified. Especially as for the factors of financial services, which have the essential impact on the low carbon economic growth (carbon emission). How these factors play the supporting role on low carbon economy as well as how these factors affect the operation mechanism. To put it another way, how the mechanisms are driven by the carbon emissions through the financial support. Subsequently, how should the government develop and set the relevant polities so as to improve and support the low carbon economic growth.

Verifying these questions are of critical theoretical value and realistic significance for China's participating in the international carbon financial markets better; for how to construct the carbon financial market system which in line with China's national conditions; or improving the ability of the pricing of carbon trade and preventing the market risks; for capturing the opportunity the commending height of carbon finance during the process of the participation of the low carbon economic development of Chinese government and the transformation and upgrading of national economy.

This dissertation divides into seven chapters, the main contents are summarized as follows.

The first chapter is the introduction. It mainly expounds the background and significance of the research papers, and the research methods, the current situation of domestic and foreign research, the research thinking, the logic framework, the key points, difficulties and the possible innovations.

The second chapter concentrates on the realization routines in terms of the Chinese government low carbon economic development. It is derived from the economic connotation and substance of low carbon economy, and introduces the international low carbon economic growth. The research paper stands the point of Chinese economic growth and energy utilization to analyses the actual difficulties, which indicates the low carbon economy is considered as the inherent requirements during the period of economic development and transition. In addition, standing from the summary of the Chinese low carbon economic development and reviewing the low carbon economic growth from the developed countries, the author claimed that the national strategic framework and specific planning would have been established and formulated, which are based on the foundation of Chinese low carbon economic development. The national strategic framework and planning could support the innovation and application on low carbon technology, adjusting the industrial structure to build the low – carbon industrial system, restricting the market assess standards in the high carbon industry and lastly establishing the fiscal and tax policy systems in terms of the low carbon Economy.

For supporting to construct the low carbon financial system, the third chapter starts with the concept and content of carbon finance to analyze the function mechanism of the low carbon economic development by carbon financial markets, the carbon financial services and carbon financial policies. Consequently, the trinity framework is to be built that are consistent with the low carbon economic growth and supporting the low carbon economic development in the financial system.

The fourth chapter provides the theoretical analysis that supports the low carbon economic development. This chapter analyses and evaluates the basic theory in terms of the emission right trading, and establishing the different types of theoretical frameworks that under the analysis of optimal permit trading on the microcosmic mechanism analysis. The Chinese practices and applications are taken into account. It analyses and evaluates the basic theory on carbon emission right trading and demonstrating that the mechanisms of carbon emissions have the promotion of the low carbon economic growth. In addition, this part also applies the game theory to build the game questions about carbon emission and emission reductions between countries, and further analyses the effects of the market mechanism on demand and supply of carbon financial products. Finally, the influencing factors of carbon emissions right trading price has been theoretically discussed, and providing the theoretical evidences on the empirical study and establishing the academic base for the following research which support the low carbon economic development.

The fifth chapter discusses the empirical study of the prices fluctuation on the carbon market and influencing factors. This part is focused investigating the prices fluctuation of the carbon emission right trading on the carbon market and its risks. Furthermore, on the basis of the above theoretical analysis, the Chinese empirical data could be chosen as an example, researching the impacts of mechanisms that achieve the financial support to the low carbon economic development.

The sixth chapter pays attention to the case analysis. This research article chose the case from the banking industry. The trinity framework is the foundation which supports the low carbon economic growth. It analyses the operational mechanism, which the banking industry has supported the low carbon economic development.

The seventh chapter briefly provides the policy suggestions. It concentrates on the trinity view which is derived from the carbon financial markets, services and policies. It indicates that the Chinese government should provide a uniform trading platform which can innovate the trading mechanism, seize the right for carbon trading pricing during the process of carbon trading, develop the carbon financial intermediations, perfect the carbon financial systems, strengthen the construction of law and market and promote the carbon financial development.

目 录

第一章 导论 …………………………………………………… 1
  第一节 问题的提出 ………………………………………… 1
  第二节 研究的目的、意义、方法 ………………………… 4
    一、研究目的 …………………………………………… 4
    二、研究意义 …………………………………………… 4
    三、研究方法 …………………………………………… 5
  第三节 国内外研究现状及评述 …………………………… 6
    一、国内外低碳经济研究现状 ………………………… 6
    二、国内外碳金融研究现状 …………………………… 11
    三、文献评述 …………………………………………… 15
  第四节 研究思路、重点、难点和创新点 ………………… 16
    一、研究思路 …………………………………………… 16
    二、研究重点 …………………………………………… 17
    三、研究难点 …………………………………………… 18
    四、创新点 ……………………………………………… 19

第二章 中国低碳经济发展背景与路径选择 …………………… 20
  第一节 中国低碳经济发展的演进历程 …………………… 20
    一、低碳经济的内涵 …………………………………… 20
    二、低碳经济的实质 …………………………………… 23
    三、中国低碳经济发展的演进历程 …………………… 25
  第二节 低碳经济发展的国际背景 ………………………… 26
    一、《联合国气候变化框架公约》 …………………… 27
    二、欧盟框架下的国际规则 …………………………… 28
    三、伞形集团减排心态 ………………………………… 31

四、发展中国家的低碳经济 …………………………………… 33
　第三节　中国低碳经济发展困境与路径选择 …………………………… 35
　　一、中国低碳经济的发展困境 ………………………………… 35
　　二、中国低碳经济发展的路径选择 …………………………… 40

第三章　金融支持低碳经济发展的体系构建 ……………………… 45
　第一节　碳金融市场 …………………………………………………… 45
　　一、碳金融含义 ………………………………………………… 45
　　二、碳金融市场要素 …………………………………………… 47
　　三、国际碳金融市场 …………………………………………… 52
　　四、中国碳金融市场 …………………………………………… 56
　第二节　碳金融服务 …………………………………………………… 61
　　一、国际金融机构 ……………………………………………… 61
　　二、国际金融中介组织 ………………………………………… 65
　　三、中国金融机构 ……………………………………………… 69
　第三节　碳金融政策 …………………………………………………… 73
　　一、监督管理 …………………………………………………… 73
　　二、法规建设 …………………………………………………… 74
　　三、政策引导 …………………………………………………… 74
　　四、战略制定 …………………………………………………… 75

第四章　金融支持低碳经济发展的理论分析 ……………………… 79
　第一节　排污权交易理论 ……………………………………………… 79
　　一、排污权交易的理论基础 …………………………………… 79
　　二、排污权交易的经济学分析——兼与排污税进行比较 …… 82
　　三、不同类型微观治理机制下的最优排污制度选择 ………… 83
　　四、排污权交易理论的应用 …………………………………… 86
　第二节　碳排放权交易理论 …………………………………………… 89
　　一、碳排放权交易的理论基础 ………………………………… 89
　　二、碳排放交易机制对低碳经济的促进作用 ………………… 91
　　三、国际碳排放权交易市场发展框架分析 …………………… 92
　第三节　国家之间的减排合作博弈分析 ……………………………… 95
　　一、国家间减排合作的囚徒博弈模型 ………………………… 95
　　二、国家间减排合作的智猪博弈模型 ………………………… 96
　　三、国家间减排合作的捕鹿博弈模型 ………………………… 98

四、国家间减排合作博弈的政策含义 ………………………………… 100
第四节　碳金融对低碳经济促进作用的理论分析 ……………………………… 100
　　一、碳金融市场对低碳经济发展的促进作用 ………………………… 100
　　二、绿色信贷对低碳经济发展的促进作用 …………………………… 102
　　三、碳基金对低碳经济发展的促进作用 ……………………………… 104
　　四、碳金融工具对低碳经济发展的促进作用 ………………………… 105
第五节　碳金融供需结构的经济分析 …………………………………………… 107
　　一、碳金融供需结构的经济分析 ……………………………………… 107
　　二、碳金融供给量不足的机理分析 …………………………………… 107
第六节　碳排放权交易价格的影响因素分析 …………………………………… 110
　　一、经济增长因素 ……………………………………………………… 110
　　二、政策因素 …………………………………………………………… 110
　　三、能源因素 …………………………………………………………… 111
　　四、投机因素 …………………………………………………………… 112
　　五、技术创新因素 ……………………………………………………… 112
　　六、气候变化因素 ……………………………………………………… 112

第五章　金融支持低碳经济发展的实证分析 …………………………………… 113
第一节　碳市场价格波动与风险分析 …………………………………………… 113
　　一、碳价格的 Bai – Perron 结构突变检验 …………………………… 118
　　二、碳价格结构突变经济分析 ………………………………………… 121
　　三、基于资本资产定价模型的碳市场风险测度及分析 ……………… 123
第二节　金融支持与低碳经济发展的相关性分析——以浙江省为例 ………… 127
　　一、模型的设定 ………………………………………………………… 128
　　二、实证分析 …………………………………………………………… 131
　　三、结论及建议 ………………………………………………………… 135

第六章　金融支持低碳经济发展的案例分析
　　——以银行业为例 ………………………………………………………… 137
第一节　银行支持与低碳经济发展 ……………………………………………… 138
　　一、银行为低碳经济发展提供金融支持 ……………………………… 139
　　二、低碳经济发展促进银行可持续发展 ……………………………… 139
第二节　银行在低碳经济发展中面临的机遇与问题 …………………………… 140
　　一、银行业支持低碳经济发展的机遇 ………………………………… 140
　　二、银行业支持低碳经济发展面临的问题 …………………………… 142

第三节 支持低碳经济发展的三位一体碳金融体系……………… 144
　　一、碳金融服务体系……………………………………………… 144
　　二、碳金融市场体系……………………………………………… 145
　　三、碳金融政策体系……………………………………………… 147
第四节 金融支持低碳经济发展的建设路径……………………… 148
　　一、加强碳金融服务体系建设…………………………………… 148
　　二、拓展碳金融交易市场………………………………………… 148
　　三、发挥宏观金融政策指导作用………………………………… 149

第七章 金融支持低碳经济发展的政策建议………………………… 150
　第一节 构建平台，创新机制，抢占碳交易定价话语权………… 150
　　一、构建统一的碳金融市场……………………………………… 150
　　二、发展多样化的碳金融工具…………………………………… 151
　　三、抢占碳交易定价话语权……………………………………… 152
　第二节 培育碳金融中介市场，完善碳金融服务体系…………… 152
　　一、加大金融信贷支撑力度……………………………………… 152
　　二、鼓励金融机构参与CDM市场 ……………………………… 153
　　三、培育中介服务市场…………………………………………… 153
　第三节 加强制度建设和宣传引导，助推低碳经济发展………… 154
　　一、加强风险防范与法制环境建设……………………………… 154
　　二、加强激励机制建设…………………………………………… 155
　　三、加强宣传和示范引导………………………………………… 156

结论及展望……………………………………………………………… 157

参考文献………………………………………………………………… 161

第一章 导 论

对碳金融与低碳经济的研究，是一项崭新的课题，将二者有机地联结起来，更是一项全新的挑战。本书将碳金融与低碳经济发展有机地结合起来，试图构建一个促进中国发展低碳经济的金融支持体系。本章系统地介绍了开展此项研究的目的、意义和方法，国内外研究现状，研究的思路、重点、难点和创新点。

第一节 问题的提出

联合国政府间气候变化专门委员会（IPCC）第四次评估报告指出，近100年来，地球地表平均温度升高了0.74℃。其研究表明，人类活动所产生的二氧化碳、甲烷等是导致全球温度升高的主要温室气体，其中又以二氧化碳的作用最为显著。与此同时，世界气象组织发布的监测结果同样显示，2000—2009年是自1880年全球有系统气象观测记录以来最暖的10年。其中，2010年1至4月，全球地表平均气温比常年偏高0.69℃，为1880年以来的同期最高值。导致全球变暖的主要原因是人类在近一个世纪以来大量使用矿物燃料，使大气中的温室气体含量逐年累计，迅速增加，产生温室效应。在过去的100年间，大气中二氧化碳浓度从20世纪初不到300ppm上升到2009年的387ppm，并且明显地威胁到全球的生态平衡[1]。专家估计，如果大气中二氧化碳含量增加25%，近地面气温将会增高0.5℃~2℃，如果大气中的二氧化碳含量增加100%，近地面气温将会增高1.5℃~6℃。这种趋势如不扭转，到21世纪末平均气温可能上升4℃，海平面上升60厘米，这将对生态系统、食物与淡水供应以及人类居住带来深远的影响。同样，世界银行《2010年世界发展报告》也指出，如果按照旧的发展模式，全球气温在21世纪可能会上升5℃，甚至

---

[1] 伍军. 低碳经济：中国产业发展的路径选择 [J]. 中国城市金融, 2010（1）: 50~53.

更多①。

不可否认，二氧化碳等温室气体的排放导致的全球气候变化已引起极大的危害。根据相关科学家的测算，在过去的短短几十年中，由于气候变化引起全球气温上升导致的冰川融化等原因，海平面上升了47厘米，如果再不注意，将会引起不可预见的重大问题②。例如，印尼有17 000个岛屿，如果海平面上升1米，就有约2 000个岛屿将会消失；马尔代夫岛平均海拔仅比海平面高1.2米，假如海平面上升1米，这个国家存亡就成为了问题，所以马尔代夫等岛国对今后的气候变化特别关注。

目前许多西方国家的专家学者也一致认为，应将全球的气温上升控制在2℃以内，为此应将大气层中温室气体的浓度维持在450ppm二氧化碳当量左右，这就迫切需要各个国家共同努力，到2030年将全球二氧化碳的排放量由2007年的288亿吨减少至264亿吨。

事实上，早在2003年，英国政府就首次提出了以低排放、低消耗、低污染为特征的经济发展模式。2003年，美国著名学者莱斯特·布朗在他的《B模式：拯救地球延续文明》一书中，提出了一种以人为本，利用再生能源发展经济的经济、社会发展模式，并掀起了发展模式的B与A之争。布朗把现在的传统的以化石燃料为基础、以破坏环境为代价、以经济为绝对中心的发展模式称为A模式，把以人为本，以利用现代科学技术发展起来的清洁能源、风能、太阳能、地热资源、小型水电以及生物质能等可再生能源为基础的生态经济发展新模式称为B模式。在全球掀起了经济发展的两种模式之争，并呼吁各界各国都应该马上采取相应的措施和行动，用经济发展的B模式取代经济发展的A模式③。于是，从传统高能耗、高物耗、高排放的发展模式转向可持续发展模式的低碳经济的概念也由此而生，这一概念的提出引起国际社会的广泛关注，成为国际社会研究全球变暖应对之策的热门词汇。2007年，联合国在印度尼西亚巴厘岛研究讨论2012年《京都议定书》第一承诺期结束以后的碳排放问题，低碳经济发展的讨论空前热烈。也是在这次会议上，达成了应对气候变化的"巴厘岛路线图"，该协议要求市场经济发达国家在2020年前将温室气体排放比例减少25%至40%。"巴厘岛路线图"对低碳经济的发展起到了较好的推动与促进的作用。

但问题是，如何来发展低碳经济。更为直观地说，就是如何来控制，或者

---

① 陈国栋．旧发展模式若不改　本世纪气温将升5℃［N］．重庆晚报，2010-10-18．
② 成思危．新能源与低碳经济［J］．管理评论，2010，vol.22（6）：4~8．
③ 方时．也谈发展低碳经济［N］．光明日报，2009-05-19．

说如何减缓二氧化碳等温室气体的排放，以抑制全球气候的变暖，这显然已成为当今世界各国政府、各级国际性组织、专家学者，乃至国际性金融机构研究和讨论的焦点。

其中，较为引人注目的是，国际性金融机构、银行等金融系统纷纷涉足低碳经济领域，使与低碳经济发展最为紧密的碳金融市场纷纷兴起。较为典型的，如欧盟排放交易市场（EUETS）、欧洲气候交易所（European Climate Exchange）、未来电力交易所（Powernext）、北方电力交易所（Nordpool）、欧洲能源交易所（European Energy Exchange）、纽约—泛欧交易所与法国国有金融机构信托投资局合作的欧洲环境交易所（BlueNext）、澳大利亚新南威尔士温室气体减排机制（New South Wales GHG Abasement Scheme）、芝加哥气候交易所（CCX），以及中国北京环境交易所、天津排放权交易所和上海环境能源交易所等。这些碳金融市场平台的建立，为低碳经济的发展注入了新的活力，并逐渐成为世界各国抢占低碳经济发展制高点的秘密武器。各种服务于碳排放权交易的金融机构如雨后春笋般的出现，各种服务于碳排放权交易的金融工具和金融制度不断诞生，有关低碳项目的投融资活动和行为日益活跃，各种碳排放权交易的金融中介活动不断增多。碳金融的发展俨然成为低碳经济发展的引擎，发挥着不可替代的作用。

作为连接碳金融与低碳经济有效桥梁的碳金融衍生产品——碳排放权，势必成为研究的焦点。显然，碳排放权作为一种特殊的商品，其交易的基础依然是价格，价格波动将会导致巨大的交易风险，其受到碳排放量供给，以及各国政府之间的博弈等不确定因素的影响，而碳排放量的供给需求又受到众多因素的影响，如人口规模效应、能源强度效应、金融支撑效应等。

那么，一个很自然的想法是，在低碳经济发展的进程中，中国金融支持低碳经济发展的体系如何构建。对此，本书将从以下几个方面进行探究并进行较为全面的分析。

其一，中国低碳经济发展的可能路径探析，并分析如何科学地构建符合中国低碳经济发展的完善的碳金融支撑体系。

其二，碳金融市场在低碳经济发展进程中起着不可估量的作用，因此，本书将试图探明碳金融市场碳排放权交易价格运行情况，更为直观地说，明晰碳金融市场碳排放权交易的价格波动情况及其运行风险问题，以便于为中国政策制定者更好地借鉴和参与碳金融市场交易，防范碳交易风险提供明确的方向。

其三，碳金融市场交易价格受到碳排放量的影响，进而也间接受到影响碳排放量供给的众多其他因素的影响，因此，本书将从理论上和实证上探明这些因素，尤其是探明对低碳经济发展至关重要的中国金融服务等因素，对低碳经济发展（碳排放量）起到怎样的支撑作用及其影响机制如何，或者说金融支撑对碳排放量的驱动机制如何，以及我们又该制定怎样的政策来完善和支持低碳经济的发展。

探明这些问题，对于中国更好地参与国际碳金融市场交易，构建符合中国低碳经济发展的碳金融市场体系，提高碳交易定价能力并防范市场风险，以及中国在参与低碳经济发展，实现国民经济转型升级过程中，抓住机遇，抢占碳金融发展制高点来说，无疑具有至关重要的理论价值和现实意义。

第二节 研究的目的、意义、方法

一、研究目的

尽管国内外学者对低碳经济、碳金融的研究已取得一定的成果，但同时也应看到，这些成果大都是从战略高度论述碳金融以及低碳经济的。金融是为经济服务的，对中国碳金融的研究应以支持中国经济转型升级为出发点，但目前尚未有成熟的碳金融如何支持经济转型的研究框架。因此，本书主要侧重于碳金融支持中国经济转型升级的机制以及路径研究，致力于构建符合中国低碳经济发展的碳金融支撑体系框架。

本书具体主要从理论和实证角度探明金融如何支持中国低碳经济的发展，并以实践案例形式探明中国金融如何支持中国低碳经济的发展及其运行机制，以便金融更好地发挥其经济核心作用，解决中国经济转型升级最核心的问题——资金问题。

二、研究意义

当今世界所面临的最为突出的问题之一是如何处理好一国经济发展与能源环境之间的矛盾。尤其是作为全球最大的后发型发展中大国，经济发展与能源和环境问题之间的矛盾显得更为突出，其成为制约中国持续健康发展的瓶颈。而低碳经济的发展，则可以很好地解决上述问题。低碳经济的发展一方面可以解决中国经济发展所面临的高排放、高污染、高能耗问题；另一方面，可以促进中国产业结构的升级转型，使中国经济在未来国际竞争加剧的现实情况下依然发挥其潜力，进而实现气候变化背景下中国可持续发展的战略目标。因此，发展低碳经济完全符合中国的国家利益，我们应当而且应该及早推动中国社会经济朝着低碳方向转型，发展低碳经济显然已不再是可有可无的选择。

然而，低碳经济的发展需要强有力的资金支撑，这样也就离不开金融的支持。由此，碳金融、低碳经济与经济转型的研究势必能够为中国分享低碳经济发展盛宴，抢占低碳经济发展制高点带来至关重要的价值。

据此，本书通过归纳与演绎、理论与实证相结合等多种方法对金融支持低碳经济发展进行全面分析，并以此探究中国低碳经济发展的可行路径，构建符合中国低碳经济发展的碳金融支撑体系框架，最终结合案例分析金融支持低碳经济发展的运行机制。探明这些问题，对于中国更好地实现经济跨越式发展，逐步向低碳经济转型过渡具有重要的理论价值和现实意义。

就其理论价值而言，从理论上探明国家之间碳排放权交易的博弈机制，对碳排放权交易市场供需和交易价格影响因素进行分析，为金融支持低碳经济发展提供强有力的理论依据，为中国参与碳金融市场交易，夺取低碳经济发展制高点做好充足的准备。

就现实意义来讲，通过对现有国内外碳金融现状的研究，提出了中国发展低碳经济的可行路径，并构建了符合中国低碳经济发展的、三位一体的碳金融体系，为中国发展低碳经济、实现经济转型提供了强有力的指导方针，这对于政府当局制定科学、合理的低碳经济发展政策具有重要的现实价值。

三、研究方法

本书主要运用经济学排污权和排放权交易理论，结合博弈论、归纳演绎等多种方法对金融支持中国低碳经济发展进行理论分析。在此基础上，运用数理实证分析方法，对金融支持中国低碳经济发展进行较为全面的分析，并借助于归纳、演绎的方法，通过对碳金融国内外发展情况的梳理，构建一个符合中国低碳经济发展的、三位一体的、金融支持低碳经济发展的逻辑体系框架，最后以银行业支持低碳经济发展的运行机制为案例，深入剖析实践中金融如何支持中国低碳经济的发展。

理论研究：借助博弈论方法，从理论上构建和分析国家之间碳排放权之争的博弈机制，为金融支持低碳经济发展提供一定的理论基础。

实证研究：通过数理分析方法，对碳排放权价格波动及其风险情况进行经验分析，并进一步以浙江省经验数据为例，分析金融支持低碳经济发展的影响机制。

归纳和演绎相结合：通过对国内外碳金融研究现状和路径的探索分析，构建符合中国低碳经济发展的碳金融体系。

案例研究：在本文构建的三位一体碳金融体系的基础上，以银行业为例，分析金融支持低碳经济发展的运行机制。

第三节　国内外研究现状及评述

党的十七届五中全会指出，"以加快转变经济发展方式为主线，是推动科学发展的必由之路，符合中国基本国情和发展阶段性特征"。"十二五"规划的建议同样指出，"坚持把建设资源节约型、环境友好型社会作为加快转变经济发展方式的重要着力点。树立低碳发展理念，推广低碳技术，倡导低碳消费模式，建立碳排放交易市场"。可见低碳是后金融危机时代中国实现经济转型跨越式发展的必然选择，而金融作为优化资源配置、调剂资金余缺的重要方法和手段，应该为中国经济转型提供金融支撑。

碳金融是与低碳经济相适应的金融，其主要特点是，服务于旨在减少温室气体排放的各种金融制度安排和金融交易活动，主要包括碳排放权及其衍生品的交易和投资、低碳项目开发的投融资以及其他相关的金融中介活动。碳金融的核心问题有两个层面，第一个层面是低碳经济与环境金融方面的研究，寻求一种能够促进环境可持续发展的金融发展模式——以碳排放权为代表的碳金融衍生品，旨在解决碳排放权的初始分配和交易方案设计问题，以及碳排放权交易的价格体系和风险问题；第二个层面是以绿色信贷为代表的碳金融引导产业转型升级，支撑低碳经济发展的碳金融体系构建问题。

一、国内外低碳经济研究现状

（一）国外低碳经济研究现状

1. 低碳经济研究概况

低碳经济的概念首次出现在英国政府于2003年发表的能源白皮书——《我们能源之未来：创建低碳经济》一书中，英国政府同时在该白皮书中宣布"到2050年将二氧化碳的排放量在1990年的基础上削减60%，进而从根本上把英国变成一个低碳经济国家"的总体目标。低碳经济概念由此引起了学术界的关注，其后，有关低碳经济的研究和议题得到了世界各国的重视，其研究重点主要集中于发展低碳经济的必要性，以及如何处理好经济增长与温室气体排放的关系等问题。

2004年12月，第10次缔约方大会在阿根廷布宜诺斯艾利斯举行；2005年11月，第11次缔约方大会在加拿大蒙特利尔市举行；2006年11月，第12次缔约方大会在肯尼亚首都内罗毕举行。与此同时，英国政府再次发布了由斯特恩牵头于 2006 年完成的报告《斯特恩回顾：气候变化的经济学》①，该报告对全球气候变暖，以及由此可能造成的对世界经济发展的影响作了具有里程碑意义的评估。

2007 年 12 月，第 13 次缔约方大会在印度尼西亚巴厘岛举行，会议着重讨论后京都问题，即《京都议定书》第一承诺期在 2012 年到期后如何进一步降低温室气体的排放量。12 月 15 日，联合国气候变化大会产生了"巴厘岛路线图"，决定在 2009 年前就应对气候变化问题的新安排进行谈判。

自从 2007 年"巴厘岛路线图"制定，尤其是 2008 年全球性金融危机之后，世界各国为应对经济危机以及气候变化引致的全球气候危机，使低碳经济概念在全球范围内得到了迅速的传播。

2. 碳排放权研究

（1）碳排放权的初始分配和交易方案设计

碳排放权问题由对排污权交易的研究衍生而来。环境问题外部效应内部化的经济学理论最早以庇古税（Pigou，1946）和科斯定理（Coase，1960）② 为代表。其后的研究主要围绕两个问题展开，一是排污权的初始分配，二是排污权的交易。Montgomery（1972）③ 证明在各种减排方式中，排放权交易的减排成本最低。Laffont（1986）④ 运用阿罗—德布鲁（Arrow-Debreu）模型证明了科斯定理解决环境问题的合理性，但是在实际应用过程中，初始排放权分配问题却成为了国家之间实施国际排污许可证交易中最具争议的问题。实际上，从某种意义上而言，这是发达国家和发展中国家关于减排温室气体经济利益的冲突和调和。

（2）碳排放权交易的价格体系和风险

Fehr 和 Hinz（2006）⑤ 对碳价格进行了详细的定量分析，他考虑了长期和短期减排方法，发现价格与预期长期燃料价格和预期排放减少量显著相关，它

---

① 《斯特恩回顾：气候变化的经济学》也称《斯特恩报告》。

② 根据 Coase（1960）的提法，在明确初始产权的约束条件下，污染者和受损者将能够通过自愿的交易解决由污染引起的争端。

③ Montgomery, D.. 1972. Markets in Licenses and Efficient Pollution Control Programs [J]. *Journal of Economic Theory* 5：395–418.

④ Laffont, Jean-Jacques, and Jean Tirole. 1986. Using Cost Observations to Regulate Firms [J]. *Journal of Political Economy*. 94（3）：614–641.

⑤ Doege J., Fehr M., Hinz J., Lüthi H., Wilhelm M.. 2006. On value of flexibility in energy risk management. Concepts, models, solutions [J]. *Operations Research Proceedings* 2006, Springer.

们是主要的价格驱动器,而其他因素对价格的影响很小。Rickels 等（2007）[1]认为,只要市场把碳排放权配额看做稀缺的投入要素,能源价格和天气变凉就是价格的主要影响因素。Beltratti 等（2009）[2] 通过欧盟第一交易期的经验研究发现碳配额供给影响碳排放权价格。Alberola 等（2008）[3] 研究认为,除能源价格和极端温度外,EU ETS 涉及的燃料、造纸和炼铁 3 个部门的生产情况也会影响碳价格。Hintermann（2009）[4] 的研究指出,影响碳排放权配额价格的主要因素是企业对冲受处罚风险的概率,而不是边际减排成本。

而关于碳排放权交易价格风险方面的研究,Mansanet - Bataller（2007）[5]利用 2005 年碳交易的 OTC 远期价格,考察了能源价格和天气因素对碳价波动的影响,研究发现能源价格和天气因素确实在很大程度上会导致碳价格的剧烈波动。Chevallier（2009）[6] 则通过引入 GARCH 模型研究了 EU ETS 碳期货合约收益率和宏观经济因素之间的关系。Rotfuβ（2009）[7] 运用 EU ETS 的高频数据对价格的形成和波动进行了分析,发现欧盟配额（EUA）市场活动在整个交易日并不是恒定的,而是呈现出剧烈的波动。Seifert 等（2008）[8] 根据随机最有控制理论建立了一个随机均衡模型来研究 EU ETS 价格波动的特点,并基于环境经济学的相关结果对欧盟碳市场的碳配额现货价格进行了详尽的数量分析,发现当交易期临近时,碳配额价格会有一个急剧的上升。据此,他们认为,碳价格变化过程并不服从季节性模式,而是具有鞅特征,并表现出时间—价格的相异波动结构。

---

[1] Rickels, W., Duscha, V., Keller, A., Peterson, S.. 2007. The Determinants of Allowance Prices in the European Emissions Trading Scheme: Can We Expect an Efficient Allowance Market 2008? [R]. *Kiel Working Paper* 1387.

[2] Beltratti, A., Colla, P., Creti, A.. 2009. Does Expected Supply Affect the Price of Emission Permits? Evidence from Phase I in the European System [R]. *IEFE Working Paper*, No. 23.

[3] Alberola E., Chevallier J., Cheze B.. 2008. Price Drivers and Structural Breaks in European Carbon Prices 2005 - 2007 [J]. *Energy Policy*, 36 (2): 787 - 797.

[4] Beat Hintermann. 2009. An Options Pricing Approach for CO_2 Allowances in the EU ETS [J]. CEPE Working Paper series 09 - 64, *CEPE Center for Energy Policy and Economics*, ETH Zürich.

[5] Mansanet - Bataller, M., Pardo, A., Valor, E.. 2007. CO_2 Price, Energy and Weather [J]. *The Energy Journal*, 28 (3): 73~92.

[6] Alberola E., Chevallier J., Cheze B.. 2009. Emissions Compliances and Carbon Prices under the EU ETS: A Country Specific Analysis of Industrial Sectors [J]. *Journal of Policy Modeling*, 31: 446 - 462.

[7] Rotfuβ, W.. 2009. Intraday Price Formation and Volatility in the European Union Emissions Trading Scheme: An Introductory Analysis [R]. *Discussion Paper*: 9 - 18.

[8] Seifert, J., Uhrig - Homburg, M., Wagner, M.. 2008. Dynamic Behavior of CO_2 Spot Prices [J]. *Journal of Environmental Economics and Management*, 56: 180 - 194.

3. 绿色信贷对低碳经济作用的相关研究

绿色信贷对经济转型升级支持作用研究的理论源头可追溯到金融支持经济转型的理论基础，即金融发展理论。1969 年，美国经济学家 Goldsmith 出版了《金融结构与金融发展》一书，奠定了金融发展理论的基础。1973 年 McKinnon 和 Shaw 各自独立出版了《经济发展中的货币与资本》和《经济发展中的金融深化》两本著作，这两本书的出版标志着以发展中国家或地区为研究对象的金融发展理论的建立。他们分别从"金融抑制"和"金融深化"两个角度，阐释了金融和经济发展之间的关系，并对发展中国家或地区的金融发展提出了精辟的见解，认为金融深化是发展中国家或地区经济增长的动力。在碳金融市场方面，拉巴特和怀特（2010）① 研究了金融市场和工具应对气候变化的作用、碳市场的运作模式。世界银行碳金融部、碳点公司分别对 2006 年以来的碳交易市场进行了年度追踪，这两个公司的年度报告成为全球碳交易研究最有影响的资料。

（二）国内低碳经济研究现状

1. 低碳经济、绿色经济与循环经济关系研究

关于低碳经济、绿色经济和循环经济三者之间的关系，国内学者已经作了较为广泛的研究，但他们的研究成果表明，研究三者之间关系的目的主要是为了解决人类与经济社会可持续发展的问题，也即人与自然的和谐发展问题。

较为典型的，如杨志和张洪国（2009）② 的研究认为，低碳经济是应对全球气候变化最直接、最有效的经济增长方式，是促进当今"高碳经济发展"时代向"低碳经济发展"时代迈进最具有价值的可持续发展的发展方式，而循环经济作为以"资源节约型、环境友好型"为典型特征的经济发展方式，即使在"低碳经济发展时代"也是能有效适应经济可持续发展的方式。与此同时，特别需要指出的是，绿色经济作为应对以高碳为主要特点的传统工业化时代不利于可持续发展的灰色经济的一种最为适合人类生存的生态经济，受到世界各国的高度关注。而循环经济恰恰是世界各国构建和发展这种绿色生态经济的最适宜的方法，或者说是实现这种绿色生态经济最有效的路径。显然，人类各项经济活动也正在走向以低碳为核心的绿色经济时代。那么，该如何朝这种绿色经济过渡？杨志和张洪国（2009）的研究指出，除了要构建以低碳为主的经济结构，加速传统产业转型、新兴产业崛起，以及尽快实现能源产业的

---

① 拉巴特·S.，怀特·R. 碳金融——减排良方还是金融陷阱 [M]. 北京：石油工业出版社，2010：1~52.

② 杨志，张洪国. 气候变化与低碳经济、绿色经济、循环经济之辨析 [J]. 广东社会科学，2009（6）：34~42.

清洁绿色之外，还需要整个制造业特别是资源密集型加工业，全面推广和实施更为有效的循环经济生产方式。

方时姣（2009）① 的研究指出，低碳经济在本质上就是可持续发展经济，是生态经济可持续发展的进一步深化。其研究认为，低碳经济是目前最可行的，而且是可量化的可持续发展模式的最佳形态。发展绿色经济的宗旨是要求人们改变传统的"高耗能、高污染、粗放型"的非持续性经济增长方式，从而向"能源利用效率高、资源消耗少、环境污染小"的可持续经济发展方式转变。因此，从某种意义上而言，两者在本质上是完全一致的，可以说，低碳经济是绿色经济发展的理想模式。

与此同时，方时姣的研究还深入分析了低碳经济发展与循环经济发展之间的内在逻辑关系。发展低碳经济是发展循环经济的必然选择，同时，发展低碳经济也会对循环经济的发展提出新的要求。因此，发展循环经济要求发展低碳经济，低碳经济发展是循环经济发展的重要特征，两者之间是相互依赖、相互促进的辩证统一关系。

崔大鹏（2009）② 在《低碳经济漫谈》一文中更是指出，绿色经济和生态经济的内涵较为宽泛，是一个包罗万象的外壳。循环经济侧重于废物的减量化和再利用，可以认为是其中的一个重要分支，或者说方法论；而低碳是经济可持续发展的核心，它是可测量的，从操作层面来看，低碳经济是实现经济社会可持续发展的必由之路。

2. 碳排放权研究

中国有关碳排放权交易方面的研究相对较少，而且国内关于碳排放权交易理论、碳金融交易的研究较多地从整体和宏观的战略角度进行考察。

陈文颖和吴宗鑫（1998）③ 是中国较早提出碳交易机制下中国对策的学者，他们率先提出了碳排放权混合分配机制，并在此基础上对全球碳排放权交易情况进行了模拟。此外，他们还分析了碳排放权交易对中国经济发展的影响和不同碳权分配机制对全球碳权交易收益的影响。刘伟平和戴永务（2004）④ 对中国碳排放权交易的研究进展、碳排放权交易中各国初始碳排放权的合理配置，以及碳排放权交易对中国经济的影响等重要问题的研究情况进行了述评。

---

① 方时姣. 也谈发展低碳经济 [N]. 光明日报，2009 - 05 - 19.
② 崔大鹏. 低碳经济漫谈 [J]. 环境教育，2009（7）：13~21.
③ 陈文颖，吴宗鑫. 碳排放权分配与碳排放权交易 [J]. 清华大学学报（自然科学版），1998，38（12）：15~18.
④ 刘伟平，戴永务. 碳排放权交易在中国的研究进展 [J]. 林业经济问题，2004，24（4）：193~197.

杨红强和张晓辛（2005）①的研究则认为，中国在参与国际碳贸易时应争取更多的技术和资金上的资源，要在谈判中充分考虑碳贸易与本国环境保护协调机制的平衡发展。

此外，陈文颖等（2001）②进一步指出，如果根据"两个趋同"的分配原则，中国可以在达到中等发达国家水平前不承担绝对减排义务，但是需要在可持续发展的框架下考虑大量的与优化产业结构、优化能源结构相一致的减排对策与措施。岳杰等（2009）③引入期权理论，结合企业内部碳交易机制的分析方法，研究了碳排放权初始分配的定价策略问题，其目的是希望得到相对合理、完整的期权定价模型，达到降低温室气体排放权交易风险的目的。杨志（2009）④的研究认为，碳交易是虚拟经济与实体经济的有机结合，代表了未来世界经济发展的方向，在引领节能减排、实现经济增长方式转变的进程中，碳市场将发挥不可替代的作用。因此，中国应当而且急需以全球金融战略的视角积极参与碳市场的构建，研究碳市场的运行机制，充分发挥在参与碳排放权交易中的话语权。

二、国内外碳金融研究现状

（一）碳金融与环境金融

金融是现代国民经济发展的核心要素，在整个经济社会的快速发展中发挥着巨大的调控和支撑作用。因此，为实现经济与社会的可持续发展，也即实现低碳经济模式的转型，金融业必须进行创新性的支持。人类的生存环境面临越来越大的挑战，如何构建可持续发展的经济社会发展模式已成为一个十分紧迫的现实问题，国际组织和学者开始关注金融在环境保护方面应有的功能，并提出了金融与经济可持续发展相结合的环境金融概念。

Jose Salazar（1998）⑤最先提出环境金融的概念，其研究指出，环境金融是连接金融业和环境产业的有效桥梁，并通过进一步分析金融业和环境产业之

---

① 杨红强，张晓辛.《京都议定书》机制下碳贸易与环保制约的协调［J］. 国际贸易问题，2005（10）：107～111.

② 陈文颖，吴宗鑫，何建坤. 全球未来碳排放权"两个趋同"的分配方法［D］. 清华大学能源环境经济研究院核能与新能源技术研究院. 2001：1～65.

③ 岳杰，魏东，王璟珉. 期权理论视角下的企业内部碳交易机制定价策略研究［J］.《第四届（2009）中国管理学年会——会计与财务分会场论文集》，2009：21～28.

④ 杨志. 碳交易：低碳经济下的全新课题［N］. 解放日报，2009-11-05.

⑤ Jose Salazar. Environmental Finance：Linking Two Word［R］. Presented at a workshop on Financial Innovations for Biodiversity Bratislava Slovakia，1998.

间的差异，提出了寻求保护环境和生物多样性的金融创新方式。Eric Cowan（1999）① 根据环境金融为环境经济学和金融学交叉学科这一特殊性，探讨了如何发挥资金在发展环境经济中的作用和资金融通途径。Marcel Jeucken（2001）② 则分析了金融业和经济可持续发展之间的关系，强调了银行等金融机构在环境问题上所发挥的重要作用，并将银行等金融机构对待经济可持续发展的态度分为四个阶段：抗拒阶段（defen-sive）、规避阶段（preven-tive）、积极阶段（offensive）、可持续发展阶段（sustainable）。Sonia Labatt 和 Rodeny White（2002）③ 在著作《环境金融》中深入探讨了气候变化等环境问题给金融系统及相关金融机构带来的机遇和挑战，并进一步论述了金融创新与环境的关系以及金融业如何进行环境风险评价等相关问题。

相较于国外而言，国内对环境金融的研究起步相对迟缓一些，而且国内学术界更倾向于用绿色金融来表示金融业与可持续发展之间的关系。惠东旭（2002）④、熊学萍（2004）⑤ 从绿色金融的内涵及必要性，孙洪庆等（2001）⑥ 从构建绿色金融体系，刘丽巍和翁清云（2010）⑦ 从绿色金融支持环境保护的手段——绿色信贷等角度进行了探讨。

与此同时，部分学者也同样沿用了国外环境金融的提法。张伟（2005）⑧ 梳理了环境金融相关理论，从金融对环境保护的支持机制角度介绍了政策性金融和金融产品创新在环境保护中的重要作用。王卉彤（2008）⑨ 在引入国外环境金融理论的基础上，通过定量实证研究的方式，从金融机构尤其是商业银行和金融产品两方面进行了较为全面的研究，并结合中国实际提出了探索气候变化挑战下的中国金融创新之路。显然，随着绿色金融、环境金融等的兴起与发展，人们逐渐开始用更加具体的碳金融来表述服务于限制温室气体排放的金融

---

① Eric Cowan. Topic Issues in Environmental Finance [R]. Commissioned by the Asia Branch of the Canadian International Development Ageney (CIDA), 1999.
② Marcel Jeucken. Sustainable Finance and Banking: The Financial Sector and the Future of the Planet [M]. London Earthscan publish, 2001.
③ Sonia Labatt, Rodeny R. White. Environmental Finance [M]. NEW YORK: John Wiley and Sons, 2002.
④ 惠东旭. 绿色金融 [J]. 商业时代, 2002 (9): 28~29.
⑤ 熊学萍. 传统金融向绿色金融转变的若干思考 [J]. 生态经济, 2004 (11): 60~62.
⑥ 孙洪庆. 构建绿色金融体系 [J]. 环渤海经济瞭望, 2001 (6): 38~39.
⑦ 刘丽巍, 翁清云. 低碳经济视角下的碳金融研究评述 [J]. 金融发展研究, 2010 (8): 17~21.
⑧ 张伟. 论中国环境保护投融资方式与创新 [D]. 中国海洋大学博士论文, 2005: 1~160.
⑨ 王卉彤. 应对全球气候变化的金融创新 [M]. 北京: 中国财政经济出版社, 2008 (6): 1~126.

活动。

(二) 国内外碳金融研究内容

针对碳金融的研究,国内外主要出现过三次热潮。第一次是有关气候变化治理机制的研究,其为碳金融发展提供了重要基础,联合国气候变迁小组(IPCC)在1990发表了《第一次评估》报告,确认了有关气候变化问题的科学基础,也掀起了第一次研究热潮。第二次研究热潮是2005年《京都议定书》正式生效,它开启了用市场机制解决环境问题的新时代,相应地人们对碳金融市场问题的研究给予了关注。第三次热潮是2008年全球金融危机爆发后,人们从全球经济增长模式与国际金融体系失衡的视角分析危机根源,并开始研究碳金融支持低碳经济的机制。

综观现有研究,尤其是2008年金融危机爆发后引起世界经济转型的背景下,关于碳金融的研究较为突出。总体而言,国内外关于碳金融研究主要集中在以下几个方面。

1. 对气候变化治理机制与碳排放权的研究

气候变化治理机制是碳金融活动的重要制度基础。当前形成了《联合国气候变化框架公约》内外两种机制并行、相互影响的治理格局。Anthony Giddens (2009) 指出,应对气候变化不仅是简单的科学问题、经济问题,还是一个政治问题,他引入了"气候变化的政治"等一系列新概念。碳排放权问题由对排污权交易的研究衍生而来。环境问题外部效应内部化的经济学理论最早以庇古税和科斯定理为代表,其后的研究主要围绕两个问题展开,一是排污权的初始分配,二是排污权的交易。进一步有两个争论焦点,一是确定减排额度分配的基准指标以及影响碳排放的因素,二是碳交易的实施。

2. 对碳交易机制及发展策略的研究

《京都议定书》规定了三种碳交易机制,分别为清洁发展机制(CDM)、排放贸易(IET)和联合履约(JI)。IET、JI 和 CDM 都是把碳排放权定量化,即建立碳信用,容许进行市场买卖和交易,引导企业在全球范围内以最低成本实现减排。

除此之外,全球的碳交易市场还有另外一个强制性的减排市场,即欧盟排放交易体系(EUETS)。这是帮助欧盟各国实现《京都议定书》所承诺减排目标的关键,并将在中长期持续发挥作用。

拉巴特和怀特(2005)研究了金融市场和工具在应对气候变化过程中的作用以及碳市场的运作模式。郑爽(2008)[①] 分析了欧盟排放贸易体系(EU-

---

① 郑爽. 巴厘岛路线图 [J]. 中国能源,2008 (2):1~5.

ETS）和 CDM 市场及交易特征，并据此提出了如何提高中国碳市场竞争力的政策建议。曾刚等（2009）① 对国际碳金融市场的现状、问题及发展前景进行了系统梳理。鄢德春（2010）② 分析了基于清洁发展机制的中国碳金融发展战略。初昌雄（2010）③ 分析了中国碳金融发展现状与发展策略，指出中国应在碳金融领域增加主动权，尽快接轨国际碳交易。陈露和张贻军（2009）④ 则提出了发展碳金融市场，推动上海国际金融中心建设，从低碳直接融资、碳排放权交易市场、低碳间接融资三个方面来建设上海低碳金融市场。刘华和郭凯（2010）⑤ 从国外碳金融产品角度分析了碳金融产品的特征以及其对低碳经济的作用机制。尹应凯（2010）⑥ 提出了国际碳金融体系的概念，从碳治理—碳交易—碳服务—碳货币四个层次研究国际碳金融体系构建中的中国策略。

3. 对碳货币的研究

碳货币的概念是在全球碳交易蓬勃发展的基础上被提出的，早在 2006 年，时任英国环境大臣的 David Miliband 就提出了个人碳交易计划的设想⑦。2009 年 7 月，韩国开始在全国家庭和店铺等非生产性单位，全面开展旨在减少温室气体排放的"二氧化碳储值卡"计划，储值额可以作为现金使用，也可以用来缴纳物业管理费，或兑换垃圾袋、交通卡、停车券等。

国内的王颖和管清友（2009）⑧、蔡博峰和刘兰翠（2010）⑨ 等探讨了在低碳能源和低碳技术的计价以及国际结算方面碳信用的国际货币性质。尹应凯（2010）提出中国的碳货币策略由"对内实行人民币与碳相关产品的计价结算绑定、对外积极参与国际货币体系低碳化改革"两部分组成。碳货币可能会让二氧化碳排放权成为继黄金、白银、美元之后的另一种国际货币基础，将"碳点"货币发展为一种新的超主权货币，在此基础上国际货币多元化和人民币国

---

① 曾刚，全先银，程炼. 碳金融交易面临新发展机遇 [J]. 金融博览，2009（10）：32~33.
② 鄢德春. 基于清洁发展机制的碳金融发展策略 [J]. 上海金融学院学报，2010（1）：53~59.
③ 初昌雄. 中国碳金融发展现状与发展策略 [J]. 经济学家，2010（6）：80~86.
④ 陈露，张贻军. 发展碳金融市场 推动上海国际金融中心建设 [J]. 科学发展，2009（10）：58~65.
⑤ 刘华，郭凯. 国外碳金融产品的发展趋势与特点 [J]. 银行家，2010（9）：85~88.
⑥ 尹应凯. 国际碳金融体系构建中的"中国方案"研究 [J]. 国际金融研究，2010（12）：59~66.
⑦ 在这个设想的计划中，他提出："想象在一个碳成为货币的国家，我们的银行卡里既存有英镑也有碳点。当我们买电、天然气和燃料时，我们既可以使用碳点，也可以使用英镑。"
⑧ 王颖，管清友. 碳交易计价结算货币：理论、现实与选择 [J]. 当代亚太，2009（1）：110~128.
⑨ 蔡博峰，刘兰翠. 碳货币——低碳经济时代的全新国际货币 [J]. 中外能源，2010（2）：10~14.

际化问题会成为国内外研究的方向①。

4. 对商业银行开展碳金融服务的研究

王卉彤（2008）② 从商业银行的金融创新视角进行了研究，并提出了建立健全低碳经济发展的金融支持体系。唐斌和薛成容（2008）③ 认为碳金融是商业银行"寓义于利"新社会责任观的显著体现，银行要在项目实施的每一个环节，包括风险识别、产品设计和责任营销等，体现可持续发展的低碳理念。王留之和宋阳（2009）④ 探索性地提出了银行类碳基金理财产品、以核证减排量收益权作为质押的贷款、融资租赁、保理、信托类碳金融产品、私募基金、碳资产证券化和碳交易保险等八项创新建议。王元龙（2009）⑤ 则指出，商业银行开展碳金融业务的风险较大，除了面临基本的市场风险、信用风险和操作风险等外，甚至还存在较大的法律风险和政策风险。邵伟（2010）⑥ 从低碳银行业务创新、业务管理等角度介绍了国外已有的经验。阎庆民（2010）⑦ 认为，低碳银行只是低碳金融的一个主角或者副导演，不能替代低碳货币、低碳证券、低碳保险、低碳基金、低碳衍生工具的作用与功能。

三、文献评述

综观现有文献，尽管关于低碳经济发展的研究已取得了丰硕的成果，但依然存在以下不足之处。

其一，在研究中国低碳经济发展时，脱离了金融与低碳经济发展的有机结合，单纯从国家战略层面对低碳经济发展和经济转型进行探讨，显然不符合当前低碳经济发展的趋势。

其二，在探究中国低碳经济发展路径及构建碳金融体系时，仅仅局限于单一层面的研究，缺乏从碳金融市场、服务和政策等多维层面的研究。

其三，关于碳排放权问题，现有研究主要依赖于庇古税和科斯定理的排污权理论展开，而缺乏理论上分析国家之间排放权之争的博弈机制。

---

① 尹应凯，崔茂中. 国际碳金融体系构建中的"中国方案"研究 [J]，国际金融研究，2010 (12)：59~66.

② 王卉彤. 商业银行建立健全节能减排支持体系研究 [J]. 财贸经济，2008 (6)：28~33.

③ 唐斌，薛成容. 碳金融："寓义于利"新社会责任观的实践——以深圳相控科技有限公司碳减排能效贷款为例 [J]. 福建金融，2008 (9)：19~22.

④ 王留之，宋阳. 略论中国碳交易的金融创新及其风险防范 [J]. 现代财经——天津财经大学学报，2009 (6)：30~34.

⑤ 王元龙. 把碳金融培养成中国金融业新增长点 [N]. 中国经济时报，2009-12-30.

⑥ 邵伟. 浅析中国碳银行业务的发展策略 [J]. 资本市场，2010 (3)：82~85.

⑦ 参见 http://finance.sina.com.cn/leadership/mroll/20100222/15197435477.shtml.

其四，碳市场价格体系方面，现有研究主要集中于从线性层面探讨碳价格波动及分析风险，而忽视了当前碳市场价格剧烈变化而可能呈现非线性波动的情况，显然具有一定的片面性；而关于碳排放权价格影响因素的实证研究，仍然局限于传统因素，如能源价格、人口因素等，未能从金融支撑因素对低碳经济的发展进行全面的分析。

第四节　研究思路、重点、难点和创新点

一、研究思路

本文首先从低碳经济、碳金融等概念及其内涵入手，分析国内外低碳经济与碳金融发展的现状及相互之间的辩证逻辑关系，并进一步从理论上运用经济学排污权和排放权交易理论，结合博弈论、归纳演绎等多种方法对金融支持中国低碳经济发展进行了较为全面的理论分析。在此基础上，运用数理实证分析方法，对金融支持中国低碳经济发展进行了深入的探讨，以此构建一个符合中国低碳经济发展的、三位一体的、金融支持低碳经济发展的逻辑体系框架，最后以银行业支持低碳经济发展的运行机制为案例深入剖析实践中金融如何支持中国低碳经济的发展。主要内容包括：

第一章为导论。主要阐述论文的研究背景与研究意义，论文的研究方法、国内外研究现状、研究思路、逻辑框架，以及重点、难点和可能的创新点。

第二章为中国低碳经济发展背景与路径选择。主要从低碳经济的内涵与实质分析入手，介绍了低碳经济发展的国际情况，从中国经济发展与能源利用的角度，分析了中国低碳经济发展面临的现实困境，客观地分析了发展低碳经济是中国实现经济发展转型的内在要求。在系统地梳理中国低碳经济发展政策历程的基础上，在审视市场经济发达国家低碳经济发展形态基础上，认为中国在低碳经济发展上，应该构建和形成低碳经济发展的国家战略框架和规划，支持低碳技术的创新和应用，调整产业结构、构筑低碳产业体系，限制高碳产业的市场准入，构建全方位的低碳财税、金融政策体系。

第三章为金融支持低碳经济发展的体系构建。本章主要从碳金融概念及内涵入手，详尽地分析了碳金融市场、碳金融服务、碳金融政策支持低碳经济发展的作用机制，进而构建一个符合中国低碳经济发展的、三位一体的、金融支持低碳经济发展的碳金融体系框架。

第四章为金融支持低碳经济发展的理论分析。本章分析和评价了排污权交易的基础理论，建立了不同类型微观治理机制下的最优排污权制度分析的理论

框架，考察了排污权在中国的实践运用；分析和评价了碳排放权的基础理论，论证了碳排放交易机制对低碳经济的促进作用，并借助于博弈论方法构建了国家之间碳减排的博弈问题，进一步分析了碳排放权这种特殊碳金融产品的市场供需机制。最后从理论上探讨了碳排放权市场交易价格的影响因素，为后文金融等诸要素支持低碳经济发展的实证研究提供了一定的理论依据。

第五章为金融支持低碳经济发展的实证分析。本部分以浙江省为例，分析了金融支持对低碳经济发展的作用，并从碳金融最重要的组成部分——碳市场排放权交易价格的波动及其存在的风险方面进行实证分析。

第六章为金融支持低碳经济发展的案例分析。本章以银行业为例，基于本书构建的三位一体的、金融支持低碳经济发展的碳金融体系框架，分析银行业支撑低碳经济发展的运行机制。

第七章为金融支持低碳经济发展的政策建议。主要从碳金融市场、服务、政策三位一体的视角，指出中国在金融支持低碳经济发展方面，应该构建一个统一的交易平台，创新交易机制，抢占碳交易定价话语权；培养碳金融中介市场，完善碳金融服务体系；加强法律与制度建设，助推低碳经济发展。

研究框架如图1.1所示。

二、研究重点

本书的研究重点是将碳金融与低碳经济有机结合，实现金融与经济学科相交叉的研究范式，把碳排放权这种特殊的金融衍生品作为"桥梁"，围绕其展开，就金融如何支持低碳经济发展进行理论和实证分析，并据此构建符合中国低碳经济发展的碳金融体系框架，最后结合案例研究金融支持低碳经济发展的具体运行机制。

理论分析方面：主要以排污权交易理论和排放权交易理论为基础，运用博弈论的方法分析中国金融支持低碳经济发展的理论基础，并进一步从理论上分析影响低碳经济发展的因素，为实证研究奠定理论基础。

实证分析方面：在上述理论分析的基础上，首先以欧盟碳排放交易市场的欧盟配额（EUA）和核证减排量（CER）的碳期货合约价格为基础，对碳排放权交易及其价格波动和存在的风险进行详尽的分析。在此基础上，进一步以中国浙江省为研究样本，分析碳排放量各影响因素，尤其对金融支持因素的影响机制进行了定量实证分析。

碳金融体系构建方面：对国内外碳金融理论进行梳理，在此基础上归纳总结碳金融支持经济转型升级的内在机制，进而构建金融支持中国低碳经济发展的、三位一体的碳金融体系。

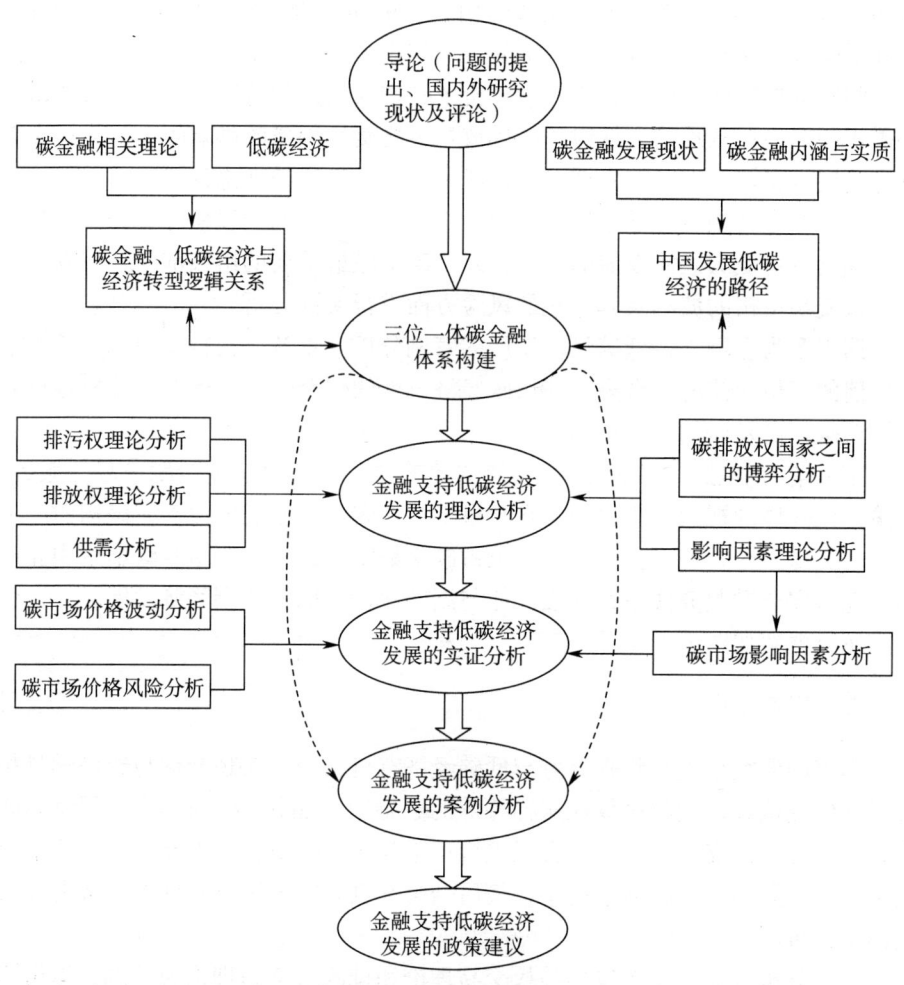

图 1.1 本书研究框架

案例分析方面：在理论分析和实证分析基础上，结合本书提出的三位一体的、金融支持低碳经济发展的碳金融逻辑体系框架，以中国金融机构的代表——银行业支持中国低碳经济发展的运行机制进行全面分析。

三、研究难点

1. 碳金融作为新兴概念，其研究内容广泛而不深入，国内外研究均相对不是很成熟，因此，如何论述碳金融的内涵及其对经济转型的作用机制还有待探究。

2. 如何把低碳经济发展与金融支持有机结合起来分析，探索符合中国低碳经济发展的路径，及如何构建金融支持低碳经济发展的碳金融支撑体系框架，这都是研究的难点。

3. 把碳排放权作为虚拟的金融产品进行交易，显然会涉及各国之间碳排放权的博弈，因此，如何构建国家之间碳排放权之争的博弈模型具有一定的探索性。

4. 由于碳金融业务在世界范围内开展时间不长，数据资源不充足，因此，如何定量分析碳排放权交易价格的波动与风险情况以及如何定量分析金融支持低碳经济发展的运行机制存在一定的难度。

四、创新点

1. 视角创新：本书把握金融和经济的最新发展趋势，将低碳经济和经济转型有机结合，从理论层面和实务层面研究两者之间的作用路径和作用机制，体现出该项研究较强的前瞻性和独创性。

2. 研究创新：突破现有文献单一层面研究的局限性，以碳金融市场、碳金融服务、碳金融政策三维视角构建了一个完整的、碳金融支持低碳经济发展的、三位一体的逻辑体系。

3. 方法创新：本书理论研究部分突破了传统研究局限于宏观层面供需分析的局面，运用博弈论方法对各国之间排放权之争进行了微观层面上的博弈分析；在实证研究方面，则突破传统线性层面视角的研究，从非线性视角研究碳市场排放权交易价格的波动及风险情况，进一步采用非线性方法对浙江省是否发生经济转型进行探究，并由此分析金融如何支持低碳经济发展。

4. 结构创新：本书突破了传统理论分析与实证研究相结合而缺乏应用上实践指导效果的两维结构局限性，在理论分析和实证研究的基础上，引入案例分析，形成理论——实证——案例相糅合的、完整的、三维结构研究框架。

第二章　中国低碳经济发展背景与路径选择

低碳经济表现为低排放、低消耗、低污染和高效率，其实质是一种新的经济发展模式，一种新的经济增长形态。目前世界各国在低碳经济发展过程中，积极争取有利于本国未来低碳经济发展的游戏规则和政策。中国应该正确地认识到，发展低碳经济是中国经济转型升级的根本途径，要加快构建和形成发展低碳经济的国家战略框架、支持低碳技术的创新和应用、构筑低碳产业体系、提高市场准入标准、构建全方位的低碳财税政策体系，促使中国经济持续、健康、稳定的发展。

第一节　中国低碳经济发展的演进历程

一、低碳经济的内涵

（一）低碳经济的概念

2003年英国政府发表了能源白皮书，题目为《我们未来的能源——创建低碳经济》[1]，在书中提出低碳经济这一全新概念，书中指出，低碳经济是以低排放、低消耗、低污染和高效率为特征的新的经济发展模式，是从传统的高能耗、高污染、高排放发展模式转向可持续发展模式的桥梁。这一概念提出后，立刻引起国际社会广泛关注，它被称为是人类社会继原始文明、农业文明、工业文明之后的又一新的文明，即生态文明，同时成为国际社会研究应对气候变化策略的热门词汇。低碳经济（low carbon economy）中的"低"是针对当前高度依赖化石燃料的能源生产和消费体系所导致的"高"的碳强度及其相应"低"的碳生产力，"低"的要义在于减小经济发展对生态系统碳循环

---

[1] Our Energy Future – Creating a Low Carbon Economy [EB/OL]. UK Energy White Paper, 2003 - 02, http://energylinx.co.uk/files/ourenergyfuture.pdf.

的影响，维持生物圈的碳平衡，最终使得碳强度降低到自然资源以及环境容量能够有效接受的范围内。① 低碳经济中的"经济"涵盖了国民经济的各个方面，几乎覆盖了所有的产业，低碳经济要求经济活动低碳化，包括生产的低碳化、流通的低碳化、分配的低碳化和消费的低碳化四个环节。

当前国内对于低碳经济的认识并不统一，可以从多角度认识低碳经济。从经济可持续发展角度看，低碳经济是通过低碳技术创新、低碳制度创新、产业转型、新能源开发和利用等手段，减少传统煤炭、石油等高碳能源消耗的数量，减少二氧化碳排放，达到发展经济与保护生态环境双赢的目标。从碳循环的角度看，低碳经济是一种由高碳能源向低碳能源转变的经济发展模式，目标在于修复地球生态圈碳失衡的状况，促进社会经济发展的碳中性。从能源角度看，低碳经济的重点是提高能源使用效率和开发清洁能源，尽量减少煤炭和石油等高碳能源消耗，低碳能源是低碳经济发展的根本保证，清洁生产是低碳经济的核心环节。从技术的角度看，低碳经济以市场为基础，在政策措施、制度框架和法律法规的保障下，利用各种低碳技术，推动社会经济向低碳模式转变②。从历史发展角度看，低碳经济是经济增长方式、能源消费方式以及人类生活方式的一次全新变革，推动建立在化石燃料基础上的现代工业经济向生态经济转变③。从发展模式角度看，低碳经济从宏观上确立了低碳发展的方向，中观层面上结合了节能减排的发展方式，在微观层面上利用碳中和技术④，促进社会发展模式转变。

（二）低碳经济特征

低碳经济是一场涉及现有生产模式、流通方式、消费方式、国家利益和人生价值观的全球性革命，内涵十分丰富，有显著的特征。

1. 经济性。低碳经济按照市场经济的原则和机制来发展，包括生产、交换、分配、消费在内的社会再生产全过程的低碳化，获得了巨大的生态经济效应，其发展不会导致人们的生活条件和福利水平明显下降。

2. 技术性。通过开发、使用低碳技术，能有效提高能源效率以及降低二氧化碳等温室气体的排放强度。通过技术创新来实现经济发展低碳化，政府和企业成为低碳技术创新的主要力量，形成社会各行各业低碳技术研发和应用的热潮。

---

① 谢军安. 我国发展低碳经济的思路与对策 [J]. 当代经济管理，2008 (12)：20.
② 徐南，陆成林. 低碳经济内涵、特征及其宏观背景 [J]. 地方财政研究，2010 (8)：73.
③ 鲍健强，苗阳，陈锋. 低碳经济：人类经济发展方式的新变革 [J]. 中国工业经济，2008 (4)：153.
④ 段红霞. 低碳经济发展的驱动机制探析 [J]. 当代经济研究，2010 (2)：58.

3. 战略性。气候变化对人类发展带来长远的影响，低碳经济是人类调整自身活动、应对气候变化、适应地球生态系统的战略性选择，而非一时之计。

4. 全球性。作为一个有机整体，气候变化必然会影响到世界上的每一个国家，影响到人类社会的未来发展。面对温室气体不断排放，全球气温持续上升，世界上各个国家必须要团结起来，共同迎接全球气候变暖给人类带来的挑战，只有全球合作，才能解决问题。

5. 阶段性。假如低碳经济发展顺利，清洁能源和新能源能够满足社会经济发展的要求，气候变化问题得到解决，那么社会经济发展的核心目标也将随着时间而改变。因此，低碳经济具有阶段性，度过当前发展阶段之后，人类将会有更高的经济发展目标和更远的追求[1]。

6. 目标性。低碳经济的目标是将温度上升控制在一定范围内，要求温室气体的浓度保持相对稳定，避免气温上升影响到人类的生存和发展，最终实现人与自然的和谐共存[2]。

（三）低碳经济构成要素

第一，低碳能源是低碳经济的核心要素。低碳能源的特点是高能效、低能耗、低污染和低碳排放，包括清洁煤、核能、风能和太阳能等。能否改变现有的能源结构是低碳经济能否成功的关键环节，这就需要改变高碳消费的现状，实现经济发展从高碳能源结构向低碳能源结构转变。

第二，低碳技术是低碳经济发展的原动力。低碳技术是抑制地球变暖的技术创新，具体包括传统能源的节能改造技术、可再生能源和新能源开发技术、二氧化碳捕捉和封存技术，也包括通过植树造林、草原修复、湿地保护、农田改造和海洋管理等措施增加碳汇的技术。科学技术是第一生产力，这些低碳技术能够成为直接生产力，有力地推动低碳经济发展。

第三，低碳产业是低碳经济发展的物质载体。在不同经济发展阶段总会有不同的物质载体与经济相适应，低碳经济发展的物质载体则是低碳产业，对经济发展中二氧化碳排放作出限制导致了低碳产业的产生，而低碳经济发展的程度直接取决于低碳产业承载能力的大小。低碳产业体系包括火电减排、新能源汽车、节能建筑、工业节能与减排、循环经济、资源回收、环保设备、节能材料等。

第四，低碳管理是低碳经济发展的有力保障。碳是一种资产，可以产生预

---

[1] 徐南，陆成林. 低碳经济内涵、特征及其宏观背景 [J]. 地方财政研究，2010（8）：74.
[2] 国务院发展研究中心应对气候变化课题组. 当前发展低碳经济的重点与政策建议 [J]. 中国发展观察，2009（8）：13.

期收益，碳风险随时可能发生，因此必须做好碳管理。低碳管理包括明确的低碳发展规划和路径、健全的法律法规、创新的制度、完善的政策配套措施以及不断的科技创新等诸多方面，这些是低碳经济发展的有力保障[①]。

(四) 低碳经济与循环经济、生态经济、绿色经济的联系和区别

低碳经济与循环经济、生态经济、绿色经济是一脉相承的，都在追求绿色GDP，都是从三高一低向三低一高转换的经济发展模式，但在内涵上有所区别。循环经济是物质封闭环流动型的经济，它是指在生产、流通、消费等过程中以减量化、再利用、资源化为原则，侧重于提高能源效率，强调在经济活动中保护和改善环境。低碳经济是循环经济的重要组成部分和深化发展，它强调降低碳排放量[②]。生态经济主要从生态学角度探析经济系统如何与生态系统有机结合，从宏观经济角度解决不断增长的经济系统与资源供给局限性的矛盾，其物质基础是太阳能或氢能。低碳经济与生态经济侧重点不同，它是针对碳排放量来讲的，追求的是降低碳排放量。绿色经济是一种以维护人类生存环境为目标、以合理使用能源与资源为手段的平衡型经济形式，包括了伦理的、经济的、环境的方方面面。依赖绿色技术革命，侧重点是关爱生命，兼顾物质和精神需求。低碳经济则是从可持续发展角度对能源和资源的开发利用提出新的思路和要求[③]，它的针对性较强，比绿色经济容易评价。综合而言，低碳经济与循环经济、生态经济、绿色经济相比，涵盖了绿色、生态和循环各方面，它与其他发展模式有一个最关键的区别就是低碳刚性约束，这样使得目标更明确、内涵更丰富、操作更细化。

二、低碳经济的实质

低碳经济表现为能源效率的提高、能源结构的优化，强调低碳高增长，其实质则是一种新的经济发展模式，一种新的经济增长形态。

(一) 低碳经济是能源技术革命

发展低碳经济的实质是一场能源革命，减少人类经济、社会活动对传统碳基能源的高度依赖和消费，尽量减少温室气体排放。在低碳经济发展中，一方面要提高能源使用效率，另一方面要不断减少化石能源的消费比例，发展太阳能、风能、生物能、核能等新能源，使新能源成为人类未来经济社会发展的主要方向。

---

① 王晨. 低碳经济的内涵及理论基础浅析 [J]. 时代金融, 2010 (6): 58.
② 柯健. 低碳经济: 我国转变经济发展方式的战略选择 [N]. 长春工业大学学报 (社会科学版), 2010 (1): 41.
③ 陶良虎. 中国低碳经济——面向未来的绿色产业革命 [M]. 北京: 研究出版社, 2010: 45.

（二）低碳经济是一种经济发展模式

庄贵阳（2005）认为，低碳经济是指依靠低碳技术创新和政策推动，实施的一场新能源革命，建立一种较少排放温室气体的经济发展模式，最终减缓全球气候变化①。国家环境保护部部长周生贤（2008）指出，低碳经济是以低能耗、低排放、低污染为基础的经济模式，是继原始文明、农业文明、工业文明之后人类社会的又一大显著进步。②蔡林海（2009）认为，低碳经济是对二氧化碳等温室气体排放实行的管制措施，是使它的排放量降到较低程度，进而防止地球变暖的一种可持续的经济发展模式，低碳经济实际上是一个相对于现有经济模式，也就是高碳经济模式的一个概念③。发展低碳经济的本质在于建立高能效、低能耗、低排放的经济发展模式，其中也包括了生产模式、消费模式和国际贸易模式。低碳经济是一种有效提高能源使用效率以及创建新能源结构的创新性、高层次、全新的经济发展模式。

（三）低碳经济是一种新的经济增长形态

张坤民（2009）从能源的角度将低碳经济定义为一种经济形态，认为低碳经济就是通过提高能源效率、大规模应用可再生能源与新能源以及开发利用去碳技术的一种新的经济形态。④付加锋等（2010）认为，低碳经济是指社会生产力和人类文化发展达到一定水平的一种经济形态，其主要目的在于减少温室气体排放，实现减少并控制温室气体排放的全球共同愿景。⑤低碳经济是后工业化阶段出现的，一种减少经济发展中的碳排放量、美化生态环境及降低社会经济成本的经济形态，也是一种改善地球生态系统自我调节能力、实现可持续发展的新经济形态⑥，它是低碳产业、低碳产品、低碳工艺、低碳城市、低碳生活等一系列经济社会形态的总称，是一种实现经济社会发展与生态环境共赢、保证人类社会实现可持续发展的经济形态。

低碳经济是一个全新的、广泛的概念，它以低排放、低消耗、低污染和高

---

① 庄贵阳. 中国经济低碳发展的途径与潜力分析 [J]. 国际技术经济研究，2005（3）：79~87.
② 见周生贤为《低碳经济论》（张坤民，潘家华，崔大鹏主编，中国环境科学出版社，2008年）一书做的序言。
③ 蔡林海. 低碳经济——绿色革命与全球创新竞争大格局 [M]. 北京：经济科学出版社，2009：18.
④ 张坤民. 中国走低碳发展之路：必要性与可行性 [M]. 北京：中国环境科学出版社，2009：67~81.
⑤ 付加锋，庄贵阳，高庆先. 低碳经济的概念辨识及评价指标体系构建 [J]. 中国人口·资源与环境，2010（8）：39.
⑥ 李友华，王虹. 中国低碳经济发展对策研究 [J]. 哈尔滨商业大学学报（社会科学版），2009（6）：4.

效率为典型特点,内涵非常丰富,是对绿色经济、环境经济、生态经济的继承和发展,是一场新的能源革命,最终要实现社会经济低碳高增长。低碳经济是人类经济发展的必然趋势,国际上通过联合国气候大会商议低碳经济的发展,各国也不断建立和完善低碳政策,发展本国低碳经济。

三、中国低碳经济发展的演进历程

中国作为世界上最大的发展中国家、世界上经济发展速度最快的新兴工业化国家,在经济发展方面,人均资源少,能源消费量大,环境承载容量小。1997年生效的《京都议定书》,并没有对属于发展中国家阵营的中国规定相应的减排任务,但是,中国经济高速发展,工业化和城市化进程快速推进,使其能源消费和碳排放问题成为世界各国关注的焦点。在可以预见的未来,中国将成为世界上最大的碳排放国。在低碳经济发展已经成为世界各国经济发展焦点的情况下,中国如何审时度势,制定符合中国低碳经济发展的政策和措施,对中国未来的经济发展,乃至于全球经济社会发展都将产生非常大的影响。

2004年11月,中国政府颁布了《节能中长期专项规划》[①],提出了建立节约型社会的发展目标。规划中,中国政府提出的宏观节能量指标为:到2010年,每万元GDP的能耗指标,要由2002年的2.68吨标准煤下降到2.25吨标准煤,下降0.43吨标准煤;2003—2010年年均节能率为2.2%,形成4亿吨标准煤的节能能力;并且要力争到2020年,使中国的能源强度下降到每万元1.54吨标准煤的水平。

2005年2月,中国正式颁布了《可再生能源法》[②],为可再生能源的发展提供了法律保障。在具体实践中,中国支持在农村和一些边远地区开发利用生物质能、风能、太阳能、地热能等新能源和可再生能源。目前,中国引进了世界上先进的风能技术,开展了一系列风能技术示范工程,很好地促进了风电在中国的广泛推广和使用。

2006年12月26日,科技部、中国气象局、中国科学院等六部门联合推出了《气候变化国家评估报告》[③],指出中国应坚持科学发展观,走新型工业化道路,以提高能源利用效率、改善能源结构为核心,发展低污染、高效、清洁的化石能源技术、先进核能技术及可再生能源技术。到2020年,争取使中国的GDP碳排放强度和2000年相比下降40%以上;通过植树造林,加强农业和

---

① 参见 http://www.china.com.cn/chinese/PI-c/713341.htm.
② 参见 http://www.china.com.cn/chinese/law/798072.htm.
③ 参见 http://news.aweb.com.cn/2007/4/10/117200704100941920.html.

草场管理等措施,使农林业碳吸收汇在1990年基础上增加1.2亿t-C以上。到2050年,建立与中国经济社会发展水平相适应的资源节约、环境友好、结构多元、经济社会协调发展的能源体系框架,在可再生能源技术、清洁燃料技术和氢能技术等新型、先进能源技术方面达到国际领先水平,到时非化石能源比重在一次能源构成中占30%以上,GDP的碳排放强度比2000年有明显下降。到21世纪下半叶,基本实现依靠可再生能源来满足经济和社会发展的能源需求。

2007年6月6日,中国制定并发布了气候发展战略——《中国应对气候变化国家方案》①,指出中国应对气候变化的总体目标是:控制温室气体排放要取得明显成效,适应气候变化的能力不断增强,和气候变化相关的科研能力和水平取得新的进展,社会公众的气候变化意识得到较大提高,气候变化领域的机构和体制建设得到进一步加强。

科技部、国家发展改革委等14个部委在2007年6月14日发布了《中国应对气候变化科技专项行动》,从科技发展能力层面应对全球气候变化。根据此次专项行动的安排,中国科技界将进行控制温室气体排放和减缓全球气候变暖的技术开发。专项行动还提出中国应对气候变化的重大战略与政策,主要包括应对气候变化与中国能源安全战略、未来气候变化国际制度、中国未来能源发展与温室气体排放情景、清洁发展机制与碳交易制度、应对气候变化与低碳经济发展、国际产品贸易与温室气体排放政策、应对气候变化的科学技术战略等。

尽管2009年末召开的哥本哈根会议没能开创一个全球减排新格局,但中国政府已经把发展低碳经济作为面向未来的重大国家战略。2009年11月25日,国务院决定,到2020年中国单位国内生产总值二氧化碳排放比2005年下降40%~45%,作为约束性指标纳入国民经济和社会发展中长期规划,并制定相应的国内统计、监测、考核办法。这次会议提出,通过大力发展可再生能源、积极推进核电建设等行动,到2020年中国非化石能源占一次能源消费的比重要达到15%左右;通过植树造林和加强森林管理,森林面积要比2005年增加4 000万公顷,森林蓄积量要比2005年增加13亿立方米。

第二节 低碳经济发展的国际背景

至今为止,联合国气候变化大会已经举办了16次,各方就低碳经济发展

---

① 参见 http://www.ce.cn/xwzx/gnsz/szyw/200706/04/t20070604_ 11594800_ 3.shtml.

进行深入磋商,发展低碳经济、解决气候问题已经取得基本共识。低碳经济是经济问题,也是政治问题,发达国家和发展中国家围绕碳排放不断博弈,发达国家之间不断竞争,争取成为低碳经济的领先者和主导者。

一、《联合国气候变化框架公约》

为了加强应对全球气候变化能力,需要世界各国协同降低或控制二氧化碳排放,1990年IPCC①第一次评估报告的发布,以及1990年11月召开的第二次世界气候大会正式把气候变化问题从学术界推向了国际政治舞台。1992年在巴西里约热内卢举行的联合国气候大会通过了《联合国气候变化框架公约》,确立以共同但有区别的责任原则、可持续发展原则为国际合作应对气候变化的基本原则,明确了发达国家应当承担率先减排和向发展中国家提供资金、技术支持的责任义务,承认发展中国家有消除贫困、发展经济的优先需要。

1997年12月,旨在限制温室气体排放量,以便抑制全球变暖的《京都议定书》在日本获得通过,这是一部限制世界二氧化碳排放量和抑制全球变暖的国际气候法案。《京都议定书》规定,到2010年,所有发达国家包含二氧化碳在内的六种温室气体排放总量要比1990年减少5.2%。

2007年12月15日,联合国气候变化大会产生了"巴厘岛路线图",内容包括大幅减少全球温室气体排放量,未来的谈判应考虑所有发达国家,发展中国家应努力控制温室气体排放增长,但暂时不设定具体目标,确立接替《京都议定书》的旨在减缓全球变暖的新议程。"巴厘岛路线图"对全球共同走向低碳经济起到了积极的推动作用,具有里程碑式的意义。其核心是全面加强《联合国气候变化框架公约》和《京都议定书》深入、有效和持久的实施,关键是解决减缓、适应气候变化以及创新低碳技术和实施资金援助等问题。

2009年12月20日,联合国气候变化大会达成了不具法律约束力的《哥本哈根协议》,《哥本哈根协议》主要内容为:(1)全球气温升幅应限制在摄氏2度以内;(2)文本无明确列明,但附件中建议应在2010年底前就协议内容达成具有法律约束力的条约,全球温室气体排放量应尽快封顶;(3)所有新兴经济体必须自我监察减排进度,并向联合国汇报,国际人员可以视察,但不得损害国家的主权;(4)发达国家从2020年起,向发展中国家及小岛国等

---

① IPCC:联合国政府间气候变化专门委员会,由世界气象组织(WMO)和联合国环境规划署(UNEP)于1988年建立,对世界上有关全球气候变化的最好的现有科学、技术和社会经济信息进行评估。

提供 1 000 亿美元的援助,但未提及资金来源及使用方向;(5)提供足够资金,限制森林砍伐,考虑透过碳市场机制达到减排的目标。

2010 年 12 月 11 日,第十六届联合国气候变化大会坎昆会议没有能够完成"巴厘岛路线图"授权的谈判任务,但是会议坚持了《联合国气候变化框架公约》《京都议定书》和"巴厘岛路线图",坚持了共同但有区别的责任的原则,确保了 2011 年的谈判能够继续按照"巴厘岛路线图"确定的双轨方式正常进行,在资金、技术、适应等问题上取得了一些进展,向国际社会发出积极的信号,让世界重拾信心。

表 2.1　　　《联合国气候变化框架公约》历次缔约方大会

次数	时间	地点
COP1	1995 年 4 月 7 日至 18 日	德国柏林
COP2	1996 年 7 月 8 日至 19 日	瑞士日内瓦
COP3	1997 年 12 月	日本京都
COP4	1998 年 11 月 2 日至 14 日	阿根廷布宜诺斯艾利斯
COP5	1999 年 10 月 25 日至 11 月 5 日	德国波恩
COP6	2000 年 11 月 13 日至 24 日	荷兰海牙
	2001 年 7 月 16 日至 27 日	德国波恩
COP7	2001 年 11 月	摩洛哥马拉喀什
COP8	2002 年 10 月	印度新德里
COP9	2003 年 12 月	意大利米兰
COP10	2004 年 12 月	阿根廷布宜诺斯艾利斯
COP11	2005 年 11 月	加拿大蒙特利尔
COP12	2006 年 11 月	肯尼亚内罗毕
COP13	2007 年 12 月	印度尼西亚巴厘岛
COP14	2008 年 12 月	波兰波兹南
COP15	2009 年 12 月 7 日至 18 日	丹麦哥本哈根
COP16	2010 年 12 月	墨西哥坎昆
COP17	2011 年 11 月 28 日至 12 月 9 日	南非德班

资料来源:根据联合国气候变化专门委员会网站(http://www.ipcc.ch)相关信息整理而成。

二、欧盟框架下的国际规则

在向低碳经济转型方面,欧盟是倡导者和主导者,将低碳经济视为欧盟新的工业革命。自《京都议定书》签署以来,欧盟一直主导着国际碳减排的前进步伐,是实行碳减排最坚定的一个阵营。对欧盟的工业产品制定严格的节能和温室气体排放量指标,深刻影响了全世界工业产品的竞争格局,使欧盟在低碳产业赢得了核心竞争力,引导着全球低碳经济、能源、航空、环保等产业的发展方向。

2007年3月,欧盟推出了欧盟战略能源技术计划,把低碳经济确立为未来经济发展方向,率先承诺将可再生能源提高到能源消耗总量的20%以上,将煤炭、石油以及天然气等一次性能源的消耗量减少20%,提高生物燃料在交通能耗中的比例,确保到2020年欧盟温室气体排放量在1990年基础上最少减少20%。2008年12月,欧盟通过了能源气候的一揽子计划,共包括6项内容,分别是欧盟排放权市场交易机制修正案、欧盟成员国碳排放任务分配的决定、碳捕获和封存的法律法规、可再生能源计划、汽车二氧化碳排放规章制度以及燃料质量要求。2010年3月,欧盟首次发布了《欧洲2020战略》文本初稿,欧盟及其成员国将在节能减排、发展清洁能源、发展高新技术产业、教育和培训等方面进行大规模投入,将低碳产业培育成未来的经济支柱。欧盟在未来几年内低碳政策的变化也取决于其他发达国家的表态变化,特别是美国的态度。

(一)英国:绿色能源、绿色生活和绿色制造

英国是世界上最早提出低碳概念并积极倡导发展低碳经济的国家,英国政府2003年制定的《能源白皮书》提出了英国温室气体减排目标:预计到2010年二氧化碳排放量比1990年减少20%,到2050年二氧化碳排放量比1990年减少60%,正式将英国建成低碳社会。2006年,由英国政府支持,世界银行前首席经济学家尼古拉斯·斯特恩做了著名的"斯特恩报告",报告中指出,如果全球每年投入GDP的1%用于发展低碳经济,可以避免将来每年损失CDP的5%至20%,呼吁全球经济向低碳经济转型,该报告引起社会广泛关注。2008年5月31日至6月8日,在伯明翰发布了英国的《气候变化战略》,明确提出到2026年城市减少60%的二氧化碳排放、人均碳排放从6.6吨下降到2.8吨等具体的低碳时代城市的目标。2009年英国政府制定了《英国低碳转型计划》《英国可再生能源战略》《英国低碳工业战略》和《低碳交通战略》等文件,力争实现以下五个具体的目标。一是创造120万个绿色就业岗位;二是整体改建700万户民用住宅并支持150万户家庭生产自给自足的清洁能源;三是全国40%的电力来源于可再生的、核能、清洁煤等低碳能源;四是削减

50%天然气进口量；五是小轿车平均碳排放量在现有基础上降低40%以上。[①]这五个目标更具有可控性和可操作性。2009年7月15日，英国发布了《低碳转换计划》和《可再生能源战略》两个国家战略文件，是迄今为止发达国家中应对气候变化最系统的政府白皮书，也标志着英国成为世界上唯一一个在政府预算体系下特别建立碳排放管理规划的国家。英国能源与气候变化部2009年11月公布了《能源规划草案》，明确提出，英国未来能源将由核能、可再生能源和洁净煤三个重要部分组成。为了帮助英国经济向低碳经济转型，英国政府在2010年3月24日启动了一个20亿英镑的绿色投资银行计划，解决低碳经济资金短缺问题。

目前，英国已初步形成以政府为主导，以市场交易为基础，以全体企业、公共部门和居民为参与主体的体系，从政策制定实施、资金投入、低碳技术研究应用到国民低碳意识等诸多方面，都处于世界领先水平。英国的低碳经济已经突破最初瓶颈，走出了一条崭新的、值得推广的可持续发展之路，为英国全面实施低碳计划积累了丰富的经验、奠定了扎实的基础。

（二）德国发展生态工业

德国作为发达的工业化国家，低碳经济发展处于世界前列，拥有较强的能源开发和环境保护技术。德国政府将气候保护、减少温室气体排放等列入其可持续发展的战略中，并通过立法和约束性较强的执行机制制定气候保护与节能减排的具体目标和时间表。德国2009年排放了7.6亿吨二氧化碳，比2008年减少了7 400万吨，其中能源产业碳排放量下降了7.7个百分点，[②]减少碳排放已取得初步成效。

德国联邦教育与研究部在2007年制定了气候保护的"高技术战略"，德国联邦教育与研究部计划在未来10年之内，投入10亿欧元用于研发气候保护相关技术，德国工业界投入10亿欧元开发气候保护技术。德国将在气候预测和保护、气候变化后果、人类应对策略等四个领域开展研究，以全面应对气候变化。德国2009年6月公布了一份以推动德国经济现代化建设为目标的战略文件，强调了德国经济发展的指导方针是发展生态工业，具体包括节能环保政策框架、社会各行各业能源有效利用战略、可再生能源使用领域、可持续利用生物质能、汽车业技术改革创新及环保教育和资格认证这六个方面。为实现向低碳经济转型，德国密切注意与欧盟工业发展政策的协调和合作，另外通过各

---

① 孟祥林.低碳经济：从国外经验论我国的困境、误区与对策［N］.北华大学学报（社会科学版），2010（6）：12.

② 德国应对气候变化、发展低碳经济的政策措施［EB/OL］.国际能源网，2008-10-12.

种政策措施激励私人投资低碳环保技术产业，支持低碳技术创新。

（三）法国发展核能和可再生能源

法国能源相对匮乏，煤炭资源基本消失，石油和天然气储量较少。但是，法国积极发展替代能源，鼓励社会节能减排，同时通过高税率抑制能源使用，政府逐渐形成了一套符合本国国情的低碳发展政策。法国近年来采取多项措施，有效地节约能源，其中通过以政府颁布法令的方式，制定消耗能源的设备和系统节能的国家标准，是法国较为有效的措施。1994年以来，法国依据欧盟统一标准，先后对锅炉相关设备、制冷和供热系统、机动车辆和家用电器等作出具体节能规定。法国还积极实施节能计划，政府在2000年12月通过"全国改善能源消耗效率计划"，旨在减轻由于国际石油市场价格波动给法国带来的不利影响，保证法国在能源使用上的独立地位。法国积极探索新能源开发，法国环境部于2008年12月公布一系列发展可再生能源的计划，共有50项具体措施，涵盖生物能源、风能、地热能、潮汐能以及太阳能等多个领域。法国政府于2009年专门投资4亿欧元，用于研究和开发清洁能源汽车，助推汽车产业转型升级。此外，法国一直将核能作为能源政策的支柱，核能也是法国绿色生态经济的一个侧重点，2009年法国核电在电力生产中的比例达到75%，该比例处于世界前列。安全是核能的生命线，日本核泄漏影响着全球的核能发展策略，所以未来法国的能源政策极有可能改变，这会给法国低碳经济迈上更高的台阶带来巨大挑战。

三、伞形集团减排心态

伞形集团特指在当前全球气候变暖议题上持不同立场的国家利益集团，即除欧盟以外的其他发达国家，如美国、日本、加拿大、澳大利亚等。从地图上看，这些国家的分布很像一把伞，故称此名。这些国家多为能源消耗大国或温室气体减排压力较大的国家，伞形集团国家担心减排行动对本国经济造成过大负担，反对立即采取减排、限排措施，所以中期减排目标低，且以一些发展中国家参与减排为前提条件。

（一）美国——希望成为应对气候变化的世界领袖

美国占世界5%的人口，消耗世界25%的能源，出于对危机的认识，美国的低碳经济之路由来已久。1990年美国实施《清洁空气法》，2001年，布什总统认为《京都议定书》对发达国家碳排放限制较多，会给美国经济发展带来过重负担，宣布退出《京都议定书》。2005年美国通过了《能源政策法》，布什总统在2006年的《国情咨文》中提出要进行"先进能源计划"，强调增加可替代能源和清洁能源技术的投入。与其他发达国家不同的是，美国积极发展"氢经济",拟订并实施了"总统氢燃料计划","氢经济"是无碳排放的更高层次的经济形式。美国参议院于2007年7月提出《低碳经济法案》,表明美国将以发展低碳经济作为未来经济发展的战略选择。

奥巴马政府通过了《美国复苏和再投资法》和《2009年美国绿色能源与安全保障法》等法案。2009年初奥巴马政府提出:为全面发展清洁能源经济,美国将努力把生物燃料、太阳能和风能等可再生能源的生产能力提高1倍,为方便传输这些新能源,建造长达4 800公里的新的传输电网,保证电力高效、有序传输。奥巴马政府将美国新能源发展的长期目标延伸到气候变化上,通过对石油行业征利润税补贴一般家庭的清洁能源使用。2009年6月26日美国众议院通过以限制污染与抑制全球气候变暖为目标的《美国清洁能源安全法案》,标志着美国应对气候变化迈出很大一步,达成广泛经济层面的减排目标(见表2.2)[①]。

表2.2　　　　　　《美国清洁能源安全法案》减排目标

年份	要求低于2005年能源消耗水平的比例	备注
2012	3%	备注:要求其他国家签订有效协议,进行排放权交易和碳排放权储备。
2020	17%	
2030	42%	
2050	83%	

资料来源:根据《美国清洁能源安全法案》整理而得。

在减排的问题上,奥巴马政府比较积极,希望美国成为应对气候变化的世界领袖,不过同样拒绝接受具有法律约束力的《京都议定书》,强调各国自主减排,并坚持要求一些发展中国家参与强制减排。美国也是迄今游离于《京都议定书》之外的唯一的发达国家。美国决定2020年的减排目标是在2005年的基础上减排17%,仅相当于在1990年的基础上减排4%,低于欧盟等国在1990年基础上减排20%的目标,更远低于IPCC减排25%至40%的建议,美国的减排态度需进一步转变,只有这样才能真正发挥经济大国的作用。

(二)日本的低碳社会

日本各届政府一直宣传推广节能减排计划,主导建设低碳社会,欲引领世界低碳经济革命,把日本打造成全球第一个绿色低碳社会。日本是最早推广太阳能政策的国家,1974年日本执行了"阳光计划",把太阳能、地热、煤炭、氢能源作为石油替代能源进行重点研究开发。2008年7月,日本政府通过了

---

① 参见 http://www.in-en.com/finance/html/energy_2026202642245360.html.

"建设低碳社会行动计划",该计划提出,日本将重点发展太阳能和核能等低碳能源,早日实现建设低碳社会的目标。日本政府对建设低碳社会提出了非常具体的目标,以 2020 年比 2005 年温室气体排放减少 15% 为中期目标,以 2050 年温室气体排放比现阶段减少 60% ~ 80% 为长期目标;70% 以上的新建住宅在 2020 年前安装太阳能电池板,通过太阳能发电的数量比当前水平提高 10 倍,到 2030 年太阳能发电量提高到当前水平的 40 倍。2008 年 6 月日本提出了最新防止全球变暖对策,即"福田蓝图",这标志着日本正式形成低碳战略,它已弄清楚构筑低碳社会的相关问题,明确了如何将低碳经济作为引领日本经济发展的引擎。2009 年 7 月 7 日,日本把《推进低碳社会建设基本法案》提交众议院审议,该法案明确规定日本 2050 年的温室气体排放量必须比 2005 年减少 60% ~ 80%,该法案确立了将降低温室气体排放的低碳社会放到国家战略层次,全面推进实施。

日本是资源小国,期望通过低碳绿色革命引领世界碳排放革命,将日本建设成为健康长寿的国家,发挥日本独特魅力,向低碳社会转型。日本核电占比为 30%,但是由于核危机,今后可能调整核电政策,日本也许会修改中长期减少碳排放的目标,低碳社会的道路还很漫长。

四、发展中国家的低碳经济

气候变化威胁着所有国家,而发展中国家在这种威胁面前表现得最为脆弱和无助,气候变化造成的损失中 75% ~ 80% 将由发展中国家承担,发展中国家一致认为发达国家近 200 年来依靠碳排放拉动经济增长是导致全球气候变化的主要原因。自 1950 年以来,全世界的碳排放增长中有 3/4 来自发达国家,以 2006 年为例,澳大利亚的人均碳排放量是印度的 17 倍多,总体上发达国家的人均排放量比发展中国家人均排放量多 6 ~ 7 倍(见图 2.1)。发展是当前发展中国家的第一目标,发达国家应率先承担强制减排的义务,全球按照共同但有区别的责任原则,共同努力降低碳排放,当然,一些发展中国家已经采取了自主行动。

(一)韩国低碳、绿色经济振兴战略

韩国欲凭借绿色增长战略再创"汉江奇迹"。韩国提出低碳绿色增长经济振兴战略,制定了《低碳绿色增长的国家战略》,提出通过发展绿色产业、应对气候变化和能源立法等战略,使韩国在 2020 年成为全球七大"绿色大国"之一,确定了从 2009 年到 2050 年低碳绿色增长的总体目标,提出大力发展低碳技术产业、强化应对气候变化能力、提高能源自给率和能源福利,全面提升绿色竞争力。韩国低碳绿色增长的主要内容和政策措施包括以下几个方面。一

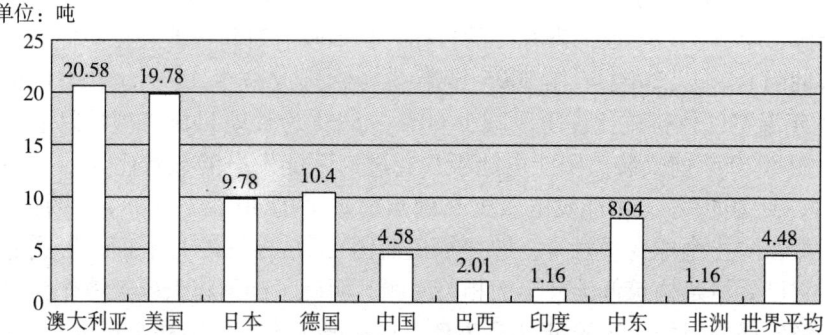

资料来源：国都证券研究所．低碳板块2010年度投资策略［R］．国都证券，2009-12-15：6.

图2.1　2006年主要国家和地区人均碳排放

是减少能源依赖，二是要提升绿色技术，三是通过发展低碳产业来扩大就业。①

（二）巴西大力推动生物燃料业的发展

巴西是世界上最大的甘蔗生产和出口国，用蔗糖生产乙醇是目前世界上制造乙醇最方便和最便宜的方法，巴西燃料乙醇的日产量已能满足国内约40%的汽车能源需求。除了燃料乙醇外，巴西还重点提高生物柴油技术的研发能力并推广使用，用大豆油、棕榈油、葵花油等为原料加工生产的生物柴油，可以添加在普通柴油中，作为卡车和柴油发电机的动力燃料②。巴西利用自身的独特作物优势，借助技术创新减少对传统能源的依赖。

（三）印度努力创建低碳经济大国

为节约能源和鼓励使用新能源，2001年印度政府颁布了《能源法》，调整资源的有效利用，促进国家可持续发展。印度近年来一直以低碳经济大国为目标，重视应对气候变化、重视绿化、注重碳交易、大力发展新能源，坚持走低碳发展的道路。2008年6月30日，印度颁布"气候变化国家行动计划"。该行动计划内容非常广泛，重点实施八大全国性计划：太阳能计划、提高能源效率计划、可持续生活环境计划、水资源计划、喜马拉雅生态保护计划、绿色印度计划、农业可持续发展计划、气候变化战略研究计划。③

---

① 王宇．世界走向低碳经济（下）［N］．中国经济时报，2009-12-01.
② 王宇．世界走向低碳经济（下）［N］．中国经济时报，2009-12-01.
③ 张庆阳．印度努力创建低碳经济大国［EB/OL］．中国气象报社，2010-06-07，http://www.cma.gov.cn/qhbh/newsbobao/201006/t20100607_70111.html.

（四）中国的低碳经济发展之路

目前，中国已经确立了发展低碳经济的道路，为应对全球气候变化作出了一系列努力，已经成为应对气候变化和实践低碳经济的先锋国家之一。中国已经制定和实施了《可再生能源法》《节约能源法》《清洁生产促进法》《大气污染防治法》《循环经济促进法》等法律。不仅如此，中国还制定了一系列应对气候变化的国家政策，特别是《中国应对气候变化国家方案》和《中国应对气候变化的政策与行动（2008）》白皮书。2007年胡锦涛主席在党的十七大会议上提出要"建设生态文明，基本形成节约能源资源和保护生态环境的产业结构、增长方式、消费模式"，将生态环境问题提升为中国重要战略问题。2007年9月8日，胡锦涛主席在亚太经合组织（APEC）第15次领导人会议上，明确主张发展低碳经济，令世人瞩目。温家宝总理在2010年11月25日召开的国务院常务会议上，作出2020年中国碳排放强度下降40%~45%的承诺，要把应对气候变化作为国家经济社会发展的重大战略。低碳经济代表了未来世界经济的发展方向，中国经济发展正通过不断努力，大踏步向低碳经济迈进。

随着全球气候变暖，世界各国都在高度关注低碳经济的发展，各国政府都重视发展低碳经济，结合本国地理、经济、社会等特点发展低碳经济，向低碳经济转型已成为世界经济发展的大趋势，也是人类应对气候、资源、环境挑战的必由之路。目前，世界上发达国家向低碳经济转型的步伐很快，抢占低碳技术制高点的竞争也很激烈，可以预见，发达国家在向低碳经济转型的道路上将呈现加速趋势。对于发展中国家经济增长是第一目标，应该始终坚持共同但有区别的责任原则，积极发展低碳经济。当前希望碳排放自动减少和低碳经济自动实现几乎是不可能的，必须依赖全球共同合作，共建和谐世界。

第三节 中国低碳经济发展困境与路径选择

中国经济的快速发展，传统的能源生产与消费结构，高污染、高能耗、高排放的产业结构生产体系，为低碳经济的发展带来了极大的挑战，发展过程中面临着很多困难。但同时，发展低碳经济又是中国经济发展转型的必然选择。

一、中国低碳经济的发展困境

经济增长、能源消费与碳排放之间存在显著的正相关性。改革开放以来，中国呈现出和经济周期波动相吻合的发展趋势，能源消费增长率和GDP增长率的变化也基本一致，经济快速增长、工业化和城市化不断推进，对能源的需求急剧增长。例如，在宏观经济进入扩张周期的1985年和2004年，能源消费也出现了急剧增长，能源消费增长率分别为8.1%和16.1%；而在宏观经济步入下行阶段的1990年和2000年，能源消费增长率也显著降低，分别只有1.8%和3.5%；2008年，由于受国际金融危机的影响，中国GDP增速有所回落，受此影响，能源消费增长率也下降到3.9%；2009年和2010年，随着经济增速的加快，能源消费增长率又有逐渐上升的趋势（见表2.3）。

表2.3　　　　　　中国经济发展与能源消费的变化关系

年份	能源消费总量（万吨标准煤）	能源消费比上年增长（%）	国内生产总值（亿元）	国内生产总值比上年增长（%）	能源消费弹性系数
1985	76 682	8.1	9 016.00	13.50	0.60
1990	98 703	1.8	18 667.80	3.80	0.47
1995	131 176	6.9	60 793.70	10.90	0.63
2000	145 531	3.5	99 214.60	8.40	0.42
2001	150 406	3.3	109 655.20	8.30	0.40
2002	159 431	6.0	120 332.70	9.10	0.66
2003	183 792	15.3	135 822.80	10.00	1.53
2004	213 456	16.1	159 878.80	10.00	1.60
2005	235 997	10.6	183 867.90	11.30	0.93
2006	258 676	9.6	210 871.00	12.70	0.76
2007	280 508	8.4	257 306.00	14.20	0.59
2008	291 448	3.9	300 670.00	9.60	0.41
2009	306 647	5.2	340 902.00	9.20	0.57
2010	325 000	6.0	397 983.00	10.30	0.57

资料来源：国家统计局. 2011年中国统计摘要［M］. 北京：中国统计出版社，2011.

中国二氧化碳排放量的增加与能源消费的增加也呈现显著正相关性。20世纪90年代前期和2003年以来，伴随着宏观经济进入扩张周期和能源消费的快速增加，中国二氧化碳排放量也急剧增长。而20世纪90年代后期到2002年，与宏观经济紧缩相一致，能源消费水平处于平稳增长阶段，与之对应，二氧化碳的排放也比较稳定（见图2.2）。2003年和2004年，中国能源消费分别增长了15.3%和16.1%，导致二氧化碳排放分别增长了16.85%和15.68%。二氧化碳排放量的增加与能源消费的增加正相关这一现象与一些学者的研究结论相同，他们通过对许多高碳排放的亚洲国家进行研究发现，这些国家的二氧化碳排放量与能源消费的升降趋于一致。

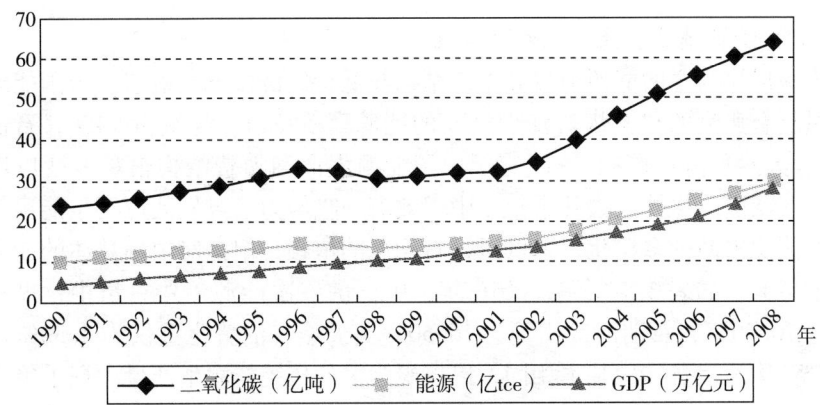

资料来源：蒋金荷．中国碳排放特征及发展低碳经济的对策分析［J］．经济研究参考，2011（5）：10．

图 2.2　1990—2008 年中国经济增长、能源消费与碳排放关系

中国发展低碳经济所面临的困境主要体现在以下五个方面。

（一）工业化快速发展导致碳排放量不断增加

中国工业化的加速发展与发展低碳经济之间存在着非常突出的矛盾。目前，中国正进入一个工业化加速发展的时期，整个国民经济产业结构的主体是第二产业，并且重化工业比重高，不可否认第二产业对 GDP 产生的巨大贡献。但创造巨额 GDP 的同时，工业化的加速和重工业的持续增加决定了能源消费将呈现迅速增长的态势，工业化产生的高投入、高物耗、高能耗导致资源与环境矛盾日益凸显。市场经济发达国家的历史经验告诉我们，步入到工业社会，进入重工业加速发展的时期，随着工业化和经济发展速度的加快，以二氧化碳为主的温室气体的排放将会不断增加。值得指出的是，中国的工业化和城市化进程与发达国家相比又具有以下几个方面的特点：首先，中国工业化、城市化的发展速度非常快，在中国快速发展并且规模庞大的工业化体系中，二氧化碳的排放总量必然会随着工业经济的不断发展而不断增加；其次，中国目前城市化的不断推进带来了大规模的交通、能源、建筑等基础设施建设，由于工业化和城市化带来的经济扩张多是对常规技术的简单复制，也由于技术水平较低和成本等方面的原因，大规模采用低能耗、低排放、低污染的节能减排技术并不具备现实可行性，在目前和未来较长的一个时期，中国能源消费和温室气体排放必然呈现出不断增长的态势；最后，发达国家是在完成工业化之后才面临应对气候变化的挑战，而中国在工业化、城市化的进程中就必须要面临应对气候变化的挑战这一问题，这无疑给中国走新型工业化道路带来了新的挑战和要求。以上三个方面的特点，使得中国发展低碳经济面临着比发达国家更为严峻的挑战。

(二) 能源消费、生产结构不合理

中国以煤为主的能源消费和生产结构与低碳经济极不相适应。中国能源探明储量具有典型的"富煤贫油少气"的能源禀赋特点,煤炭占94%,石油占5.4%,天然气占0.6%,这决定了中国能源生产和消费结构很难改变以煤为主的发展状况。尽管过去几十年,中国政府一直努力通过发展可再生能源等方式促进能源来源的多样化,降低对化石能源的依赖,但是对中国总体的能源消费影响不大。如表2.4所示,2010年,中国的一次能源消费总量中,煤炭比重高达70.90%,石油消费比重为16.50%,天然气消费比重仅为4.30%。能源生产结构与消费结构基本相同,以煤炭为主的传统能源生产量占据了绝大多数的比重,从2003年到2010年的8年时间,煤炭在能源生产结构中的比例都保持在76%以上;其次是石油,在能源生产结构中占10%左右(见表2.5)。虽然自2005年以来,中国已经颁布了《可再生能源法》等法律法规,明确了优化能源结构的发展目标,可再生能源利用规模也在逐步扩大,但是煤炭在中国能源结构中所占的比重依然偏高,可再生能源利用对能源结构的优化作用并不明显。在将来一段较长时间内,中国的能源利用还将主要依赖于以煤炭为主的化石能源。

表2.4　　　　　　　　中国能源消费总量和构成

年份	能源消费总量（万吨标准煤）	构成（能源消费总量100）			
		煤炭	石油	天然气	水电、核电、风电
1985	76 682	75.8	17.1	2.2	4.9
1990	98 703	76.2	16.6	2.1	5.1
1995	131 176	74.6	17.5	1.8	6.1
2000	145 531	69.2	22.2	2.2	6.4
2001	150 406	68.3	21.8	2.4	7.5
2002	159 431	68.0	22.3	2.4	7.3
2003	183 792	69.2	21.2	2.5	6.5
2004	213 456	69.5	21.3	2.5	6.7
2005	235 997	70.8	19.8	2.6	6.8
2006	258 676	71.1	19.3	2.9	6.7
2007	280 508	71.1	18.8	3.3	6.8
2008	291 448	70.3	18.3	3.7	7.7
2009	306 647	70.4	17.9	3.9	7.8
2010	325 000	70.9	16.5	4.3	8.3

资料来源:国家统计局.2011年中国统计摘要[M].北京:中国统计出版社,2011(5):141.

表 2.5　　　　　　　　　中国能源生产总量和构成

年份	能源生产总量（万吨标准煤）	构成（能源生产总量100）			
		煤炭	石油	天然气	水电、核电、风电
1985	85 546	72.8	20.9	2.0	4.3
1990	103 922	74.2	19.0	2.0	4.8
1995	131 176	74.6	17.5	1.8	6.1
2000	135 048	73.2	17.2	2.7	6.9
2001	143 875	73.0	16.3	2.8	7.9
2002	150 656	73.5	15.8	2.9	7.8
2003	171 906	76.2	14.1	2.7	7.0
2004	196 648	77.1	12.8	2.8	7.3
2005	216 219	77.6	12.0	3.0	7.4
2006	232 167	77.8	11.3	3.4	7.5
2007	247 279	77.7	10.8	3.7	7.8
2008	260 552	76.8	10.5	4.1	8.6
2009	274 619	77.3	9.9	4.1	8.7
2010	299 000	76.8	9.6	4.3	9.3

资料来源：国家统计局.2011年中国统计摘要[M].北京：中国统计出版社，2011（5）：141.

（三）科技水平相对落后

科技水平落后，技术研发能力有限。目前，中国在工业生产、能源生产和利用等领域技术水平落后，技术研发能力和设备的制造能力不足，可再生能源开发利用、核能等非化石能源发展的技术创新能力相对落后，低碳技术的开发与储备也不足。只有通过在碳捕获和碳封存技术、替代技术、减量化技术、再利用技术、资源化技术、能源利用技术、生物技术、新材料技术、绿色消费技术、生态恢复技术等方面的创新，寻求低碳技术的重大突破，推动低碳产业新产品、新产业快速发展，尽可能使可再生能源、绿色能源替代化石能源，中国的低碳经济才能获得不断发展的动力。

（四）国际分工地位低端

中国在国际分工中处于价值链的低端，随着经济全球化进程的快速推进，中国与世界经济的联系日益紧密，目前，中国已经成为世界主要的制造业基地。但是由于中国在国际分工中处于价值链的低端，出口的主要是附加值较低的能源密集型产品，相反，大部分进口的则是高附加值的产品和服务。这样的进出口结构决定了出口产品"内涵能源"的强度大大高于进口产品。"内涵能源"是指产品上游加工、制造、运输等全过程所消耗的总能源。中国大量能源密集型产品走向世界,在满足各国消费者需求和赚得微薄利润的同时,带来了大量的能源消耗和温室气体排放。同时,在世界各国都更加重视碳排放问题的前提下,随着各国政府税收制度的修改和完善,征加碳税的可能性也在不断增大。再有,这种进出口结构在客观上推动了国内高耗能产业的发展,也带来了严重的环境污染问题。据国内研究机构测算,2006年中国的"内涵能源"出口量达6.3亿吨标准煤,占当年一次能源消费量的25.7%。2007年11月,根据英国一家研究机构的研究,中国大约25%的碳排放是由出口导致的[①]。刘强等一些学者对中国46种主要贸易商品的出口载能量进行了研究,结果表明,这些商品国内一次性能源消耗大约占总量的13.4%,国内所有这类商品所产生的碳排放量大约占全国碳排放量的14.4%,同时,还有一些商品由于碳排放的计算过于复杂,而没有被纳入统计范围(刘强等,2008)。

(五)法制建设相对落后

碳经济发展的法律和激励机制缺失。"十一五"期间,中国相继出台了一系列有关低碳经济的政策、法规,对中国低碳经济的发展起到了巨大的促进和推动作用。但是,中国低碳经济的政策、法规还不完善。如目前中国仍没有开征环境污染等税种,对于高污染企业的处罚也不够,中国还没有类似于美国《低碳经济法案》这样的综合法。同时,低碳经济发展的有效激励机制不足。中国低碳技术项目主要依靠政府的临时拨款和政策贷款,并没有形成稳定的政府投入机制,金融机构对低碳项目的支持热情不足,不能满足低碳技术研发的资金需求。低碳经济需要在中国经济发展过程中得到大力推进,要使中国低碳经济健康、快速发展,"十二五"期间必须健全相关政策、法规,制定清晰、稳定的鼓励支持政策,建立有效的低碳经济激励机制。

二、中国低碳经济发展的路径选择

当前,发展低碳经济已经成为各国经济发展的主要趋向。欧美等发达国家正在着力进行新能源技术和减排技术创新,大力推进以低消耗、低排放、低污染为特征的低碳经济的发展,以抢占低碳经济的先机和产业制高点。对中国而言,发展低碳经济,不但可以减少能源消耗,降低碳排放量,减少空气污染,同时还可以实现经济发展转型。当然,这也是一个极其艰难的选择和发展过程。

中国目前面临着产业结构不合理、能源消费增长过快、能源利用效率低下

---

① 参见http://www.wyzxsx.com/Article/Class4/200907/92751.html.

等一系列问题,发展低碳经济是中国经济转型升级的现实要求。

改革开放三十多年来,中国的产业结构发生了显著变化。第一产业比重持续而稳定下降,第三产业比重不断上升,但第二产业比重过高的产业结构状况依旧没有得到彻底的改变(见图2.3)。

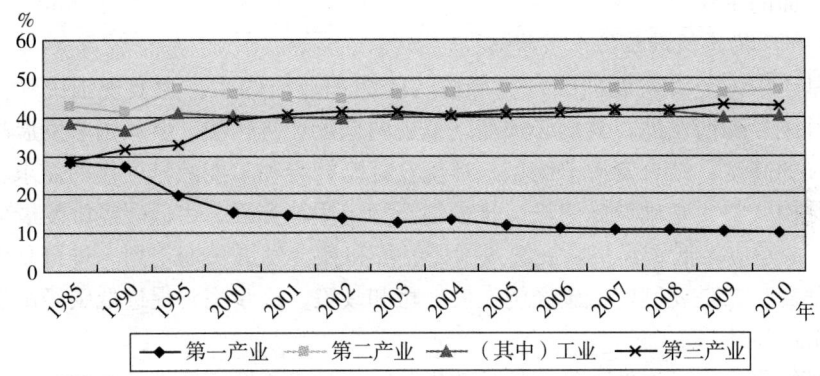

资料来源:国家统计局.2011中国统计摘要 [M].北京:中国统计出版社,2011-05:22.

图2.3 中国三大产业结构变化情况

从图2.3中可以很直观地了解到第二产业一直在产业结构中占有相当大的比例。虽不可否认第二产业特别是工业对GDP产生的巨大贡献,但工业发展高投入、高物耗、高污染、低效率也成为不争的事实。改革开放30多年来,低要素价格(包括低劳动成本、低土地价格、低资金价格、低资源价格)、低环境成本和较低汇率水平等因素的共同作用,导致了中国资源的非优化配置,使经济增长过度地依赖高投入驱动,形成了一种典型的粗放型经济增长模式。以能源消费为例,从2000年到2010年的10年时间,全国能源消费量从14.55亿吨标准煤增加到32.5亿吨标准煤,增长了123.3%,节能降耗的压力不断加大。中国经济增长仍然倚重于工业驱动,尤其是高耗能产业的发展状态仍未发生根本转变,产业结构调整任重道远。

中国能源消费增长过快,能源利用效率低下。在中国工业化和城市快速推进过程中,能源利用面临三个突出问题。第一,能源消费增长过快,能源消费对外依存度不断增加。能源消费的快速增长不仅导致煤炭出口量大幅下降,而且导致石油进口大量增加,石油对外依存度达到50%以上,带来了不可忽视的能源安全问题,过度依赖外部资源供给的能源利用模式需要尽早转变。第二,能源消费带来的环境污染日益严重。清洁能源、可再生能源应用不足,能源消费以煤炭为主,煤炭的大量使用是造成国内环境污染的重要原因。第三,能源利用效率亟待提高。中国能源利用效率较低,在国际上处于落后水平,国内高投入、高消耗的粗放型生产方式又进一步加剧了能源的低效率转化问题。

"十二五"期间将是中国低碳经济发展的重要时期，在此期间，中国将会出台一系列促进低碳经济发展的政策。"十二五"期间中国低碳经济的发展要在借鉴国内外低碳经济发展经验的基础上，立足中国实际国情，重点做好以下几个方面的工作。

（一）构建低碳经济发展战略

基于中国经济发展面临日益严峻的能源和环境约束，为实现国民经济持续、健康、和谐发展，我们必须高度重视向低碳经济转型。要从国家发展战略和全局的高度，结合资源节约型、环境友好型社会和节能减排工作的需求，在产业结构调整、基础设施建设、技术创新和应用等方面，为低碳经济发展创造条件。一是应将低碳经济发展纳入国民经济和社会发展长期规划，进行总体安排和部署；二是要制定低碳经济发展战略和政策，逐步完善促进低碳经济发展的相关法律体系。

必须要建立发展低碳经济的长效机制。一是应该厘清低碳经济的概念，尽快建立低碳经济发展的目标、低碳经济发展的重点领域和低碳经济发展的保障措施；二是应尽快研究、科学制订国家低碳经济发展的近期、中期和长期规划；三是应制订重点行业和部门的低碳发展规划，促进重点行业和部门向低碳转型，从而带动整个国民经济向低碳经济转型。

（二）支持低碳技术的创新和应用

发展低碳经济必须依靠科技创新。从国际经验看，低碳技术能引领能源利用方式的转变。发展低碳经济，就是要彻底改变以化石能源为主的全球能源利用结构，而低碳技术则是实现低碳化发展的关键手段。碳技术的创新能力，决定了中国低碳经济的发展水平，我们应当重点研究减缓温室气体排放的技术。一是新能源技术。围绕风能、太阳能、生物质能和地热能等领域，加大关键共性技术的研发示范和推广力度。二是节能技术。重点加快燃煤高效发电、工业节能、照明、建筑节能等技术的研发。三是减排技术。推进清洁生产工艺的开发与推广应用，发展新型高效催化技术、新型高效提取分离技术及过程强化技术等，通过自主创新和国际技术合作与转让，争取尽快掌握和推广低碳技术，从而保障能源供应安全和控制温室气体排放。

要利用已有低碳技术把高污染、高能耗、高排放的高碳产业改造成低污染或无污染、低能耗、低排放或零排放的低碳工业。对于进行低碳技术自主创新的企业，政府要建立创新成本补偿机制；对于首先采用低碳技术的企业，政府要在其更新落后生产设备时给予适当的设备更新费用，用以弥补其成本支出。特别需要指出的是，高端服务业领域低碳技术的研发、应用和农业生产技术的低碳化升级要协同进行，才能使三大产业协调发展，否则，单纯的第二次产业低碳化升级会带来产业链断裂的风险。

（三）构筑低碳产业体系

调整产业结构，构筑低碳产业体系，主要体现在以下三个方面。一是推动高碳产业向低碳产业转型。我们要顺应低碳经济发展潮流，着力加快调整产业结构，重点建立以低碳农业、低碳工业、低碳服务业为核心的新型经济体系。率先培育和大力发展低能耗、高附加值的高新技术产业和新兴产业。在培育发展新型产业的同时注重能源结构调整，应加快太阳能、风能、核能、电子信息、新能源汽车、生物产业等新兴低碳产业的发展，改变过度依赖煤炭石油能源的现状。对于高碳产业，应通过产业政策调整，鼓励其增强自主创新能力，开发低碳技术和低碳产品，引进先进的节能减排技术，增强对清洁能源的开发和利用。

二是大力发展现代服务业。工业经济的发展必然以消耗能源、资源为代价，服务业则是资源消耗相对较少的绿色产业，占用能源少，资源消耗低，创造的是绿色 GDP。正是基于此，应制定和完善现代服务业扶持政策，加快推进现代商贸、金融服务、现代物流、信息服务、科技服务、旅游、文化服务、房地产、社区服务、服务外包和电子商务等重点行业的发展，减少国民经济发展对工业增长的依赖。

三是大力支持林业等碳汇产业的发展。碳汇是指自然界中碳的寄存体，森林植被是地球上存在的巨大碳汇。美国学者 Willey 等人的研究表明，种植业与林业是重要的碳汇产业，种植业是季节性碳汇产业，林业是长期性碳汇产业。中国是农业大国，并且具备农作物适宜生长的气候环境和生物资源，因此应大力发展种植业和林业。发展种植业和林业，有利于减少大气中的二氧化碳，有利于提高碳转化率，有利于恢复自然资源的多样性和平衡生态系统。而且，发达的碳汇产业还会为中国在国际贸易中进行碳交易制度创造极为宽松的环境。

（四）提高市场准入标准

提高市场准入标准，限制高碳产业的市场准入。当前，发展低碳经济、绿色经济，降低碳排放量，提高经济发展综合效率，已成为世界各国经济发展的首要选择。在减少和降低碳排放方面，如果政策制定不完善，国际协调机制欠缺，则很有可能发生"碳泄漏"行为[①]。产生碳泄漏的原因主要是生产过程中能源密度的变化，即生产成本的变化引起发达国家与发展中国家能源密集型产

---

① 碳泄漏是指发达国家在减排的同时，可能会引起发展中国家排放量的增长，它是《京都议定书》下经济行为的影响在全球环境上的总体反映。

品相对竞争力的变化,这导致发达国家的能源密集型产业向发展中国家转移。碳泄漏可能导致全球总排放量上升,这也是发达国家要求发展中国家参与全球减排行动的一个最重要的理由。我们在优化产业结构、培育和发展低碳产业的同时,还必须不断提高高碳产业的市场准入门槛,避免因盲目追求投资额的上升而忽略低碳经济发展。

(五) 构建全方位的低碳财税政策体系

国家应该逐步建立促进低碳经济发展的财政税收优惠政策体系,促进我国能源使用效率的提高,减少碳排放和环境的污染。具体而言,政府可以从以下几个方面实行税收优惠政策。一是政府通过法律手段限制企业的排放量,规定各类企业碳排放的上限,对超过排放量限额的企业征收惩罚性税收;二是可以对低能耗、低污染的企业根据其能耗和减排的数量给予相应的税收减免奖励;三是加大对可再生能源、节约能源新产品、低能耗生产工艺等产品和工艺的开发力度,促进低碳产业的发展。同时,在促进低碳产业发展方面,政府还可以通过财政补贴,发展低碳产业,投资低碳项目,建设低碳城市,促进低碳产品的开发、研制和使用,促进中国经济社会向低碳经济发展与转型。一方面,政府应对环保产业、节能产业、减排产业和清洁能源产业四种类型低碳产业发展进行补贴,如对环保产业的污水处理、固定废弃物处理过程中需要的技术、资金等给予补贴。另一方面,对企业向低碳模式转型进行补贴,如根据企业在转型中需要额外支出的人、财、物等方面的成本,以及根据企业对能源使用效率提高,节能减排作出的贡献等决定补贴额度的大小和时间的长短。此外,在低碳产品的研发、制造和使用等方面,政府也应该采取积极措施,通过财政补贴制度,鼓励开发商、生产商和消费者投向低碳经济领域。同时对使用可再生能源产品、生物能源产品、绿色产品、环保产品等的家庭或个人给予一定的补贴。

第三章 金融支持低碳经济发展的体系构建

低碳经济的发展需要金融体系的支撑。本章在分析碳金融市场、碳金融服务、碳金融政策的基础上,构建了三位一体(碳金融服务体系、碳金融市场体系与碳金融政策体系)的中国低碳经济发展的碳金融支持体系。

第一节 碳金融市场

碳金融市场是指各种进行碳排放权交易的场所。碳金融缘起于全球对温室气体排放的控制,在各个国家限制温室气体排放的过程中,碳排放权作为一种商品,可以在世界范围内进行资源配置。碳交易是碳金融发展的市场基础,中国的碳金融交易主要通过清洁发展交易机制进行,自愿减排是我国交易所交易的主体形式。

一、碳金融含义

(一)碳金融的起源

1992年,联合国气候变化大会通过的《联合国气候变化框架公约》以及1997年联合国气候变化大会通过的《京都议定书》是碳金融交易产生的直接原因。为全面应对全球气候变暖对人类社会所造成的巨大威胁,1992年6月,在巴西里约热内卢举行的联合国环境发展大会上,150多个与会国家共同制定了《联合国气候变化框架公约》,该公约中规定,到2050年,全球温室气体排放量要减少一半的比例,但是没有制定具体、明确的实施条款。1997年的《京都议定书》是《联合国气候变化框架公约》的补充条款,后来成为温室气体减排的具体行动纲领。《京都议定书》设定了发达国家2008年至2012年的温室气体减排目标,并规定了发达国家到2012年各自所需达到的具体减排目标。由于《京都议定书》明确限制了发达国家的碳排放量,所以发达国家在发展经济的过程中必须同时承担相应的减排义务。《京都议定书》为发达国家设定的减排压力以及各国减排成本的差异促成了碳排放权的交易行为,碳交易市场随之兴起。《京都议定书》规定了三种交易机制,包括国际排放贸易机制(IET)、联合履约机制(JI)以及清洁发展机制(CDM)。[①]

第一,IET 主要是《京都议定书》中负有履约义务的发达国家之间关于碳排放配额单位(AAUs)的交易。履约国依据《京都议定书》规定的减排责任分配既定的 AAUs 指标,依本国的实际情况买卖该指标,以确保完成既定的履约义务。

第二,JI 也以《京都议定书》附件 1 的国家为对象,允许缔约国之间以项目为基础,通过联合履约的方式来共同削减温室气体排放量,而削减量为参与方共同享有。交易单位为排放减量(Emission Reduction Unit,ERU)。

第三,CDM 的主要目的是为了让发达国家能够在全球范围内以较低成本达到降低本国二氧化碳排放量的目标,允许他们购买发展中国家的减排项目产生的经核证的二氧化碳排放削减量作为本国的减排指标使用,促使发达国家转让先进的低碳技术或者提供资金给不承担减排义务的发展中国家。交易单位为核证减排量(CER)。

以上这三种机制各有适用范围,具体对比说明如表 3.1。

表 3.1　　　　　　　　　三种机制对比说明

IET	配给承担减排义务的发达国家一定的排放权并逐年减少,每单位 AAUs 相当于 1 吨二氧化碳,可在国家之间交易,如果一国排放了更多的温室气体,需要通过统一的、受认可的市场购买 AAUs 来抵消其额外的排放
JI	只适用于发达国家,项目的东道国也承担了《京都议定书》规定的约束性减排任务,达成的削减量不能被用于与其他国家进行交换,只能由参与方所属国家共同所有,每单位 ERU 相当于 1 吨二氧化碳
CDM	允许发达国家通过投资或购买发展中国家的减排项目抵免其国内减排义务,一国在外国的减排项目必须经过核准,项目产生的 CER 可自由交易

通过这三种交易机制,形成碳交易市场,可以在全球范围内优化碳资源配置,降低发达国家履行《京都议定书》中减排义务的经济成本,引导资金和技术向发展中国家转移,推动发展中国家经济的增长,缩小全球贫富差距。

(二)碳金融的概念

随着碳市场的发展,很多金融机构开始涉足碳市场,由此诞生了一个新的金融模式——碳金融。碳金融(carbon finance)是随着低碳经济的兴起而出现

---

① 北京环境交易所. 2010 中国碳信用市场投资报告 [R]. 2010 – 10 – 29.

的一个全新的金融概念,目前碳金融并没有一个公认的定义。世界银行认为,碳金融是指提供给温室气体减排量购买者的资源,这里的碳金融仅仅包括碳排放权,定义过窄。2007年拉巴特和怀特二人出版《碳金融:气候变化的金融对策》一书,这是全球第一本详细论述碳金融的著作。它深入探讨气候变化以及环境恶化给全球产业体系、金融机构和经济发展带来的巨大挑战,对碳金融的界定比较宽泛,认为碳金融代表环境金融的一个分支,探讨与碳限制有关的财务风险和机会,预期会产生相应的基于市场的工具以及可以用来转移环境风险和完成环境目标。①《碳金融杂志》认为碳金融是指应对气候变化的金融解决方案,具体包含了碳金融市场、碳金融服务机构、碳金融产品、碳金融政策等一系列必需要素,这些要素创新性结合在一起构成完整的碳金融体系,为实现人类社会可持续发展、减缓和适应气候变化以及为灾后灾害管理提供了一个高效、低成本的途径。

综上分析,凡是涉及碳排放量减少以及提高能源效率的金融项目都可以纳入碳金融的研究范畴。碳金融与低碳经济相适应,是低碳经济的核心,属于环境金融的一个分支,是对环境金融的深化和发展,泛指服务于控制和减少温室气体排放的各种金融活动和金融制度安排。从活动过程来看,碳金融与传统金融是一致的,都是将社会上的闲散资金调剂到需要资金的部门与地区。二者不同之处在于:碳金融的核心在于碳排放权,碳金融更加强调通过金融手段促进经济的可持续发展,高度重视金融与环境的关系,更加注重通过金融手段来改善全球气候变化。全球气候日渐变暖已是事实,基于人类社会要持续发展,对温室气体排放作出限制是必然的趋势,这样碳排放权就成为了可以获利的巨大资产,各国依据政治关系、经济水平、技术创新等因素对碳排放进行博弈,对碳排放权进行交易,实现碳约束下的经济发展。

二、碳金融市场要素

(一)碳金融市场类型

1. 按交易机制划分

碳金融发展的基础是碳交易市场,该市场由两个典型交易系统组成。一个是以配额为基础的交易,即基于排放权指标的交易。配额市场是基于总量限制与交易机制创建的,指的是总量管制下所产生的排放权交易,如欧盟排放权交易制的欧盟排放配额交易。二是基于项目的市场,指的是对减排项目所产生的减排量的交易,如清洁发展机制下的经核证的减排量、联合履行机制下的减排

---

① 王遥. 碳金融——全球视野与中国布局 [M]. 北京:中国经济出版社,2010:28.

单位①。配额市场和项目市场的特征差别见表3.2，配额交易市场中一个单位的碳排放许可配额（如 EUA）相当于与其相关联的项目交易市场中一个单位的碳减排量（如 CER），但目前总量限制所产生的约束要比没有总量限制的减排项目自身产生的利益激励更为严格。因此，配额市场的交易成本更低，流动性更高，所以目前国际碳市场以配额市场为主体，以项目交易为补充。

这两类典型市场所产生的减排单位都属于可交易的碳信用范畴，由于其归属分配和实际使用并非发生在一个时间点上，使得碳信用具备了金融衍生产品的基本特性，相关的金融衍生产品交易随之发展起来，深化了碳金融市场的范畴。

表 3.2 配额市场和项目市场的特征

特征	配额市场	项目市场
交易对象	碳排放配额	碳信用
创立机制	总量限制与交易机制	基线与信用机制
可用数量	由总量来决定	每个项目所产生的减排量
市场状态	买家和卖家在配额交易中存在合作和竞争	买家和卖家有使项目所产生的碳抵消额最大化的共同利益
排放源企业	通常是高排放者	由各个标准来定义，并不一定限定在高排放部门
独立第三方	在确认减排量过程中作用很小	在核证基线可信度和减排额的方面扮演重要角色

资料来源：王遥．碳金融——全球视野与中国布局［M］．北京：中国经济出版社，2010：62.

2. 按照交易动机划分

按照交易动机不同，碳金融市场可以划分为强制履约碳市场和自愿碳市场。其中强制履约碳市场是当前国际碳市场的基础，以此为基础，很多国家以履约为目的发展了本国或本区域的强制减排计划，发展的障碍在于如何平衡各方的利益。而随着低碳发展共识逐步形成，自愿减排市场这几年发展很快，但交易额还比较小，尚处于标准竞争的阶段，自愿市场发展的障碍在于如何充分挖掘市场、调动参与主体积极性以及保证交易公平和公正性等方面。

综合而言，全球温室气体排放权市场框架（见图3.1）已初步形成，碳金融市场呈现多元化发展态势。

---

① 王卉彤．应对气候变化的碳金融创新［M］．北京：中国财政经济出版社，2008：176~177.

第三章 金融支持低碳经济发展的体系构建

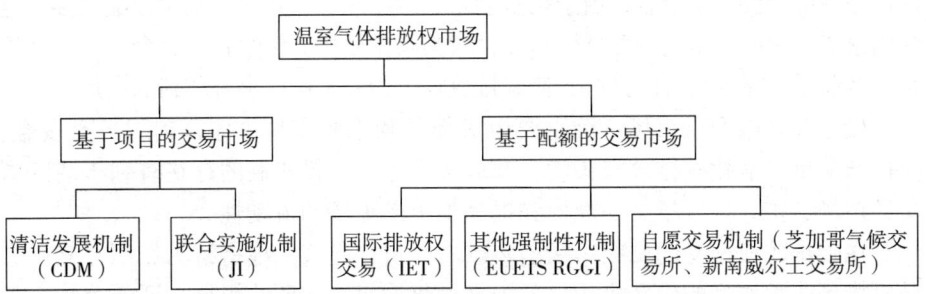

资料来源：曾刚，万志宏．国际碳金融市场：现状、问题与前景［J］．国际金融研究，2009（10）：20．

图 3.1 全球温室气体排放权市场

（二）碳金融交易所

目前全球尚未形成统一的碳排放权交易市场，为参与全球碳交易作准备，欧洲、美国以及澳大利亚等纷纷尝试建立碳交易所，探索本区域碳交易模式。当前，全球最著名、实施较完善的是欧洲气候交易所以及美国芝加哥气候交易所。由于这两个交易所的发展壮大，碳交易吸引了各方的广泛关注，英国的伦敦金融城和美国的芝加哥当仁不让地成为全球碳交易的两大中心。

除了这两个典型的气候交易所，欧洲还有欧洲能源交易所、北欧电力库、BlueNext 环境交易所和荷兰 Climex 交易所。全球从事碳金融业务的交易所还有美国洲际气候交易所、绿色交易所、澳大利亚气候交易所、澳大利亚金融与能源交易所、印度多种商品交易所、印度国家商品及衍生品交易所、新加坡贸易交易所、新加坡亚洲碳交易所和巴西期货交易所等，碳交易平台在全球广泛存在。

（三）碳金融市场参与者

碳金融市场参与主体广泛，包括碳排放权的使用者、碳排放权的供应者、投机商和碳金融中介。

面临碳排放约束的国家或企业是碳排放权的最终使用者，比如受《京都议定书》约束的所有发达国家、自愿参与温室气体减排的企业和欧盟排放权约束下的企业等。碳排放权的最终使用者根据自己的实际排放量来购买碳排放配额或者碳减排单位，以期达到监管部门的监管要求，避免遭受重大经济处罚。碳排放权最终使用者主要来自欧盟、北美，以及日本等发达国家及其企业，其中欧盟成为当今碳金融市场最大的购买者。

亚洲、非洲、南美洲和东欧等发展中国家和地区是碳排放权的主要供给者。中国在整个国际排放权供应者行列中占据绝对优势地位，非洲成为排放单位供给的新生力量。此外，受《京都议定书》约束的持有盈余配额的国家或企业也是碳排放权的供给者，由于技术创新、产出减少或者当初配额分配较多，这些国家或企业拥有多余的配额，从而也成为碳排放权的供给者，这会刺激这些国家或企业尽量降低自身碳排放，使碳排放权成为一种可以出售获利的资产。

投机商是碳金融市场一个重要组成部分和重要交易主体，利用自有资金，投机商从事二氧化碳排放权买卖，赚取买卖差价。投机商的存在有利于活跃碳交易市场、扩大碳市场交易规模和提高整个碳市场的流动性。

在碳排放权交易的二级市场中，碳中介机构起着牵线搭桥的作用，其中金融机构是非常典型的中介机构，各国金融机构，比如商业银行、证券公司、保险公司、基金公司、期货公司、风险投资和资产管理公司等纷纷进入碳金融市场。[①] 中介机构的具体作用包括：提高了市场流动性，使交易更加便捷和更有效率；为最终使用者提供风险管理工具，比如结构性碳金融产品、碳金融衍生产品和碳金融理财产品等。

（四）碳金融交易工具（碳金融产品）

碳金融产品是指在碳市场上参与交易的与二氧化碳排放权相关的具有金融资产特性的产品及其衍生品的总称。随着碳交易市场的逐步完善，金融机构把碳排放权转化成可以进行直接交易的商品，并据此开发出众多碳金融产品及衍生品，包括碳远期、碳期货、碳期权、碳证券、碳保险、与碳排放权挂钩的债券、碳权质押贷款以及相关的理财产品等。金融机构通过金融创新开发出这些碳金融产品，其最大的益处就是可以规避节能减排项目建设的不确定性给其带来的经营风险。

从目前碳交易市场的实践来看，基于碳排放权的远期、期货和期权是最重要的碳金融产品（衍生品）。碳排放权远期交易主要是指买卖双方根据需要签订合约，约定在未来某一特定时间、以某一特定价格购买特定数量的碳排放交易权，最典型的就是CDM，其本质是一种远期交易[②]。远期定价方式包括固定定价和浮动定价，在未来以确定价格交割碳排放权的是固定定价方式；浮动定价则意味着未来交割的碳排放权交易价格是不确定的，比如在最低固定的保底价格基础上加上与排放配额价格挂钩的浮动价格。碳期货和期权交易合约与传统的期权、期货合约相比，基础资产不同，其也呈现出一些自身的特点。首先，碳期货合约是碳期权合约的基础资产，因此碳期货合约价格会影响碳期权市场价格和交割价格；其次，碳期货价格与碳期权价格的

---

① 截至2011年年底，全球大约有超过40多家国际大型商业银行介入碳金融市场，基金、风险投资机构纷纷成立，参与碳金融市场。

② CDM项目在双方签署合同时，并没有开始运行，从而没有产生碳信用，因此，在有限排、减排需求的国家参与CDM项目，其本质就是一种远期产品。

周期波动有相似性，而且在碳期货交易中，往往还会收取管理费、交易费和清算费①。

根据《京都议定书》建立的排放权交易市场，主要从事 IET、JI、CDM 三种机制的排放单位及其期货和期权交易。欧盟排放交易体系（EU ETS）主要交易欧盟配额（EUA）和核证减排量（CER）及其期货和期权，初级和二级 CDM 市场交易的主要为核证减排量（CER），JI 市场主要交易减排单位（ERU）相关的碳金融产品，自愿减排市场主要交易自行设定配额和自愿减排（VER）的相关产品。这里需要注意的一点是，所有这些碳金融产品目前都不能跨市场交易。

（五）碳金融市场价格

碳排放权价格是完善的碳市场体系不可缺少的组成部分，也是碳金融市场高效运行的基础。在碳金融市场中，碳排放权价格的作用至少体现在两个方面。一是及时、准确、全面反映所有与碳排放权交易相关的信息，引导资金迅速、合理、有效流动，在全球范围内有效配置碳资源，最终实现低成本减排；二是具有减排义务的企业，可以依据碳价格作出生产经营决策和投资决策，降低生产成本或获取投资收益。

全球碳市场尚未统一，碳交易市场相对分割，即使在统一市场内交易的产品也具有较大差别，尚未形成统一、透明的碳价格体系，这直接导致碳价格多种多样、碳价格波动较大、不同价格波动程度不一致。在碳金融市场中，场外市场交易规模大、流动性高，但相关信息是不对外公开的，法国的 Powernext 交易所②现货市场价格相对透明些，期货市场中欧洲气候交易所（ECX）的价格相对透明，期货具有价格发现和规避风险的双重功能，在全球碳金融市场价格形成中发挥着核心作用。在欧盟排放权交易市场中，EUA 在欧盟国家之间交易，由于交易的排放权受法律强制保护，而且标准化程度较高，风险非常低，可以作为全球碳价格参考的基准。比较而言，CER 非标准化且存在一定的风险，价格大约比 EUA 价格低 1~10 欧元。CDM 市场分为初级市场和二级市场，初级市场的减排单位是 pCER，二级市场的减排单位是 sCER，二级市场中 CER 的合约比初级市场更加规范、流动性更高、价格更加透明，一般二级市场 CER 价格比初级市场高 20%~25%。

尽管各种价格存在一定的差距，但各价格都会受到一些共同因素的影响，

---

① 如 BlueNext 交易所的管理费为 7 500 欧元/年，场内和场外清算费为 0.002 欧元/吨，场内和场外清算费为 0.0015 欧元/吨。

② 2007 年底被纽约交易所收购，且更名为 BlueNext。

比如碳排放权供求差距、供求双方交易意愿以及交易风险大小等，总体来看，碳价格变化趋势基本一致。一直以来，碳价格的波动较强，甚至高于原油市场，在2008年7月达到较高的位置，但随着金融危机的到来，碳价也疯狂跳水，2009年初跌至较低的位置。

三、国际碳金融市场

（一）国际碳金融市场现状

近年来国际碳金融市场交易情况如图3.2所示，2005—2008年碳交易增长较快，受美国次贷危机影响，2009年工业化国家的经济增长速度比2008年低3.2%，全球GDP增长速度比2008年低0.6%。尽管如此，2009年国际碳金融市场交易总规模达到87亿吨二氧化碳当量，交易金额比2008年增长6%，达到1 437亿美元（约1 030亿欧元）（世界银行，2010），碳金融市场逆势走强，2010年国际碳金融市场交易金额盘整在1 419亿美元。由于受国际金融危机、2012年后预期不明朗等诸多因素影响，2009年、2010年碳交易量增长减速甚至下降。彭博新能源财经（BNEF）认为，2011年全球碳市场将重拾增势，达到1 070亿欧元，比2010年增长15%。增长动力很大程度上来自欧洲排放交易体系提高公用事业补贴的措施。世界银行预测，2012年碳交易量和交易额将分别达到100亿吨二氧化碳当量和1 500亿欧元，2020年将分别达到440亿吨和4 440亿欧元，会超过石油市场，成为全球最大的市场，这样碳排放额度也将取代石油成为世界第一大商品。

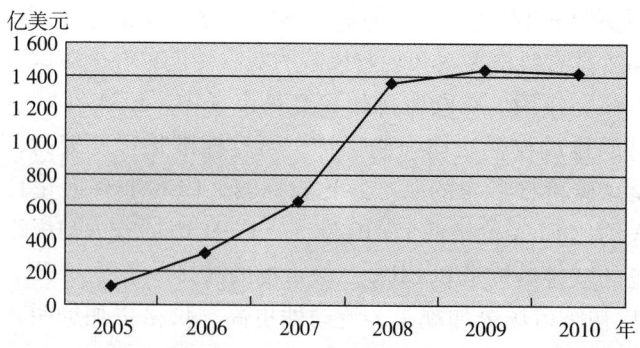

资料来源：World Bank. State and Trends of the Carbon Market [R]. 2011: 1.

图3.2　2005—2010年国际碳市场交易额

（二）基于配额的市场

目前，全球配额市场主要类型包括自愿配额市场、强制配额市场以及京都机制（见表3.3）。自愿减排市场发展较好的是芝加哥气候交易所和北美自愿减排交易体系，强制配额市场发展较好的是欧洲排放交易计划、澳大利亚新南威尔士州减排计划以及新西兰排放交易体系。

表3.3 配额市场主要类型

基于配额的市场	自愿配额市场	芝加哥气候交易所（CCX）减排计划，自愿碳减排等期货、期权	自愿减排量工具CFI	单强制，自愿加入、强制减排
		北美自愿减排交易体系（RGGI）	区域减排量RGGI	
	强制配额市场	欧洲排放交易计划（EU ETS）	欧盟排放许可EUA	双强制，强制加入、强制减排
		澳大利亚新南威尔士州减排计划		
		新西兰排放交易体系	NZUs	
	京都机制	《京都议定书》下IET的分配数量单位	分配排放量AAU	

资料来源：王遥. 碳金融——全球视野与中国布局［M］. 北京：中国经济出版社，2010：64.

国际碳金融配额市场2007年交易额为494亿美元，2008年交易额增长为1 015亿美元，2009年交易额增长为1 228亿美元（见表3.4），近三年增长非常明显。2008年《京都议定书》进入实施期，AAUs市场开始正式运行，全年成交量0.23亿吨、成交金额为2.76亿美元，2009年成交量增长为1.55亿吨、成交金额增长为20亿美元。另一个以政府管制为基础的配额交易机制RGGI（区域温室气体应对行动计划）也在2008年开始运行，全年成交金额为1.98亿美元，2009年增长为22亿美元，增长速度非常快。芝加哥气候交易所和澳洲新威尔士交易所2008年的交易额分别为3.09亿美元和1.83亿美元，2009年下降为0.5亿美元和1.17亿美元。在所有基于配额的碳金融市场中，EU ETS占据绝对主导地位，2009年，该体系交易总量为1 184亿美元，占配额交易市场总交易额的比重达到96%。

表3.4 国际碳金融配额市场近年交易数据（2007—2009年）

市场	2009年		2008年		2007年	
	交易量（百万吨二氧化碳当量）	交易额（百万美元）	交易量（百万吨二氧化碳当量）	交易额（百万美元）	交易量（吨二氧化碳当量）	交易额（百万美元）
EU ETS	6 326	118 474	3 093	100 526	2 060	49 065
NSW	34	117	31	183	25	224
CCX	41	50	69	309	23	72

续表

市场	2009 年		2008 年		2007 年	
	交易量（百万吨二氧化碳当量）	交易额（百万美元）	交易量（百万吨二氧化碳当量）	交易额（百万美元）	交易量（吨二氧化碳当量）	交易额（百万美元）
RGGI	805	2 179	62	198	—	—
AAU	155	2 003	23	276	—	—
合计	7 361	122 823	3 278	101 492	2 108	49 361

资料来源：World Bank. State and Trends of the Carbon Market [R]. 2008：1，2009：1，2010：1.

（三）基于项目的市场

目前，全球项目市场主要类型（见表 3.5）包括京都机制下的 CDM 和 JI 以及自愿减排项目市场，自愿市场是伴随着强制市场的发展逐步形成的。

表 3.5　　　　　　　　　项目市场主要类型

基于项目的市场	京都机制	CDM，基于项目的碳指标交易
		JI，基于项目的碳指标交易
	自愿减排项目市场（VER）	黄金标准（Golden Standard）
		国际自愿碳标准（VCS2007）
		自愿核实减排标准（VER+）
		气候登记（TCR）
		气候、社区和生物多样性标准（CCBs）

资料来源：王遥. 碳金融——全球视野与中国布局 [M]. 北京：中国经济出版社，2010：69。

与基于配额市场相比，基于项目的市场要小得多，2009 年基于项目的市场交易额为 33.7 亿美元，占碳金融市场总交易额的 2.3%。2009 年初始的 CDM 市场（该市场交易的单位为 primary CER，简称 pCER）交易额约为 27 亿美元，占全部项目市场交易额的 79%，发生于市场经济发达国家之间的 JI 项目交易额为 3.54 亿美元，自愿市场的项目交易额为 3.38 亿美元，可见在项目市场中，初级 CDM 占了绝大比重。另外，由表 3.6 可知，基于项目的市场成交额 2008 年、2009 年呈现下降趋势，特别是 2009 年与 2008 年相比，市场成交额减少了 39.27 亿美元。

表3.6 国际碳金融项目市场近年交易数据（2007—2009年）

市场	2009年 交易量（百万吨二氧化碳当量）	交易额（百万美元）	2008年 交易量（百万吨二氧化碳当量）	交易额（百万美元）	2007年 交易量（吨二氧化碳当量）	交易额（百万美元）
初级CDM市场	211	2 678	404	6 511	552	7 433
JI市场	26	354	25	367	41	499
自愿市场	46	338	57	419	43	263
合计	283	3 370	486	7 297	636	8 195

资料来源：World Bank. State and Trends of the Carbon Market [R]. 2008：1，2009：1，2010：1.

目前，发达国家的碳金融从法规、制度、交易场所到市场参与主体、中介等均已初步建立完善的体系，主要经验有以下几个方面。[①]

第一，碳金融制度相对完善。各国政府高度重视发展碳金融，为碳金融的发展创造有利的内外部环境，先后以立法形式对碳金融进行制度安排，为发展碳金融提供了法律保障。

第二，碳金融参与主体众多，市场交易日趋活跃。基于市场利益的驱动，目前全球已形成一条完整的碳金融产业链，包括提供碳减排权的企业、拥有碳配额的企业、碳排放交易所、活跃在场外的经纪商和中介机构以及种类繁多的投资基金等。

第三，碳金融产品多样化。金融机构创新模式多方位参与碳金融，发展了碳信贷、碳基金、碳证券、碳保险等碳现货金融产品，创新了碳远期、碳期货、碳期权、碳结构性产品等碳金融衍生产品。

第四，建立了完善的碳交易市场体系。近年来，区域碳交易市场不断建立，完善了碳交易市场体系。通过完善的碳交易市场，把碳排放权转化成可以直接在场内交易的商品，金融机构可据此研发创新产品，促进碳金融的发展。

尽管近年来国际碳金融市场增长迅速，但目前依然存在一些根本性问题未解决，比如全球认识尚未统一、全球市场未统一、政策风险较大、技术难题难以攻克、交易成本大等，这给国际碳金融市场未来的发展带来了一些不确定性[②]，当前首要任务是各国统一认识和强化合作，扫清国际碳金融市场发展的

---

① 郭大为，仲云云，仲伟周. 我国碳金融发展制约因素及政策启示 [J]. 国家行政学院学报，2010（4）：61.

② 曾刚，万志宏. 国际碳金融市场：现状、问题与前景 [J]. 国际金融研究，2009（10）：23～24.

根本制度性障碍。

四、中国碳金融市场

中国作为世界能源的生产大国和消费大国,也是二氧化碳的排放大国,应该高度重视通过市场机制解决气候问题。中国作为发展中国家,在2012年以前不需要承担减排的义务,在中国境内所有减少的温室气体排放量,都可以按照《京都议定书》中的CDM机制转变成有价商品,向发达国家出售(高建平,2010)。同时发达国家在中国进行CDM活动,可有效降低减排成本,中国碳金融市场要以此为契机,大力促进碳金融业务全面、快速发展。

(一)CDM市场

1. 中国CDM市场国际定位

2011年1月10日,全球核证减排量签发总量已达5.01505043亿吨二氧化碳当量,突破5亿吨大关,是全球清洁发展机制历史中又一里程碑。自从2005年2月16日《京都议定书》生效以来,中国CDM项目迅猛增长,以平均每天1~2个的速度不断开发出来,是开展和实施清洁发展机制项目最多的国家之一,截至2011年9月21日,全球核证减排总量736.19万吨,其中中国核证减排量占57.91%(见图3.3),是世界上最主要的碳信用供给者,可以通过CDM机制向发达国家提供经核证的碳信用额CER。巨大的碳信用资源吸引了大量的买家到中国采购,早期以日本买家为主,目前则是欧洲买家占据多数。

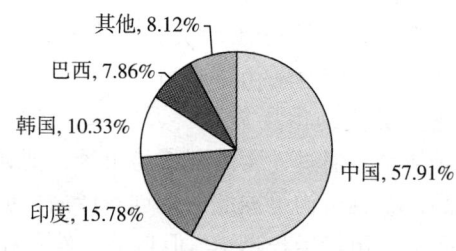

资料来源:http://cdm.unfccc.int,截至2011年9月21日。

图3.3 全球核证减排量(CER)供给

2. 中国CDM项目组织实施

为了协调和应对气候变化带来的问题,1998年中国政府成立了国家气候变化对策协调小组。2006年10月12日实施的《清洁发展机制项目运行管理办法》是专门针对CDM项目的部门规章,全面规定了CDM项目开发、申报、审批、管理的相关程序和要求。按照规定,转让温室气体减排量获得的收益,归中国政府和实施项目的企业共同所有。根据 2001 年《马拉喀什协定》，清洁发展机制项目从开始准备到实施，最终产生减排量，需要经过以下几个阶段：项目设计——参与国的批准——项目审定——项目注册——项目实施——监测和报告——项目减排量的核查和核证——CER 的签发。国内 CDM 项目交易的一般流程如下。(1) 项目开发，即收集相关信息、筛选项目、设计概念阶段。相关实体就 CDM 项目的技术规模、资金安排、交易成本、减排量等进行磋商，达成一致意见。(2) 项目设计。项目开发者需要根据 CDM 执行理事会（EB）的要求，依据适用的方法完成项目设计文件（PDD）。(3) 东道国政府审批，即中国发展改革委对 CDM 项目进行审批。(4) 项目审定和注册，即聘请核证机构核证，以核实报告的形式向 EB 提出项目注册申请。(5) 项目实施、检测和报告。CDM 项目进入具体实施阶段，项目开发者根据经过注册的项目设计文件中的监测计划，对项目的实施活动进行监测，并向负责核查和核证项目减排量的签约实体（DOE）报告监测结果。(6) 核证/签发 CER。聘请核证机构，核证报告，完成 CER 申请、CER 签发、CER 交割。

尽管中国 CDM 项目为全球碳金融市场创造了巨大减排量，创造了经济收入，但 CDM 发展还存在一些较大的问题。

第一，核定 CDM 碳排放权的相关标准由联合国制定和实施，而大部分联合国委任的 CDM 的核准独立第三方都不在中国，因此，碳排放权从注册到审核都无法由中国自主决定。

第二，中国 CDM 项目大都是双边项目，在运作之初，买方和卖方都必须是确定的，绝大多数交易是点对点磋商谈判，没有经验的一方会丧失讨价还价能力，这样 CDM 被发达国家买家用远期合约的方式以低价购买后，经过包装、开发成为价格更高的金融产品在国外进行交易。

第三，CDM 机制下的碳减排额是一种虚拟商品，其交易规则严格，开发程序和谈判过程复杂，时间很长，一般从开始到签署减排量购买协议平均周期超过 2 年，国内企业大多不十分了解。CDM 项目的审批签发过程需要专业机构协助，但目前国内这方面的服务十分欠缺[①]。

第四，《京都议定书》的参与方目前承诺的减排目标仅适用于第一承诺期，即 2008 年 1 月 1 日至 2012 年 12 月 31 日。由于各国尚未能通过谈判达成 2012 年之后第二承诺期的减排目标，导致国际社会对 CDM 在 2012 年后京都时期的发展未达成协议，后京都时期 CDM 能在多大程度上延续会影响 CDM 项

---

① 王遥，刘倩. 碳金融市场：全球形势、发展前景及中国战略 [J]. 国际金融研究，2010 (9)：68~69.

目的发展以及未来碳价格的变化,所以中国在全球碳金融领域中的角色定位存在着极大的不确定性。

(二) 自愿减排碳市场

国外碳交易的迅猛发展,刺激着国内发展碳金融的热情,各地争相组建碳交易场所。北京环境交易所、上海环境能源交易所和天津排放权交易所(见表3.7)在2008年相继成立,它们是中国探索碳金融交易的先行者,目前已初具规模。2009年,山西、武汉、杭州、昆明、深圳等交易所成立,2010年3月,河北能源环境交易所成立,广州、海南、大连、贵州、厦门等地也在积极筹备建立碳交易所。

1. 北京环境交易所

2008年8月5日,在北京金融街诞生了中国首家环境权益交易机构,即北京环境交易所。北京环交所成立的目的在于充分发掘环境权益交易项目的价值,推动包括碳市场在内的中国环境权益交易的市场化进程。自成立以来,北京环境交易所以建立资源节约型和环境友好型社会为使命,充分调动商业银行、碳基金、国内外排放企业等市场主体的积极性,在环境保护技术交易、节能减排、排污权益交易和建设温室气体减排信息服务平台领域发挥重要作用,北京环境交易所现有50家会员单位,会员在交易平台上可以寻找合作机会。2009年6月18日,北京环境交易所与纽约—泛欧证券交易集团旗下BlueNext交易所签订战略合作协议,为双方后期合作打下基础,目前北京环境交易所挂牌的CDM都可以及时在BlueNext交易所网站的首页出现。2009年12月16日,北京环境交易所发布中国首个自愿减排标准——熊猫标准V1.0版,加快了交易市场本土标准的建设进程。2011年4月北京环境交易所成为博鳌亚洲论坛2011年年会"碳中和"服务供应商,通过竹林碳汇项目抵消本次会议的碳排放。成立以来,北京环境交易所广泛参与国际合作,积极探索中国碳交易市场的建设,已经成为中国低碳金融领域的倡导者和领跑者。

2. 上海环境能源交易所

上海环境能源交易所成立于2008年8月5日,是国内第一个交易环境能源领域各类权益的平台,包括环境能源领域的知识产权、股权、债券、物权等,该平台以服务国内为主,面向全世界。当前上海环境能源交易所挂牌的项目主要包括碳资源减排项目、节能减排和环保技术交易类项目、节能减排和环保资产交易类项目、污水处理项目的技术交易、二氧化硫项目的技术交易以及日本经产省技术支持项目六类。上海环境能源交易所的主要功能包括以下三个方面。一是信息传播功能,对有关的信息进行收集、整理与发布,这些公开的信息可提高环境能源市场资源配置的效率;二是咨询服务功能,上海环境能源交易所为环境能源权益人和各种类型的企业提供咨询服务，包括项目设计、价值评估、项目包装等；三是发挥技术转移和资本融通的中介职能，通过交易平台，汇集参与主体，引导技术供需双方和资金需求双方对接，建立公平、公正、公开的节能减排技术和资本交易平台。上海环境能源交易所2009年8月4日启动"绿色世博"自愿减排交易平台，国内外参观者可以购买旅途中的碳排放权，实现自愿减排，达到"低碳世博"的目标。截至2011年4月底，该平台开户数共计约20.24万户，通过网上交易，扩大了影响力，为中国自愿减排机制的设计和自愿减排市场的规范化、规模化发展提供了有益探索。2011年7月23日，上海能源环境交易所成立山西分所，支持传统能源大省山西节能减排产业发展，推进山西碳市场的建设和经济转型。

3. 天津排放权交易所

天津排放权交易所成立于2008年9月25日，地点在天津滨海新区，滨海新区是国家综合配套改革试验区。天津排放权交易所以政府指导下的温室气体和主要污染物排放权为主要交易对象，涵盖了节能减排产业链上的各类交易、咨询综合服务，是一个利用市场机制和金融创新促进节能减排的交易平台。2008年12月23日天津排放权交易所成功组织全国第一笔基于互联网的二氧化硫排放指标电子竞价交易。2009年11月17日天津排放权交易所完成了中国首笔基于规范碳足迹盘查的"碳中和"交易。2010年6月3日天津排放权交易所自主开发的温室气体自愿减排服务平台上线试运行，并为首批项目（37.59万吨自愿减排量）提供电子编码和公示服务。2010年9月天津排放权交易所合同能源管理服务模式正式推出，并达成中国首笔基于交易所平台的合同能源管理项目，该项目参与方包括中国石油天然气股份有限公司宁夏石化分公司、北京水木能环科技有限公司和天津排放权交易所。

表3.7　　　　　　北京、上海、天津碳市场交易所比较

交易所	北京环境交易所	上海环境能源交易所	天津排放权交易所
成立时间	2008年8月5日	2008年8月5日	2008年9月25日
筹建机构	北京产权交易所	上海联合产权交易所	中油资产管理有限公司53% 天津产权交易中心22% 芝加哥气候交易所25%
性质	标准平台	平台	类似CCX市场
交易主体	个人和企业	个人和企业	排放类会员（企业） 流动性提供商会员（企业） 竞价者会员（企业和个人）

续表

交易所	北京环境交易所	上海环境能源交易所	天津排放权交易所
交易机制	自愿减排，生态补偿	"绿色世博"自愿减排交易机制和交易平台；南南全球环境能源交易系统	企业自愿联合减排行动：自愿加入、强制减排
交易标准	杜克法则为技术基础的熊猫标准	启动碳强度标准研究，并在上海市虹口区进行试点	拟定《天津协定书》
交易流程	核证——注册——交易	通过平台来支付购买行程中的碳排放权，实现自愿减排	自愿设计规划、自愿确定目标、自愿参与交易
交易类型	国内首笔自愿减排交易	国内首笔最大"碳中和"交易	国内首笔以碳足迹盘查为基础的"碳中和"交易
交易类型	排污权与节能量交易的试点和探索	在合同能源管理及排污权交易方面与境外企业展开广泛交流与合作，日本经济产业省有175个项目在环境所挂牌交易	国内首笔基于互联网的二氧化硫排放指标交易
交易类型	节能环保技术转让平台		
交易类型	CDM项目信息服务平台	CDM项目信息服务平台	
合作伙伴	BlueNext交易所	联合国开发计划署南南合作特设局	芝加哥气候交易所
合作伙伴	积极推动地方分支机构设立，已参股昆明、大连等环境能源交易所		

资料来源：王遥.碳金融——全球视野与中国布局[M].北京：中国经济出版社，2010：139.各交易所网站公开信息。

目前，国内企业没有法定减排责任，参与自愿减排市场更看中的是对消费者的影响力、产品推广等方面有好处，对碳交易的主动需求不大，导致交易所经常面临"有价无市"的情形，造成大量投资资源的闲置和浪费。碳交易在中国被认为是后金融危机时代的朝阳产业，地方为争取国家优惠政策，发展本地金融产业，导致了碳交易所热，事实上各交易所在交易品种、规章制度、服务项目上未能有效进行区分，同质化竞争比较明显。碳交易所各自为政，中国在碳排放权交易定价方面根本无法形成统一的、有足够分量的话语权和定价权，这制约着中国碳交易市场的健康发展。

第二节 碳金融服务

碳金融服务是碳金融稳健发展的保障，金融机构是碳金融服务体系的主体。企业构成了碳交易的供需主体，交易平台的搭建为供需主体提供了价格发现和规避风险的机制，而金融机构围绕碳交易市场的金融服务可以促进碳金融市场进一步扩大广度和深度、加强流动性和提高透明度。作为重要的市场微观主体，金融机构的参与将有助于碳金融市场资源配置效率的提高，给碳金融的发展带来重大影响。这种影响在宏观层面主要体现在对低碳经济的发展和金融体系的完善之上；在微观层面主要体现在对于金融机构本身及碳金融相关企业的作用之上[①]。

一、国际金融机构

(一) 国际金融组织

1. 世界银行。世界银行一直是碳金融强有力的推动者，世界银行专门成立碳金融部门，目的是促进全球碳金融的发展。世界银行致力于 CDM 机制，使用发达国家政府或企业的资金，购买发展中国家以项目为基础的温室气体排放量额度，然后转手交易，有效降低发达国家碳排放成本，支持发展中国家低碳经济的发展和低碳技术的进步。一般减少的碳排放量由世界银行成立的碳基金出资购买，该排放权在《京都议定书》联合履行机制和清洁发展机制框架内都适用。截至 2010 年底，世界银行旗下共有碳基金 12 只，比如生物碳基金、泛欧碳基金、共同体发展基金等，基金总额约 23 亿美元。碳金融部门的特点是不直接向有关项目提供贷款或捐赠，采用签订商业交易合同模式进行减排量（CER）交易，这些交易必须由独立第三方定期审计。减排量交易能够降低商业贷款或捐款的风险，提高项目融资能力。世界银行创新碳金融业务，利用发展中国家开发低碳投资项目来换取发达国家排放温室气体权利，发展壮大了 CDM 市场；支持发展中国家参与《京都议定书》灵活交易机制，通过金融手段缓解全球气候变化，同时促进全球经济的可持续发展。

2. 国际金融公司（IFC）。国际金融公司致力于拓展碳市场，为发展中国家私营部门的低碳项目提供贷款以及进行股权投资。国际金融公司专门设立专项基金管理机构（SFMF），对减缓气候变化领域提供金融服务，比如碳项目信

---

① 杨波, 肖苏原, 田慕昕. 我国金融机构参与碳金融的思考 [J]. 国际金融研究, 2010 (8): 45.

贷、碳交付保险和碳资产安排等。国际金融公司认为气候变化对发展中国家经济影响更大，发展中国家管理气候风险的能力还很缺乏，国际金融公司应帮助发展中国家管理气候风险，确定最佳融资方案，减缓气候变化对发展中国家的影响。通过400多个金融中介机构，IFC为可再生能源企业定制金融服务，帮助企业开发清洁生产技术，提供公司治理经验，提高企业管理水平，帮助企业特别是中小企业解决碳减排难题，同时又解决了中小企业的融资困境。IFC的碳金融机构直接为碳市场上合格的买卖方提供碳融资服务，促进碳交易，指导私营部门逐步参与碳金融市场，通过中长期碳融资，发展碳信贷市场①。2009年12月10日，国际金融公司与美国标准普尔公司在哥本哈根气候变化大会上宣布推出世界上首个"新兴国家市场碳效率指数"，为注资发展中国家公司的投资者提供环境方面的指导和建议，使优质低碳公司得到更多的资金支持，支持低碳公司发展，增加新兴国家金融市场的吸引力。

（二）商业银行

碳金融虽然历史较短，却是近年来国际金融领域出现的一项重要金融创新。目前国际领先的商业银行已经成为碳金融市场的推动者和重要参与者，其业务范围已经深入到碳金融市场的各个交易过程。借助丰富的客户资源、金融专业优势、金融人力资源优势以及充分的信息优势，商业银行在获得巨大商业利润的同时，也赢得良好的社会声誉。在过去一段时间的实践中，国际商业银行提供的碳金融服务主要集中在三个方面。

1. 贷款支持

赤道原则是判断、评估和管理项目融资中企业社会责任（主要表现为环境与社会风险）的一个金融行业基准，要求企业在工程开始之前到受影响的地区进行咨询，并建立当地居民申诉机制，避免引发环境和社会问题，它更加注重公众属性的社会责任，审慎考虑环境和社会风险与企业发展的和谐统一。当前，国际商业银行推行以赤道原则为基础导向的绿色信贷，强化对信贷业务进行环境风险审查、评估和监测，建立完善的绿色信贷管理体系，积极对低碳项目提供绿色贷款和风险投资。汇丰银行、美洲银行、渣打银行等欧美商业银行向低碳项目开发企业提供贷款，帮助企业在产生排放权指标后在国际市场上进行交易，甚至可以将其作为还款来源之一。

2. 中介服务

国际商业银行积极从事碳金融中介服务，为低碳项目提供规划、准备和报送各项材料等服务，增加中间收入来源。比如荷兰银行凭借其广泛的全球性客

---

① 李威. 国际法框架下碳金融的发展 [J]. 国际商务研究，2009 (4)：48.

户基础和碳金融研究能力，为碳金融交易各方牵线搭桥、提供代理服务，2005年该行推出了一个新的气候风险管理服务，服务内容包括通过商品交易厅制定温室气体排放量配额，该行通过代理碳交易获取中间业务收入，已成为全球前十名的碳交易代理商。此外，国际商业银行直接在二级市场上充当做市商，增加碳交易的流动性，获得一定的价差收入。随着企业和居民低碳意识逐渐提高，自愿减排市场近年来飞速发展，一些银行已经开始尝试为自愿减排市场提供碳银行服务，参与碳信用登记、托管、结算和清算工作，并且也在尝试进行碳信用借贷业务，极大地促进了自愿减排市场的发展。

3. 创新碳金融产品

创新是商业银行前进的动力源泉，国际商业银行积极创新碳金融产品，为投资者提供新的金融投资工具，或者为碳排放权的最终使用者提供风险管理工具。商业银行碳金融创新产品主要包括以下几项。一是直接设立基金投资低碳项目，为低碳项目提供大额、稳定、长期的资金来源；二是建立碳信用交易平台，促进碳交易，英国巴克莱银行是第一家为欧盟排放权交易体系建立碳信用交易平台的银行；三是发行低碳信用卡，比如荷兰银行的气候信用卡，将客户信用卡的消费同商业银行购买可再生能源项目的投资联系在一起；四是推出碳金融理财产品，比如荷兰银行推出气候和水资源环保理财产品。

(三) 基金业的碳金融服务

能源行业思想先驱彼得·C. 福萨洛在《能源与环境对冲基金——新投资范式》中说：金融模型现在已经发生了变化，包括更多的股权投资、商品交易，投资银行、风险投资和对冲基金的业务范围已经模糊，碳金融导致国际金融市场发生变化，也形成新的投资机会。碳基金一般是由政府、多边机构或私人部门的资金募集而成，通过架设各种融资渠道，参与碳减排买卖交易，为碳金融提供资金来源。碳基金致力于在全球范围购买碳信用或投资于温室气体减排项目，经过一段时期后给予投资者碳信用或现金回报，最终改善全球气候变暖问题。《京都议定书》生效后，随着全球低碳金融市场迅猛发展，碳基金的发展也如火如荼，已成为国际低碳市场投融资的重要工具。自1999年世界银行设立首只碳基金（原型碳基金）以来，国际碳基金成为低碳时代的弄潮儿，2005年全球碳基金的数量为34只，资金规模为35亿欧元左右；2007年全球碳基金的数量达58只，比2005年增长70.6%，资金规模达到70亿欧元，比2005年增长100%；2008年碳基金的数量已达80只，资金规模达128.7亿美元；2009年，全球碳基金总数达89只，资金规模为161亿美元（约合107.55

亿欧元)。① 近年来随着碳市场的发展，碳基金数量和规模不断增加和壮大，当前全球主要碳基金如表3.8所示。

表3.8　　　　　　　　　　全球主要碳基金一览

基金发起方	基金名称
世界银行	原型碳基金
世界银行	社区发展碳基金
世界银行	生物碳基金
世界银行和国际基金组织	荷兰清洁发展机制碳基金
世界银行和国际基金组织	荷兰欧洲碳基金
世界银行和意大利政府	意大利碳基金
丹麦政府和私人部门	丹麦碳基金
西班牙政府	西班牙碳基金
德国复兴银行	德国碳基金
日本政府	温室气体减排基金
英国政府	英国碳基金
企业和政府	欧洲碳基金

资料来源：章升东，宋维明，何宇．国际碳基金发展概述［J］．林业经济，2007（7）：48.

（四）证券业的碳金融服务

伴随着低碳经济的深入发展，证券市场作为最敏感的市场，提出了绿色证券的概念。绿色证券作为绿色金融的重要组成部分之一，指的是为促进上市公司持续进行环境保护与环境治理，通过建立上市公司环保核查制度、环保绩效评估制度和环境信息披露制度，调控社会募集资金投向，发展环境友好型产业，防范环境和资本风险的一系列调控手段的总称②。国际上的绿色证券制度是在1992年联合国环境与发展会议以后，在国际社会广泛接受可持续发展理念的背景下逐步形成起来的，在发达国家，大部分上市公司的社会责任和环境保护意识逐渐增强，证券业和环境保护的关系已广泛被投资者接受③。

目前，在证券市场上，绿色证券涉足的上市公司主要分布在以下产业：新能源产业，包括作为清洁能源的风能、太阳能、地热能、潮汐能、生物质能、水电、核电等；节能产业，包括工业节能、建筑节能、智能建筑、节能家电、

---

① 严琼芳．国际碳基金发展的现状、问题与前景［J］．经济纵横，2010（11）：113.

② 吴永辉．论我国绿色证券制度的完善［J］．洛阳理工学院学报（社会科学版），2010（12）：54.

③ 别智．"绿色证券"——污染减排的助推器［J］．环境经济，2008（5）：26.

节能材料、节能照明、汽车节能等；减排产业，比如清洁燃煤、农业减排增汇等；环保产业，主要包括污水处理、固定废弃物处理等。①

绿色证券引导上市公司节约资源和保护环境，将企业追求自身经济利益最大化的目标，延伸和扩展到关注自然环境资源、社会和谐和经济可持续发展目标上来，不仅能使企业赢得低碳发展的良好机遇，也为资本市场和投资者提供更多的优质投资选择。

（五）保险业的碳金融服务

金融市场的健康发展历来离不开保险业保驾护航，保险业承担着规避和转移风险的责任。气候变化的影响涉及灾害、财产、人身和健康等保险领域，近年来已经出现绿色保险、巨灾债券和天气衍生性金融产品等，以转移和规避天气变化对企业营运和销售额等造成的影响，避免损失和业绩波动。② 绿色保险即环境污染责任保险，是以企业发生污染事故对第三方造成的损害依法应负的赔偿和治理责任为标的的保险。环境污染责任保险可以使被保险人把对第三者的赔偿责任转嫁给保险公司，被保险人可以避免巨额赔偿风险，而环境污染受害者又能够得到迅速、及时、有效的救济。③

保险业的碳金融服务起源于欧美工业化国家，当伦敦街头出现了采用油电混合式引擎的出租车"绿番茄"时，英国保险公司立即对这一类达到绿色评级A类的汽车给予10%的保险费率优惠。德国安联保险公司在欧洲推出专门针对全球变暖和可再生能源投资的保险产品。其中"绿色汽车保险"把客户一年的行驶公里数作为核定下一年保费的一个决定因素，支持减少油耗。当企业越来越感受到来自气候变化、与企业相关的碳减排压力和相关活动带来的新类型气候风险时，需求方和供给方会共同研究如何推动碳保险业务的发展，保险业需仔细考虑的是新的和既有的保险产品如何创新性应用在碳金融上。碳金融项目交易与其他市场中的产品交易一样，存在很多风险，碳价格波动、未能按时交付以及不能通过监管部门的认证等现象均有可能发生，可能会给投资者或放贷人带来很大的损失。因此往往需要保险或者担保机构介入，进行必要的风险分散，提供担保，以提高项目的流动性、安全性和盈利性，为碳交易的发展提供支撑。

二、国际金融中介组织

一个完善的碳金融组织体系还包括碳资产管理公司、碳信用评级机构、碳

---

① 熊焰. 低碳之路重新定义世界和我们的生活 [M]. 北京：中国经济出版社，2009：408.
② 熊焰. 低碳之路重新定义世界和我们的生活 [M]. 北京：中国经济出版社，2009：406.
③ 王紫零. 环保新思维：绿色保险 [J]. 中国环境管理干部学院学报，2009（12）：49.

金融信息服务机构、碳法律服务机构、第三方独立认证机构等，它们的碳金融服务在促进碳金融和低碳经济发展过程中都将发挥重要作用。

1. 碳资产管理公司

碳信用是一种新兴的资产类别，碳信用市场的发展受政府决策和技术进步等诸多要素的影响。因此，要在碳信用市场中有所作为，必须兼具专业知识、技能和经验。随着碳金融市场的发展，寻求购买碳信用的市场参与方持续增加，项目业主和开发者也急需相关的能力和经验，从而为深谙规则的相关机构提供了广阔的中介服务市场，促成了碳资产管理公司的诞生。一个全面综合的碳资产管理公司，可以涵盖碳金融市场所需要的全部咨询服务。

（1）碳资产开发服务

由于开发和实施碳交易的相关项目比普通项目复杂，不仅要遵循繁琐的程序要求，还要证明其环境上的额外性和计算实际的减排量。很多发展中国家的公司、企业和项目开发者通常缺乏这方面的能力和经验。碳资产管理公司可以在全球市场发掘减排机遇，推动 CDM 项目的开发、融资和实施。

（2）碳项目咨询服务

一些国际性的碳资产管理公司，不仅能进行碳资产开发，还可以为负责开发的项目提供方法学论证，为多项技术制定方法学，确保应用这些技术的项目获准进入碳金融市场。同时，为工业企业提供有效减排方案和碳资产管理服务，对碳市场投资进行风险评估，协助企业制定碳市场开发策略，协助政府部门及非政府部门推动碳交易市场体系的建立等。

（3）碳信用经济服务

碳资产管理公司可以作为专业经纪商代表各类客户购买碳信用。碳资产管理公司具有遍布全球的分支机构和业务网络，可以有效地发掘投资机会，为第三方投资者创造价值，帮助具有减排义务的买方确保长期的碳信用来源；并为客户科学安排投资结构，按照买方客户偏好签订购买协议，在保证碳信用供应的同时，以项目和碳资产为担保，创造额外的财务收益。

（4）项目融资服务

确保项目资金来源是发起人的关键任务。碳资产管理公司能够向项目开发商、投资者及具有减排义务的买方提供全面的金融产品及服务，配合项目发起人开发符合银行要求的项目，引进股权投资和债务投资，还可以通过了解投资者和债权人的要求，有效推广项目。对有限融资或无追索权融资而言，项目规模至关重要，因此，碳资产管理公司还可以从立项阶段就深入参与项目，可以尽量减轻发起人和投资者的调查负担。

(5)"碳中和"服务

由于气候变化是当今世界最严峻的挑战之一,各国纷纷出台相关法律,能源价格不断攀升,各国企业也在积极采取对策,通过"碳中和"主动减轻自身对气候的影响。其原理是某些机构、产品和服务的温室气体排放不可避免,但可以通过其他机构、产品和服务的减排来抵消。目前越来越多的企业加入自愿减排或碳抵消的行列。消费者和投资者对环境问题日益关注,企业自愿减排或碳抵消不仅有利于保护气候,而且能够转化为业务优势。碳资产管理公司可以通过制定补偿性温室气体减排管理策略,帮助企业客户通过核准减排项目抵消其温室气体排放,譬如,与银行、电力公司、交通运输部门等合作,量身打造"碳中和"产品,帮助其减少碳足迹。

目前世界知名的碳资产管理公司有瑞士南极碳资产管理公司,英国碳资源管理有限公司,Ecosecurities,Camco 等,这些碳资产管理公司都有其各自专注的市场领域。

2. 碳信用评级机构

信用评级机构是市场上一个重要的服务性中介机构,它是由专门的经济、法律、财务专家组成的,对证券发行人和证券信用进行等级评定的组织。证券信用评级的主要对象为各类公司债券和地方债券,有时也包括国际债券和优先股。近年来,随着全球碳减排体系的发展,评级机构也逐渐参与其中,准备将碳金融因素纳入债券评价中,并已经开始追踪排放权交易市场,发挥其碳金融服务体系的功能,这对于碳金融的发展显得十分重要。具体作用体现在以下三个方面。

第一,碳信用评级可以指导投资行为。碳金融市场投资者借助信用评级,可以有效降低信息不对称所导致的投资风险。信用评级机构具有第三方独立性,可以客观、公正、公平地评估低碳项目能否达到预期承诺的减排量,使投资者深入了解投资项目现状,帮助投资者识别项目潜在风险。

第二,信用评级是项目成功融资的必备要素。评级结果的好坏直接向社会公告,会影响到社会对低碳项目的认同度。国际资本市场经验表明,信用评级的结果等同于人的身份证,企业信用评级越高,融资就越便利,融资成本就越低。对于一些新能源和清洁能源项目,通过完善的规章制度,对项目的碳信用进行评级,给好的项目贴上优质标签,有助于这些项目增加融资渠道,节约融资费用。

第三,碳信用评级帮助管理者管理监督碳金融市场。通过碳信用评级结果,管理者可以约束债务规模,切实保护投资者的利益。随着碳金融市场的不断发展,管理者可以利用碳信用评级结果有效监督碳市场的运行状况,了解低碳项目动态发展变化的情况，对碳信用评级低的项目，不允许养老基金、保险公司投资，有效、安全地引导资金流向。

2008年6月25日，IDEAcarbon在全球首先推出独立的碳信用评级服务，为处于联合国清洁发展机制之下、共同实施的项目以及在自愿碳市场下的碳抵消项目（carbon offset projects）提供详细的碳评级。

3. 碳金融信息服务机构

近年来，除了世界银行和各大碳交易所按期推出碳金融发展报告之外，还兴起了许多对碳金融市场进行专门研究的信息服务机构，这些机构纷纷建立碳金融数据库，不仅掌握能源市场、碳市场的最新动向，也纷纷给出了对未来碳市场发展方向的判断，为市场参与者的决策提供参考。

另外，在欧洲和美国，很多大型股票和投资研究公司觉察到气候变化对产业部门的影响，认为碳市场信息对企业而言将越来越重要，也竞相发布了相关的研究报告。摩根士丹利欧洲股东集团发表报告《新兴碳市场的股票操作》，探讨新兴碳市场的背景、排放配额要求的基本动力，并开始研究碳产业公司。高盛的《环境政策纲要》则明确表明，该公司计划在二氧化碳排放权交易中扮演市场创造者的角色，并正寻找在促进这类市场的发展中扮演建设性角色的方法。

在中国，哥本哈根气候会议前后很多股票和投资研究机构都针对碳市场的走向作出了专业的判断。这些金融机构的研究团队竞相发表了深入的碳市场报告，随着市场的持续扩张，投资机构的研究报告的深度和品质也会提高。

4. 碳金融律师事务所

律师事务所从《京都议定书》协议初期就参与碳市场的构建，为碳市场提供法律支持，除了关注交易机制的法律设计问题之外，律师参与的重点在于排放权本身的设立，关注哪些权利可以通过交易而转移。在不同市场，律师作用有所差异，以碳减排项目为例，律师的作用表现为：为委托方碳减排业务提供投融资方面的法律服务；为委托方就碳减排业务法律问题提供法律意见；根据委托方要求，协助委托方对交易对方进行资信和尽职调查；参与谈判并协助草拟、修改、审查与碳减排项目有关的协议、意向书、条款清单、咨询合同等各类法律文本；对碳减排项目交易的履行提供全过程法律服务；对碳减排项目交易过程中出现的各项争议为委托方提供相关意见和建议；根据委托方的委托，代理委托方参加的相关诉讼、仲裁等活动。

5. 指定经营实体（第三方独立认证机构）

指定经营实体（DOE）是对项目的实施进行监督和核查的最关键机构。根据《联合国气候变化框架公约》的规定，由联合国CDM执行理事会提供的指定经营实体,有资格确认推荐的 CDM 项目的合格性,并核实和核准项目的温室气体减排量。DOE 作为碳金融服务中介机构,其主要职责包括:(1)以项目设计文件为主要依据,对所建议的 CDM 项目进行审定;(2)出具审定报告,并提交给执行理事会,申请对 CDM 项目进行注册登记;(3)以项目的检测计划等为基础,核查项目的温室气体减排量;(4)在核查的基础上,出具核准报告,提交给执行理事会,申请向项目签发核准数量的 CER。

尽管 DOE 从 CDM 项目的核实和认证阶段收取一定的费用,增加了 CDM 项目的交易成本,但 DOE 非常有利于 CDM 项目成功有效的运行,并保证减排量真实有效,发挥了巨大的碳金融服务功能。

三、中国金融机构

(一)商业银行

1. 绿色信贷

目前国内商业银行开展碳金融业务主要集中在绿色信贷,体现为增加新能源和减排技术的信贷规模,降低高耗能和产能过剩产业的信贷规模,国内绿色信贷已经取得了良好的经济效益和社会效益。2008 年 10 月 31 日,中国兴业银行正式公开承诺采纳赤道原则,成为中国首家"赤道银行"。截至 2009 年末,兴业银行累计发放了节能减排贷款 223 笔,金额 165.83 亿元,这些贷款的不良率相对较低,收益比较稳定,与此同时这些贷款支持的项目可实现在中国境内每年节约标准煤 1 039.74 万吨,年减排二氧化碳 3 178.04 万吨。2008 年,华夏银行成为世界银行在中国节能融资 2 亿美元项目中的合作伙伴,并与法国开发署合作,转贷法方为"中国能效与可再生能源项目"出资的 2 000 万欧元,贷款投向为国内节能减排项目。中国银行业监督管理委员会 2009 年报显示,截至 2009 年底,工商银行对环境保护重点工程项目贷款余额 1 149 亿元,对新能源开发项目贷款余额 1 029 亿元;农业银行绿色信贷贷款余额 2 090 亿元,比年初增加 534 亿元;中国银行绿色信贷及低碳金融业务贷款余额 1 661 亿元,较年初增加 483 亿元,其中清洁能源项目贷款 1 156 亿元;建设银行绿色信贷贷款余额 2 270 亿元,比年初增加 360 亿元,其中支持清洁能源贷款余额 1 130 亿元。各商业银行绿色信贷规模明显增加,我国可以将绿色信贷作为银行业利润增长点,支持绿色经济发展。

2. 碳金融理财产品

中国商业银行借鉴国际经验,尝试推出与环保以及碳排放权挂钩的理财产品,将公众的低碳行为意识与金融理财行为有效结合,一方面可以激发个人与企业有意识的碳金融理财行为,为低碳投资项目增加资金来源;另一方面有利于提高企业参与碳金融项目的积极性，并提高公众对低碳经济和碳金融的认识。从 2007 年开始，渣打、东亚、汇丰等外资银行陆续在中国推出与交易所上市的低碳环保概念股票挂钩或者与气候交易所的二氧化碳排放权期货合约挂钩的环保概念理财产品。中资银行也逐渐认识到中国碳金融理财产品市场广阔，积极推出挂钩碳交易的碳金融理财产品，中国银行和深圳发展银行推出了收益率挂钩海外二氧化碳排放额度期货价格的理财产品，交通银行推出了挂钩水资源和铀能源股票的理财产品，光大银行推出"阳光理财·低碳公益"理财产品，投资者在理财的同时，也可购买二氧化碳减排额度抵消自身的碳排放。

3. 项目咨询服务

目前中国是最大的 CER 出售方，中国企业与购买方进行交易谈判时缺乏经验，交易双方信息不对称，急需中介机构提供咨询服务，商业银行首当其冲，提供项目咨询服务。国内银行主要参与 CDM 项目所产生的新型投资银行业务以及项目咨询等新兴的边缘性投资银行服务。针对国内 CDM 市场不规范、咨询机构素质不高和国外买主找项目难等情况，中国农业银行选择了花旗银行作为 CDM 业务的战略合作伙伴，并在客户资源、市场信息共享、买卖匹配、项目合作开发等领域多次展开务实的国际协作，为客户提供综合的 CDM 顾问服务，解决新能源企业、高耗能企业节能改造融资难题，搭建起 CDM 交易平台，为买卖双方提供了最大的便利。中国工商银行推出碳金融合约交易业务，帮助中国金融机构和企业深入了解国际碳排放权市场的制度和规则，提高国内节能环保企业在国际碳排放权交易中的议价能力。

4. 其他碳金融服务

中国光大银行率先在自愿减排方面作出了尝试，成为低碳经济的践行者和低碳金融服务的创新者，成为国内首家"碳中和"银行。光大银行通过向北京环境交易所购买碳额度，中和其在生产和经营活动中排放的二氧化碳。光大银行打造国内首家开放式网络缴费平台，提倡"绿色缴费、低碳生活"，积极利用金融服务平台向社会大众宣传普及低碳生活理念，将低碳金融融入其"精品银行"的服务理念。兴业银行发行国内首张低碳信用卡，首创信用卡减排个人购买平台，个人根据预期碳减排量，购买相应的碳减排量，可以随时查询个人碳减排量购买记录及所支持的碳减排项目信息。同时，卡片采用新型可降解材料制成，采用电子化账单，节约纸张，定期介绍低碳生活小常识，建立个人绿色档案，传达绿色理念。

中国商业银行不断探索、创新碳金融业务，但是由于中国低碳政策、金融业分业经营和银行自身发展等特点，商业银行碳金融服务起步较晚、起点较低，与发达国家商业银行相比还存在较大差距。

（二）证券业

2008年2月，国家环保总局联合证监会等部门，发布了《关于加强上市公司环保监管工作的指导意见》，这是继绿色信贷、绿色保险政策后又一绿色新政，标志着中国证券业碳金融服务基本建立。中国的A股市场上，低碳板块已成为资本市场"面广量多"的板块，围绕高能源效率和清洁能源结构两大核心，覆盖10余个新兴行业近200家上市公司。按国内A股上市公司2004年底至2009年中定期报告披露的数据统计，低碳板块收入占机械行业收入比例在30%~45%之间，市值占机械行业的比例更是在50%~60%之间[1]。2011年2月16日，反映中国清洁技术领域境内外上市公司整体表现、由国内外上市的40家在低碳经济领域表现突出的上市公司构成样本股的中国低碳指数正式公布。中国低碳指数的编制有助于在国内外提高中国低碳领域优秀企业的声誉以及推动中国低碳产业持续稳健发展，也将有利于降低新能源成本、更多地利用本地知识产权发展新技术，并为全球合作伙伴创造更多更好的机会。另外，指数的发布有利于提高社会公众对低碳经济的关注和加大低碳投资力度，对促进中国低碳产业的整体发展将起到积极的推动作用。

尽管低碳板块已经取得一些成绩，但是由于中国上市公司环保核查、上市后的环保信息披露和环保绩效评估等方面在制度和操作规则上存在较大缺陷，制约了绿色证券在环境保护和治理中的制度功能，需要进一步完善。

（三）保险业

2008年2月，国家环保总局和中国保监会联合发布了《关于环境污染责任保险的指导意见》，正式确立建立环境污染责任保险制度的路线图。目前中国保险业在碳保险领域还处在探索阶段，由于中国保险行业的大部分客户，比如石化、钢铁、电力和机动车辆等都是碳排放的主力军，迫切需要创新碳保险产品满足企业需求（陈文志，2010）；另一方面异常气候频发，作为风险管理行业的保险公司要为气候变化导致的自然灾害损失买单，保险公司有开展碳保险的最原始驱动力。国内保险公司在此方面已悄然行动，如天平汽车保险股份有限公司于2009年8月5日出资27万余元向北京环境交易所成功购买了奥运期间北京绿色出行活动产生的8 026吨碳减排指标，用于抵消公司2004年成立至2008年12月31日运营过程中产生的碳排放量，从而成为中国首家通过自愿购买碳减排量而实现"碳中和"的保险公司。2010年3月份平安保险启动"低碳100行动计划"，在深化内部低碳运营的同时，在相关绿色公益活动上进行通力合作，推出多项业内首创的低碳绿色金融产品，比如环境污染责任

---

[1] 国都证券研究所. 低碳板块2010年度投资策略[R]. 国都证券，2009-12-15.

险和针对气候恶劣地区的小额保险。

中国目前低碳保险还处于宣传和引导阶段，为碳金融提供保障功能的保险非常缺乏。保险公司应积极探索商业保险在促进科技进步，推动产业升级、低碳项目开发中的作用，开发环保强制责任保险、与天气和碳排放相关的森林保险、碳交易信用保险产品等，减小气候变化的不利影响。

（四）基金业

与国外发达的碳基金相比，中国目前尚无真正意义上的碳基金，中国清洁发展机制基金和中国绿色碳汇基金是国内与碳汇和CDM有关的基金，但是不能自主进行碳减排量的买卖交易，只是准碳基金。国家发展和改革委员会、财政部、科技部和外交部在2005年10月联合发布《清洁发展机制项目管理办法》，每年从中国CDM项目减排转让收入中抽取一定比例用于应付气候变化相关工作。国务院2006年8月批准成立中国清洁基金及管理中心，专门负责管理CDM项目转让过程中国家收入的部分，因此，中国清洁发展机制基金实质上是政策性基金。该基金一方面通过有偿方式支持应对气候变化的产业和企业发展，另一方面通过免费捐赠的方式支持公众参加应对气候变化的各项活动。2007年7月20日，中国石油天然气集团先期注入3亿元人民币，在中国绿化基金会下设立中国绿色碳基金，该基金是全国性公募基金，推进以植树造林、固碳减排为目的的林业碳汇工程。

此外，地方政府和民间资本也尝试设立低碳产业基金。2010年2月1日，南昌市政府与国家开发银行下属的国开金融公司签订了《南昌开元城市发展基金合作投资框架协议书》，标志着中国首只低碳与城市发展基金落户南昌。基金的设立，将着力推动南昌市重点区域基础设施、公共服务设施和生态环境建设，帮助南昌市策应鄱阳湖生态经济区建设。2010年4月初浙江诞生了国内第一只以低碳经济为投资主题的私募股权投资基金——浙商诺海低碳基金，这只基金在短短2个月的筹备期中就募集到超过2.2亿元资本，全部来自浙江民间资本，引导了民间资本与低碳产业的对接。

低碳经济的产业结构具有周期长、技术新、投入大等特点，需要以创新的理念积聚相关资源，设立符合中国政策且适应中国机制的本土碳基金。中国国家或地方政府碳基金的设立应按照"政府引导、市场主体、治理规范、专家管理、运作有序"的原则，完善管理机制和管理运行模式，更广泛地提高资金使用效率。同时加强民间低碳基金的培育和开发，引导大量民间资本设立碳基金，引导民间资本流向，优化产业结构，为碳市场提供资金来源。

一个完善的碳金融组织体系还应包括碳资产管理公司、碳信用评级机构、碳金融信息服务机构、碳法律服务机构、第三方独立认证机构等，它们的碳金融服务在促进碳金融和低碳经济的发展过程中都将发挥重要作用。与银行业、证券业、保险业、基金业相比，中国其他碳金融服务组织机构尚未有效建立，还有待政策的支持、市场环境的进一步发育成熟以及各组织机构的业务创新。

第三节　碳金融政策

碳金融政策是碳金融发展的前提，对支持低碳经济发展具有不可或缺的作用。政府监管可以解决碳金融市场失灵的问题，政府亟须制定与碳金融相关的政策和法律法规，并根据碳金融发展情况及时更新完善；同时做好政策引导，引导金融机构、企业和居民参与到碳金融活动中去，为碳金融发展创造良好的政策环境。从宏观层面，要制定碳金融发展的国家战略，为碳金融的发展提供战略支持，促进中国低碳经济的发展。

一、监督管理

金融支持低碳经济发展一个非常重要的方面在于政府如何建立起一套适合低碳经济发展的金融监管机制，防范金融体系在促进低碳经济发展过程中可能出现的各种风险。碳金融市场是很脆弱的，也会发生市场失灵，如果放任自由就会趋向不公正和无效，从而导致不能有效配置碳金融资源，所以政府监管是保障碳金融市场有效运行的要求。此外，通过碳金融市场制度安排可以将温室气体治理从政府强制行为转变为碳排放者的自觉行为，将政府与碳排放者之间的交易转变为碳排放者与碳排放者之间的交易，实现政府自身职能的转变[1]。

发展碳金融需要政府主导政策制定，制定主体资格审查制度，碳排放申报登记制度、碳排放指标登记、碳排放报告制度和交易追踪制度等，做好碳权指标分配、定价和交易程序以及交易管理机构的监管、实施保障措施、税收优惠、担保贷款等工作，确定违约责任、监管程序等，这些是碳金融监管的基础工作。从监管手段来看，传统金融的监管手段是以公允会计为基础，以财务比率为管理标准，而碳金融的监管则以碳会计工具为先导，对国家、地区、行业、企业、家庭、个人进行准确的碳资源核算，从而界定社会责任风险和"碳中和"义务[2]。

---

[1] 陈晓春，施卓宏. 论碳金融市场中的政府监管 [J]. 湖南大学学报（社会科学版），2011 (5)：41.

[2] 邵伟. 中国碳金融监管制度亟待建立 [N]. 上海金融报，2010 - 12 - 03.

二、法规建设

碳金融是低碳经济背景下金融创新的产物,是促进低碳经济发展的重要杠杆,法律制度建设在促进碳金融发展方面有着独特的作用。碳金融法律是有关推进、保障、规范碳金融活动的各种行为规则的总称,是体现环境保护、节能减排理念的金融法制的重要组成部分。碳金融的发展必须以相应法律制度安排作为基础,包括以下制度。

第一,碳市场管理法律制度。比如交易主体、交易标的物、碳排放权的初始分配、碳排放权的转移、碳排放权交易监管机制、法律责任等方面的规定,这其中碳排放权的分配是关键的一步,因为确认碳排放权的权利属性并进行合理的权利责任配置是构建碳交易市场体系制度的前提①。

第二,碳交易法律制度。碳交易制度均有一定的共同性,从法律方面界定碳交易的基本要素,即明确基准年、管制气体、管制范围、管制对象、承诺期这五个基本要素,在此基础上,交易则必须经历从核发配额总量到配额初始分配、监测与查证、对超额排放的惩罚这一流程②。

第三,金融机构碳金融产品及其相关业务的法律制度。具体包括:低碳银行,比如赤道原则;碳基金,比如基金设立方式、管理制度、分配制度、聘雇制度和监督制度等的规范化;低碳保险,包括在保险方式、保险责任的适用范围、碳保险的责任免除、赔偿范围、保险费率、索赔时效和保险机构设置等方面的特别规定。

三、政策引导

(一) 引导资金流向

政府通过制定相应的优惠政策,鼓励金融机构参与发展低碳经济,引导资金流向低碳领域。财税部门采取财政贴息、税收优惠等政策来引导金融业的信贷投资行为。金融管理部门要进一步完善有关规定,比如细分贷款统计口径、从行业类别检测低碳信贷、对与违规性污染严重企业贷款的银行坚决给予惩罚等。金融管理部门要充分利用自身信息优势,充分发挥宏观调控职能,制定促进低碳经济发展的相关政策,促进低碳经济的发展。此外,中央银行等金融机构应该综合运用货币政策工具和信贷政策窗口指导等方式,加大金融机构对低

---

① 朱家贤. 环境金融法研究 [M]. 北京:法律出版社,2009:32~39.
② 熊焰. 低碳之路——重新定义世界和我们的生活 [M]. 北京:中国经济出版社,2010:406~411.

碳经济发展的资金支持力度。

（二）引导企业自律

碳金融作为一个新兴的领域，相关法律规范还不成熟、不完善，需要政府积极有效地引导企业生产经营，综合运用法律法规、经济手段和社会服务引导企业自律，为碳金融的发展创造良性的环境。

1. 法律法规，主要是指颁布关于环境保护和企业社会责任的法律法规，促进企业从国民经济和社会可持续发展的角度出发，承担更多的环境和社会责任，鼓励企业自觉制定并实施减缓碳排放的目标和路径，参与碳市场交易，为逐步实施强制减排提供尝试。

2. 经济奖惩，是指政府可以直接对自愿加入碳减排体系，并达到预期减排目标的企业以减税或财政赠款的方式给予经济激励；另一方面政府考虑征收惩罚性质的碳税，这样企业更有动力对传统技术加以改造，发展低碳经济。

3. 社会服务，包括政府加强企业信息披露的广度和深度，建立政府主导、行业自律、社会舆论监督、公众参与的社会监督体系，建立社会环境诚信档案，将环境评价数据作为市场准入的重要指标等内容[1]。尽快制定低碳生产的标准和制度，建立针对企业的环保设计标准，完善针对产品生产过程的评价、监督和报告体系，建立和完善针对新产品的市场准入标准、环境标志和能效标识的认证体系[2]。

（三）引导居民享受低碳金融服务

低碳生活是一种趋势，倡导低碳生活和低碳文化，引导居民减少碳排量，为自己的碳足迹[3]（carbon footprint）买单，成为"碳中和"公民；鼓励居民使用网上银行降低柜台办理业务的能耗，选择电子对账单，通过电子渠道办理柜台业务；鼓励居民投资低碳理财产品，优先选择绿色证券和低碳保险，多渠道、多角度、全方位引导市民享受低碳、快捷、安全的金融服务。

四、战略制定

碳金融是一种全新的金融形式，不可能一步到位做大做强，需要政府和相关监管部门高度重视，以战略眼光对待碳金融。政府应当站在保护人类生存环境和可持续发展的高度，充分认识到碳资源的价值和相关金融服务的重要作用，碳金融将在以后全球金融博弈中起到很重要的作用，要将碳金融发展战略

---

[1] 刘倩，王遥. 碳金融全球布局与中国的对策［J］，中国人口·资源与环境，2010（8）：68.
[2] 李红权，张春宇. 论低碳经济发展中的政府主导作用［J］. 企业经济，2010（10）：146.
[3] 碳足迹是指个人、组织的活动和产品直接或间接导致的碳耗用量，是一种用来测量因能源消耗而产生的二氧化碳对环境影响的指标。

当做国家发展战略的重要组成部分。发展碳金融涉及证券、银行、税收、法律、基金、会计等很多行业，需要相关部门密切配合，国家要基于碳金融可持续发展的原则，将碳金融视为抢占低碳经济的制高点，制定一系列详细的配套标准和规范。国家有必要制定一个碳金融发展的国家战略，从宏观层面为碳金融的发展提供战略支持，促进中国低碳经济的发展，为中国经济发展转型奠定坚实基础。

低碳经济的发展既是一次机遇，也是一次挑战，将低碳经济与金融支持有机结合起来，以金融支持促进低碳经济的发展，以低碳经济的发展为机遇，大力发展碳金融，有效实现低碳经济和金融业的共同发展，势必成为现阶段中国经济快速发展、实现经济转型升级的必由之路。完整的碳金融体系应该是碳金融市场体系、碳金融服务体系、碳金融政策体系的有机整体，是三者的有机结合。因此，在上述分析基础上，本书构建了符合中国低碳经济发展的、三位一体（碳金融服务体系、碳金融市场体系与碳金融政策体系）碳金融发展体系（如图3.4所示）。

由图3.4可知，碳金融体系是由碳金融服务、碳金融市场及碳金融政策组成的不可分割的有机整体，形成了一种相互渗透、相互交融的三位有机结合的多元化完整逻辑体系框架，三者在金融支持低碳经济发展的进程中共同存在，共同发挥各自的效用，因为任何一维（市场、服务与政策）都不是什么灵丹妙药，均不可能单独发挥效用。碳金融产品，无论是新型的衍生品，还是传统的以碳排放权为出发点的碳信用，其交易离不开碳金融市场，而碳金融市场的交易又要以碳金融产品作为对象，离开了市场，产品无法交易，没有产品的交易，市场将不复存在。因此，碳金融市场包含了碳金融产品及其交易，碳金融产品渗入碳金融市场，发挥其作为交易对象的产品功能，两者之间相互渗透。当然，在市场中完成产品交易的进程中，也离不开碳金融服务体系的支撑，碳金融资金服务机构（银行业、碳基金等）、碳资产管理公司、碳信用评级机构、碳金融信息服务机构、碳金融保险服务机构、碳金融法律服务机构、指定经营实体（第三方独立认证机构）等作为中介，为市场进行CDM项目交易提供中介服务和资金支持，甚至直接参与碳市场交易，为市场能够顺利运转提供了强有力的支撑，而市场的运行又要依赖于完善而发达的金融服务。更为重要的是，要使得碳金融产品、市场及其相关服务健康、持续地支持低碳经济发展，还有不可或缺的一环就是国家、政府、金融机构等的政策支持和导向作用。这些碳金融政策可以直接指导金融机构开展对低碳经济发展的服务，又可以鼓励市场交易中碳金融产品、衍生品及其与碳排放权挂钩的相关理财产品等金融产品的创新，而这些产品的创新过程中又会提出对碳金融政策的更多需求和要求，促进碳金融政策进一步出台和完善，这样一来，政策与产品创新之间形成了一种以鼓励支持和反馈为链条的互动效应。

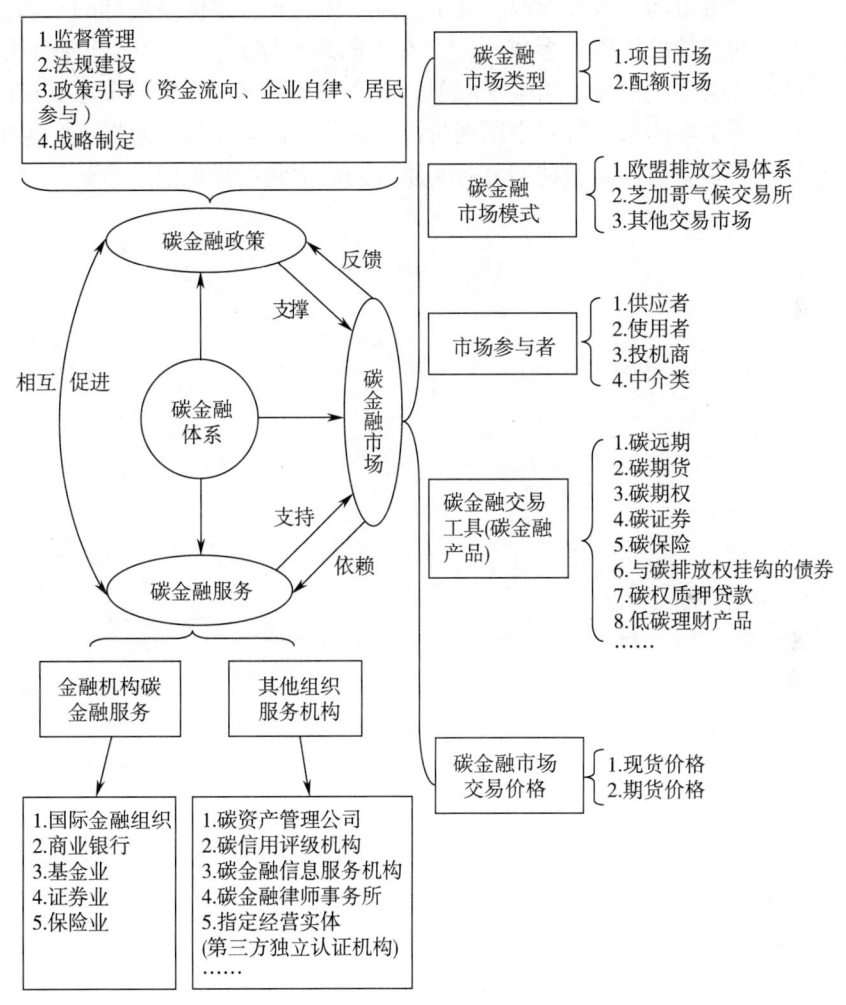

图 3.4 三位一体的碳金融体系框架

此外，我们要注重发展国际性碳交易市场，争取发展为全球碳资产管理中心，主要的碳交易中心、碳金融信息中心和碳金融创新中心，并通过与国际市场的充分交流合作，从整体上推进碳金融国内和国外两个市场、项目和配额两种机制共同发展，推出期货、期权、互换等金融产品、商品和金融衍生品。同时，要依托政府碳金融政策的支撑和银行、基金、保险等碳金融中介服务机构的资金支持和中介服务作用，形成全方位的碳金融政策支持体系、多层次的碳金融市场体系和立体化的碳金融服务体系这个三位一体的碳金融逻辑体系框架，共同推进低碳经济的发展。

通过碳金融市场、服务及政策这个三位一体的碳金融体系内部的互动，起到相互支撑和支持的作用，形成了一个有机的运行体，使得我们有理由认为，我们所构建的碳金融市场、碳金融服务、碳金融政策三位一体的金融支持低碳经济发展的碳金融体系框架对中国现阶段金融促进低碳经济的发展，实现中国实体经济由高碳型向低碳型转型具有实质性的启示和指导价值。

第四章 金融支持低碳经济发展的理论分析

金融对经济发展的促进作用，理论界进行了非常多的探讨，理论基础已经非常清晰。金融对低碳经济发展支持的理论依据，依然遵循于此。同时，作为金融与经济发展的一个崭新领域，碳金融对低碳经济发展的理论机理也有着自身特点。本章试图从排污权交易、碳排放权交易、国家之间碳排放的合作博弈、碳金融对低碳经济的作用机理、碳金融供需结构、碳排放交易价格的影响因素等视角展开深入分析。

第一节 排污权交易理论

一、排污权交易的理论基础

（一）外部性理论

根据古典经济学理论，在市场满足信息完全透明、交易成本为零、具有完全竞争性等条件下，理性人出于自身利益最大化的目的所做的行为能够通过市场机制实现整个社会福利的最大化，也就是能够实现社会资源配置的帕累托最优。但是经济在现实运行中，存在交易成本不为零，信息不对称、市场不完全竞争等多种市场摩擦，纯粹的市场机制无法实现社会资源的最优配置，即现实经济运行存在市场失灵的情况，需要政府通过一系列的政策行为进行干预，校正市场失灵的情况。

当经济主体的活动对其他人和社会的影响无法通过市场化的价格机制反映出来，就存在外部性，外部性也被称为是外部效应、溢出效应、外在效应等。由于庇古对外部性理论研究作出了较大的贡献，因此该理论也被称为庇古理论。庇古指出，商品生产中的私人成本和社会成本之间的差额就是私人活动中的外部成本。

外部性分为正外部性和负外部性。当经济主体的经济活动使他人或者社会福利增加，但是受益者无须为此支付代价，那么该行为就具有正外部性。例如某人在自家的院子里修葺了一座花园，其所产生的新鲜空气、花香以及美好的风景都为邻居以及路人带来了正外部性。当经济主体的经济活动使他人或者社会的福利下降，但是受损者并未因此受到补偿，那么该行为就具有负外部性。负外部性广泛存在于人类社会的行为中，例如，楼上邻居所发出的噪音对楼下邻居正常生活的影响，餐厅里吸烟者对其他用餐者的影响，化工厂排出的废气和废水对周围居民生活以及健康的影响等。

下面通过图4.1和图4.2说明正外部性和负外部性下社会成本与收益以及私人成本与收益的差异。

图4.1表示的是某种企业在生产活动中产生的正外部效应。根据微观经济学原理，厂商在生产的边际成本与边际收益相等的一点上确定产量，因此对于厂商而言的最优产出水平是OQ。但是从整个社会角度而言，最优产出水平则应该是OQ^*。可以从图4.1看出，$OQ < OQ^*$，也就是实际的产量小于社会最优产量，存在该产品社会供应不足的情况。由于该活动具有正外部性，其私人所承担的成本大于社会所承担成本（$OC_p > OC_s$），外部成本是社会成本与私人成本的差额$C_p C_s$。

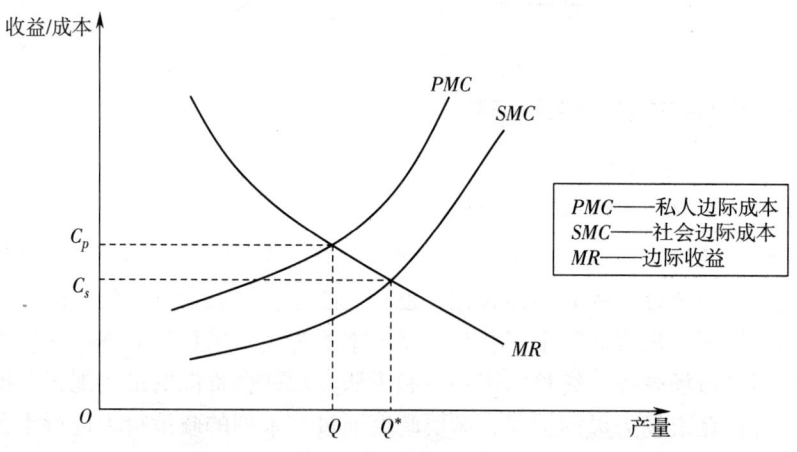

图4.1　正外部性下的社会成本、收益与个人成本、收益比较

图4.2表示的是某种企业在生产活动产生的负外部效应。根据微观经济学原理，厂商在生产的边际成本与边际收益相等的一点上确定产量，因此对于厂商而言的最优产出水平是OQ。但是从整个社会角度而言，最优产出水平则应该是OQ^*。可以从图4.2看出，$OQ > OQ^*$，也就是实际的产量大于社会最优产量。由于该活动具有负外部性，其社会所承担成本大于私人所承担的成本

第四章 金融支持低碳经济发展的理论分析

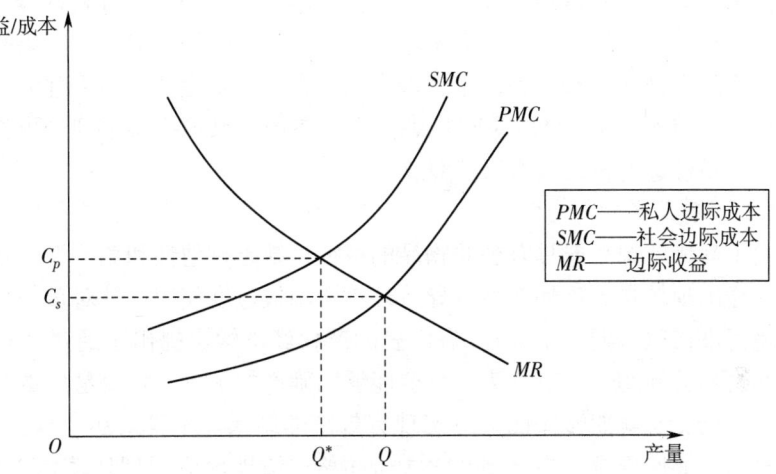

图 4.2 负外部性下的社会成本、收益与个人成本、收益比较

($OC_s > OC_p$),厂商在生产过程中向外部排放了污染物但是并没有为此承担成本,但这加重了社会的负担,导致污染物排放过度。外部成本是私人成本与社会成本的差额 $C_s C_p$。

针对负外部性导致的环境问题,庇古提出了应对排污企业征收环境税,通过政府征税使得经济行为人的私人成本与社会成本达到一致,排污企业从利益最大化角度出发,将会主动把生产量调节至社会最优产量,也就是达到帕累托最优水平[①]。通过征税的方法克服私人成本与社会成本不一致导致的负外部性。

(二)"公地悲剧"理论

"公地悲剧"由美国学者哈丁在 1968 年提出,他以公共草场为例说明了该理论,如果一块草场免费由所有牧民使用,牧民将会尽可能多地增加牲畜数量以获得自己收入的最大化,但是牲畜的增加将会对草场形成一定的消耗和破坏,由于这种破坏不需某个牧民来承担,而是由全体牧民来承担,因此最终结果将是公共草场上的牲畜越来越多,草场不堪重负最终退化到无法使用,从而导致了"公地悲剧"。该理论的含义是,如果公共的资源任由人们自由和免费使用,在个人利益最大化的驱动下,人们将会尽可能地增加对该公共资源的使用,其结果必然是该公共资源过度消耗甚至遭到毁灭性破坏。企业向大气所进行的碳排放就符合"公地悲剧"理论,由于大气环境具有非排他性和非竞争

---

① 李晓绩. 排污权交易制度研究 [D]. 吉林大学博士学位论文. 2009 – 06:3~4.

性，而企业向大气进行碳排放不需要承担成本，企业处于自身利益最大化的考虑，将会尽可能地增加生产量而不考虑排污给社会带来的成本。结果是大气中的污染物越来越多，对居民产生了较大的危害，需要全社会为治理大气污染物支付成本①。哈丁的"公地悲剧"理论为生态环境保护提供了理论支持，对于排污权交易理论的发展具有重要意义。

（三）科斯定理

由于环境资源普遍具有公共物品的特征，缺乏排他性和竞争性，在使用过程中往往出现较强的负外部性，导致环境资源被过度使用。针对负外部性导致的环境污染，以科斯（Coase）为代表的产权经济学家提出了通过产权和市场手段解决相关问题。科斯认为，只要能够明确产权配置，在交易成本为零的前提下，市场交易就能够保证最终实现有效率的结果。不管最初产权如何分配，市场机制能够使资源配置达到帕累托最优②。该理论应用到环境污染问题中，可以这样理解，只要对产权进行明确的配置，污染者和污染受损者就能够通过市场谈判解决污染问题。但是如果产权没有被清晰界定，例如大气，那么任何人都能够向空气中排放污染物，市场机制发挥不了作用，环境资源治理将会非常困难。该理论为通过市场交易手段解决污染问题提供了重要的思路，也是现在污染物排放权和排放指标交易等理论的基础。

但是交易成本为零并不符合现实世界的假设，现实交易成本往往不为零，有时候甚至大到阻碍了交易进行的地步。在存在交易成本的世界中，产权的界定给哪一方就变得非常重要，因为这将会决定资源配置的效率，合理的产权界定将会节约更多的交易成本，也就能够达到最优资源配置效率的市场结果。产权清晰能够提高社会资源配置的效率，但是未必对于交易的任何一方都有利。排污权的分配必然是一个复杂而艰难的博弈过程，获得排污权的一方通常是获利者，但是也必然有承担损失的某些集团或者个人。因此，如何进行初始的排污权界定和分配是非常重要的。

二、排污权交易的经济学分析——兼与排污税进行比较

排污权交易是指污染物排放总量控制指标确定的条件下，建立合法的污染物排放权即排污权，在一定的区域内部，各个污染排放权的需求者和供给者之间利用市场机制把排污权作为一种商品进行买卖，相互调剂排污量，以此来进行污染物的排放控制，从而达到减少排污量、保护环境的目的。

---

① 赵惊涛. 排污权研究 [D]. 吉林大学博士学位论文. 2008 - 04：18 ~ 20.
② 科斯. 财产权利与制度变迁 [M]. 上海：上海三联书店，1994：23 ~ 56.

排污权交易制度与排污税相比有很多共同点，二者都是通过增加排污企业的私人成本，使之与社会成本相一致，以达到降低排污量，实现整个社会利益帕累托最优值的目的。但是二者也存在着明显的差异。

庇古提出的税收方式主要是通过政府干预来消除排污企业行为中的负外部性。但是这种手段能够有效发挥作用的条件较为苛刻。

首先，收取排污税要求政府必须掌握所有排污企业生产活动的私人边际成本以及社会边际成本。社会边际成本包括该生产活动对土地、河流、空气的污染程度以及对人体所造成的潜移默化的损伤，这很难量化为以货币表现的成本形式。而企业的私人边际成本也较难掌握，因为不同行业、不同规模、不同经营策略的企业在生产中的私人边际成本都存在较大差异，获取这些成本的量化值对于政府而言也基本是不可完成的任务。

其次，政府收取排污税难以制定合理的税收标准。如果政府制定的排污税标准过低，该标准将对企业没有约束力，所有的企业都选择交纳税收，继续排污。如果政府制定的排污税标准过高，将会导致企业生产经营成本负担过重，使社会生产低于最终产量，影响经济增长。即使政府制定的标准对于一部分企业而言是合理的，但是企业的排污治理水平各不相同，治理成本低的企业排污量依然过量，治理成本过高的企业却没有办法通过交易的方式降低排污治理成本。

最后，税收的形式无法控制整个社会的排污总量。尽管政府可以通过征收庇古税获得较多的税收，但无法控制经济中的排污总量，因为企业的数量在不断发生变化，企业的排污治理能力也是动态变化的。

相比之下，排污权交易制度则具有更高的效率和可操作性。在明确界定了产权的前提下，政府只需要确定污染物的排放总量，市场机制自然会发挥作用，将会产生均衡的排污权价格，环境资源将会获得最优配置。治理成本低于市场价格的企业将会产生治理污染物的动力，当企业排放量低于排放标准时，将会产生可用于出售的排污份额。治理成本高于市场价格的企业，将会选择购买排污份额。这种制度安排激励了企业更新设备、改良排污技术、减少排污量。在社会资源实现最优配置的同时，也实现了控制污染物排放总量的目标。政府只需要通过排污权的买进和卖出控制排污总量，而不需要干涉每个企业的具体排放量，从而有效简化了管理过程，提高了管理效率，节省了管理成本。如果希望进一步降低排放量，可以通过环保组织的公益基金购买排污份额，这样就能够实现排污量的减少。

三、不同类型微观治理机制下的最优排污制度选择

假设有某个经济区域中存在两家企业：企业 A 与企业 B，在初始情况下要

求整个区域减排量为 XY，本文分为以下三种情况进行讨论。

模型一：企业 A 和企业 B 都采用的是排污的末端治理机制，企业 A 的排污治理边际成本是一条递增的曲线 MC_A（见图 4.3），企业 B 的排污治理边际成本是一条递增的曲线 MC_B（见图 4.3），横轴坐标的长度代表需要的减排量 XY。图 4.3 表示企业 A 和企业 B 所有治理污染责任的可能。可以看出，当企业 A 和企业 B 的排污治理边际成本相等时，也即 MC_B 与 MC_A 曲线相交时，排污的总成本在企业 A 和企业 B 所有排污治理选择组合中是最小的。此时企业 A 的排污减少量是 XQ^*，企业 B 的排污减少量是 YQ^*，这时的排污总成本为 $D+E+F$ 的总面积，$D+E$ 是企业 A 的污染治理成本，F 是企业 B 的污染治理成本。任何其他的排污量分配方案都会增加总的治理成本。

假设初始排污份额由政府进行分配，要求企业 A 减排量为 XQ，企业 B 的减排量是 YQ，企业 A 排污的边际治理成本为 P_2，企业 B 排污的边际治理成本为 P_1，企业 B 的排污边际治理成本 P_1 显著高于企业 A 排污的边际治理成本为 P_2。此时的排污成本为 $D+E+F+G$，面积 D 是企业 A 的污染治理成本，面积 $E+F+G$ 是企业 B 的污染治理成本。总的排污成本比最优化的减排分配量多出了面积 G。

如果允许排污权进行交易，企业 A 和企业 B 都有动力达成交易，只要企业 A 能够以高于 P_2 的价格出售排污份额，企业 A 就能够通过排污权交易获利；同样，只要企业 B 能够以低于 P_1 的价格购买排污份额，企业 B 就能够节约减排成本。该交易将会进行直到企业 B 的减排量降低到 YQ^*，企业 A 的减排量增加到 XQ^*。可见，通过排污权交易，在减排总量不变的情况下，排污成本可以获得较大的节约。因此，即使政府部门初始排污分配额没有达到最优化，只要市场机制发挥作用，最终也能通过排污权交易使其达到最优化，也即排污成本最小化。

模型二：图 4.4 当中的两个企业采用的排污治理机制不同，企业 A 采用清洁生产方式进行排污的过程治理，企业 B 采用的则是排污的末端治理机制。因此企业 A 的排污治理边际成本是一条递减的曲线 MC_A（见图 4.4），企业 B 的排污治理边际成本是一条递增的曲线 MC_B（见图 4.4），横轴坐标的长度代表需要的减排量 XY。当企业 A 和企业 B 的排污治理边际成本相等时，也即 MC_B 与 MC_A 曲线相交时，排污的总成本在企业 A 和企业 B 所有排污治理选择组合中是最小的。此时企业 A 的排污减少量是 XQ^*，企业 B 的排污减少量是 YQ^*，这时的排污总成本为 $D+E+F$ 的总面积，$D+E$ 是企业 A 的污染治理成本，F 是企业 B 的污染治理成本。任何其他的排污量分配方案都会增加总的治理成本，同时将会使得企业之间进行排污权交易，直到达到二者边际排污治理成本相等为止。可见，在不同机制下，排污权交易同样能够实现排污量不变前提下的排污成本最小化。

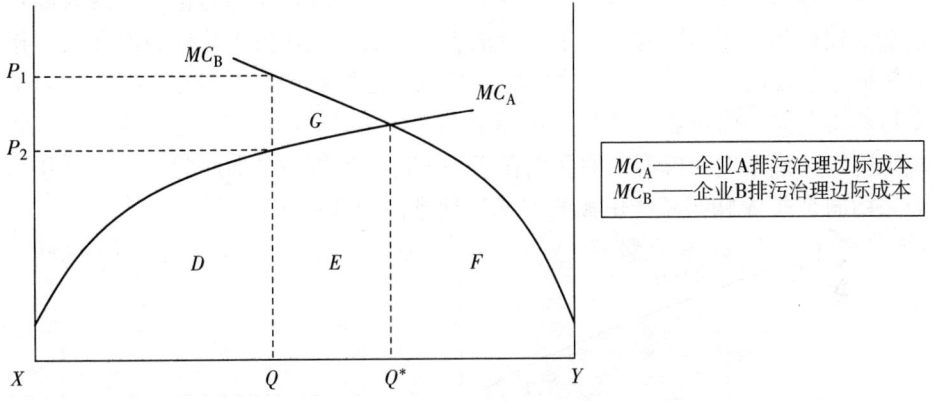

图 4.3 末端治理机制下的排污均衡值——模型一

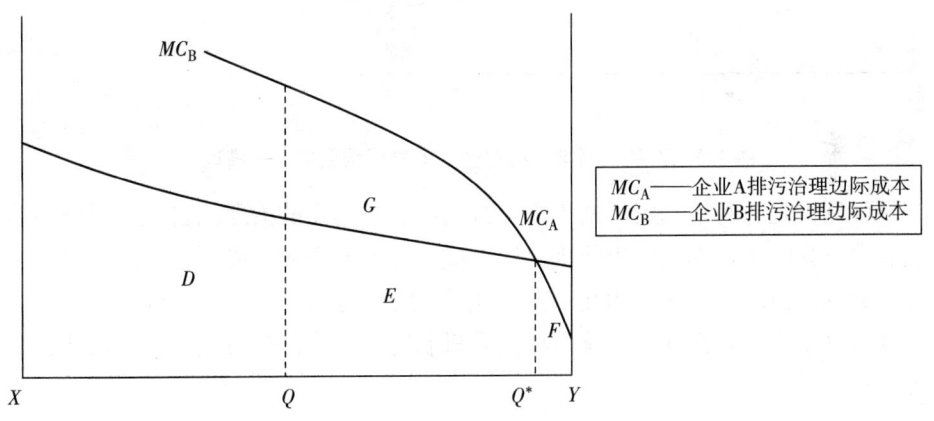

图 4.4 两种不同排污机制企业的排污均衡值——模型二

模型三：图 4.5 当中的两个企业采用的排污治理机制不同，企业 A 采用了清洁生产方式进行排污的过程治理，企业 B 采用的则是排污的末端治理机制。同样地，企业 A 的排污治理边际成本是一条递减的曲线 MC_A（见图 4.5），企业 B 的排污治理边际成本是一条递增的曲线 MC_B（见图 4.5），横轴坐标的长度代表需要减排的量 XY。当企业 A 和企业 B 的排污治理边际成本相等时，也即 MC_B 与 MC_A 曲线相交时，排污的总成本在企业 A 和企业 B 所有排污治理选择组合中是最小的。此时企业 A 的排污减少量是 XQ^*，但是采用末端治理机制的企业 B 的排污量并未减少，而是增加到了 YQ^*。而这时的排污总成本为 D

$+E+F$ 的总面积，$D+E$ 是企业 A 的污染治理成本，F 是企业 B 的污染治理成本。任何其他的排污量分配方案都会增加总的治理成本，同时将会使得企业之间进行排污权交易，直到达到二者边际排污治理成本相等为止。与两家都是末端治理机制企业不同的是，采用清洁生产方式的企业由于减排的治理成本相对较低，不仅能够完成政府要求的减排份额，还能够产生更多的减排份额用于交易获得利润。而企业 B 的最优选择是不进行任何减排治理措施，购买较多的减排份额。模型二和模型三的区别在于，无论初始排污量如何配置，企业 B 都会采用向企业 A 购买减排份额的方式达到排污治理目标。

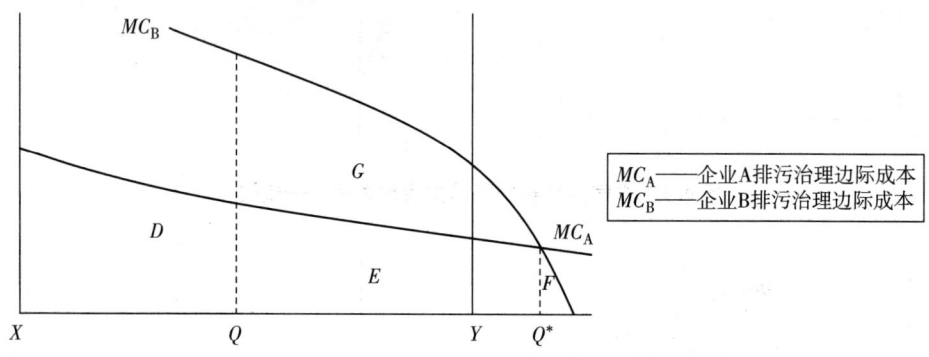

图 4.5　两种不同排污机制企业的排污均衡值——模型三

可见，无论对于相同的减排治理机制或者是不同的治理机制，边际排污治理成本较高的企业都会向边际排污治理成本较低的企业购买排污份额，直到二者边际排污治理成本相等为止，同时也实现了社会排污成本的最小化。因此，在排污总量不变的情况下，排污权交易机制有助于降低排污成本，实现社会资源的帕累托最优化配置。

四、排污权交易理论的应用

（一）排污权交易制度在中国的实践

中国的排污权交易的尝试始于 20 世纪 80 年代，1989 年，国家环保总局确立了上海、杭州等 16 个城市开展空气排污许可证的试点工作。1994 年在包头、开远、柳州等 6 个城市开展了空气排污权交易的试点工作，交易以指标转让的方式进行。在"九五"计划期间，开始推行污染排放的总量控制计划，1996 年国务院批准了《"九五"期间全国主要污染物排放总量控制计划》。国家环保总局与美国环境保护协会在 1999 年 9 月签署了关于"研究如何利用市场手段，帮助地方政府和企业实现国务院规定的污染物排放总量控制目标"的合作协议备忘录,确立了中国二氧化硫排放总量控制与排污权交易项目,并在辽宁本溪和江苏南通开展试点工作。2002年3月1日,国家环境保护总局下发了《关于开展"推动中国二氧化硫排放总量控制及排污交易政策实施的研究项目"示范工作的通知》,在山东、山西、江苏、河南、上海、天津、柳州等7省市,开展二氧化硫排放总量控制及排污权交易的试点工作。这是迄今为止中国政府启动的最大规模的排污权交易示范工作。2002年5月,江苏南通成功进行了中国首例二氧化硫排放权交易[①]。

2007年11月10日,浙江嘉兴市排污权储备交易中心挂牌成立;2008年11月28日,湖南省环保局首次举行排污权的拍卖交易。2008年8月5日,中国首家环境权益交易机构北京环境交易所在北京金融大街正式挂牌,成为国内首个专业服务于环境权益交易的市场平台。2008年8月,上海环境能源交易所正式挂牌成立,2011年3月30日,上海环境能源交易所宣布,其累计实现的项目挂牌金额已突破了百亿元。上海已形成了国内规模最大的环境能源权益交易市场。2008年9月25日,全国第一家综合性排放权交易机构——天津排放权交易所在天津滨海新区挂牌成立。

截至2010年底,国内已建立数个一级环境交易所,包括北京环境交易所、上海环境能源交易所和天津排放权交易所等,另有10余个已挂牌成立的环境权益类交易所和20余家专业性环境交易所[②]。

(二)排污权交易案例分析——嘉兴排污权储备交易中心[③]

嘉兴市是全国首个试行排污权交易机制的城市,2007年11月,浙江省嘉兴市排污权储备交易中心正式成立,开始试行排污权有偿使用和交易。储备交易中心设在嘉兴市环保局内,受市政府委托发挥排污权交易中心平台的作用。凡是新、改、扩建项目都不能免费进行排污,而是必须到嘉兴市排污储备中心购买排污权。储备中心的排污份额主要来自于嘉兴市的减排结余,如大型集中式污水处理厂污水处理扣除完成减排任务后的余量,一些排污大户通过中水回用节省下来的余量等。据统计,到2010年8月为止,嘉兴市排污权交易额已累计达1.86亿元,参与交易的企业超过了1 000家。排污权有偿使用和交易制度,对嘉兴市的环境改善发挥了积极作用,嘉兴市的各类污染指数都呈现出显著的下降趋势。

---

① 支海宇. 排污权交易及其在中国的应用研究. 大连理工大学博士学位论文. 2008-06: 24~25; 张虹, 胡晓红. 西部试行排污交易制度的再思考[J]. 生态经济. 2005 (12): 45~47.
② 赵进, 李晓玲, 贾抒. 佛山作为试点城市正探索排污权交易. 2011-05-13, http://www.hinews.cn/news/system/2011/05/13/012511500.shtml.
③ 该案例资料根据嘉兴市环境保护局网站资料整理所得,网站网址为http://www.jepb.gov.cn/.

事实上，在排污权储备交易中心成立之初，在储备中心所进行的交易主要是对排污权二级市场的探索，尚未涉及排污权交易的一级市场。但是，仅仅针对新增企业和新增项目发展排污权交易市场，排污权交易的规模相对有限，无法从根本上达到降低排污量和保护环境的目的。从2009年下半年开始，嘉兴市开始对老企业已经拥有的污染物总量进行核定和再分配工作，并公布了《嘉兴市主要污染物初始排污权有偿使用办法（试行）》。对排污权购买和交易进行了一系列规定，包括：购买排污量分一次性购买、分期购买、临时购买和企业自主减排等多种方式，有偿使用期限为5年到20年；采用新老排污企业差别化对待的原则，对老企业予以最高40%的价格优惠；建立剩余排污权回购机制；等等。从此开始，嘉兴市的大部分企业不再拥有无偿使用环境资源的权利。

但是，由于嘉兴试点没有国内的其他经验可以借鉴，企业也缺乏排污权交易的经验，整个交易市场还没有真正激活，仍然还有很多需要进一步研究的课题。例如，如何监控企业排放总量，如何能够合理配置初始排污权，如何形成合理的排污权交易模式和定价机制等，这些问题目前都还没能够获得较好的解决途径。

（三）排污权交易制度在中国的困境

第一，在排污权的分配和使用上，现有企业与新建企业始终受到区别对待。中国环保产业协会副会长樊元生（2009）指出，排污权交易试点地区在初始排污权的分配上，对现有企业和新建企业基本上都是分别对待的。中国未来要更好地促进此项工作，是基于历史和实践操作的考虑，对已经有的企业，其初始排污权基本上都是无偿分配的，而新成立的企业则主要是有偿取得。即便是有一些地方全部采用有偿分配的形式，也都是在承认企业原有的污染状况的前提下，这就使一些历史上污染重、对环境影响非常大的企业，用比较低的成本就能够占有较多的排污权指标；而一些污染小、效益好的企业，则需要用很高的成本才能购得较少的排污权，这样，很难实现排污权在各污染主体之间的有效分配，公平原则难以体现①。因此，应建立公平的排污权初始分配机制，初始排污权的拍卖是通过市场化机制实现排污权最优分配的有效市场化机制。

第二，排污权交易仍处于尝试和探索阶段，审批、配置、交易等都没有建立统一的标准。应尽早制定排污许可等制度以及排污权交易的相关制度法规，

---

① 河北环境能源交易所网站. http://hbhjs.hbcqw.org.cn/article/gpxm/201103/20110300010151.shtml.

规范排污权的初始分配、审批程序和交易机制。

第三，缺乏统一的排污权交易平台，排污交易成本较高。尽管中国已经形成了多个排污权交易中心，但是这些市场彼此之间并没有设立联网机制。即使是同一地区的企业之间的排污交易，由于交易市场的复杂交易规则和程序，以及排污权交易市场的信息不透明等原因，有排污权交易需求的企业往往难以寻找到适合的交易对手。政府应致力于建立信息充分交流统一的排污权交易平台。

第四，市场机制不完善。排污权的初始分配面临着两难，在政府控制排污权的前提下，往往采用无偿分配的方式，这导致政府在排污权配置市场上权力过大，产生寻租空间，难以保证排污权初始分配的公平有效。在排污权的二级交易市场上现实中仍然存在行政部门过度干预的现象，导致市场交易极不活跃。例如，河南省2004年3月成立的二氧化硫排污权交易中心，在4年里就遭遇了零交易的尴尬局面[①]。

第五，缺乏有效的排污监测机制。要寻找能够准确监测和控制企业排污总量、约束企业排放的有效途径，只有有效约束了企业的排污规模，企业才真正愿意到排污权交易市场买入排污权指标。而且目前在中国很多企业依然违规排放污染物，只要这些企业能够规避污染物排放的管制，排污权交易市场就难以发展起来。

第二节 碳排放权交易理论

一、碳排放权交易的理论基础

（一）气候变化与碳排放交易框架的建立

人类活动的增加和化石燃料的大量使用导致二氧化碳排放不断增多，大气中的二氧化碳浓度也随之不断上升。已经有大量科学研究表明，二氧化碳浓度上升是全球气候变暖的重要原因之一。气候变暖将导致水资源枯竭、干旱、生态系统失衡、粮食减产、海平面上升、自然灾害频发、人类健康受威胁等多种问题。一旦碳排放量突破临界点，将会导致生态环境遭遇不可逆的破坏，为人类带来灭顶之灾。

各个国家已经意识到碳排放可能对气候产生的严重影响，通过一系列会议和框架公约探讨针对气候变化如何实现全球共同治理。但是由于参与谈判的国

---

① 唐邵玲等. 初探我国排污权市场交易机制的构建. 中国软科学（增刊），2009（2）：16～20.

家都有自身利益，过去三十年来的谈判并不顺利。欧盟是支持全球节能减排最坚定的集团，全球首个跨国排放权交易机制就是由欧盟设立的，欧盟的减排技术在世界上也处于领先地位。但是欧盟也受到东欧各个国家经济增长与减排二者协调的掣肘，减排也具有一定阻力。美国在全球节能减排的框架中具有至关重要的作用，但是其减排态度并不积极，小布什在其执政期间还拒绝履行减排义务，理由是减排影响了美国经济的增长，并要求发展中国家也应该承担同样的减排义务。发展中国家目前还没有被加以明确的碳排放减排任务，但是作为碳排放量已经处于世界领先地位的发展中大国，中国受到了来自国际上前所未有的碳减排压力，同时，中国的经济发展方式也迫切需要实现战略调整和转型。因此，中国作为负责任的发展中大国，提出了明确的减排目标，2020年单位国内生产总值二氧化碳排放要比2005年下降40%~50%，并且提出"十二五"期间的节能环保目标为单位国内生产总值二氧化碳排放降低17%。

可见，碳排放导致的气候变化问题越来越受到全球的关注，各国应积极探索节能减排的低碳经济策略，通过调整经济结构和采用节能技术，发展清洁能源，降低单位GDP能耗和单位GDP碳排放量。更重要的是，构建全球的碳排放交易机制，通过市场机制实现节能减排目标，减少全球气候变化对我们的不利影响。在全球碳排放交易框架下，中国应积极探索节能减排的低碳经济策略，通过调整经济结构和采用节能技术，发展清洁能源，降低单位GDP能耗和单位GDP碳排放量。

（二）碳排放权交易的经济学分析——兼与碳税进行比较

碳税是指政府根据企业碳排放规模按照固定的税率征收碳排放税，是管理成本比较低的一种碳排放治理方式。其优点是不需要建立复杂的市场机制，可以立刻执行。但是碳税存在很多方面的缺陷，如税率高低的设计难度较大，在企业与地方政府的博弈中，税率往往设计过低，达不到降低企业碳排放的目的，碳排放总量也较难控制，实际的排放量往往仍然超出了初始目标。

碳排放交易是解决气候问题的重要市场机制，通过赋予环境污染可以量化的市场价格，通过市场机制进行交易，不仅能够实现对碳排放量的总量控制，还能够鼓励企业尽可能多地减少碳排放，有可能促使企业超额完成减排目标。碳税仅仅具有碳排放的约束机制，而碳排放交易与碳税相比，不仅具有碳排放量的约束机制，还具有减排激励机制。这种激励机制将会为气候变化带来以下好处。首先，碳排放权的可交易性不仅能够使企业努力降低碳排放量达到减排目标，还能够激励企业采用更先进的技术降低碳排放量，以产生额外的减排量到市场上进行交易以获得利润。其次，碳排放权的可交易性可促使产业转型升级，碳排放权在市场上交易将形成较高的市场价格，对于高污染、高能耗企业而言，除非其利润高到足以为高额的碳排放额度支付对价，否则将会面临被淘汰的命运。最后，碳排放权的可交易性不仅能够实现环境资源的最优配置，并且能够创造出更多的商业价值。基于碳排放权交易将衍生出一系列的专业投资公司和中介公司，这些公司通过对碳排放权的投资以及对相关交易的服务获得商业利润，同时也能够促进节能减排项目的实现。可见，碳排放权交易是一种更具有可行性、能发挥出更大作用的环境治理机制。

但是碳排放权的交易机制相对复杂，需要参与者详细了解碳排放的核准标准，也需要管理者建立具有较强公信力的碳排放量认证机构；碳排放权交易在市场机制下也会出现较大的波动，需要参与者具有较强的价格制定能力和风险管理能力；管理者需要建立碳排放交易平台，为交易双方提供透明准确的信息，降低碳排放权的交易成本，促进碳排放权交易的实现。在市场机制不够成熟的国家和地区，建立成熟的碳排放权市场需要一个较长的过程。

二、碳排放交易机制对低碳经济的促进作用

1. 国际碳排放交易机制对低碳经济的促进作用——以 CDM 为例

CDM 是《京都议定书》为降低全球温室气体排放量设计的灵活减排机制之一。其核心是具有减排义务的国家，通过向不具有减排义务的发展中国家投资或者购买核证的减排量（Certified Emissions Reductions，CER），达到双方合作履行减排义务目的的机制。

CDM 对发达国家而言，实现了低成本减排；对发展中国家而言，可以利用低成本减排的优势获得减排资金，获得减排的经济收益，学习减排技术，有助于本国经济的可持续发展；对于全球而言，有效地降低了碳排放量，并且降低了总的减排成本，实现了全球范围的帕累托最优。

2. 国内碳排放交易机制对低碳经济的促进作用

第一，碳排放交易机制能够实现环境资源最优化配置。通过碳排放的初始配置把企业生产活动产生的负外部性内部化为企业的私人成本，再通过碳排放权交易，把减排任务转移给减排成本较低的企业或者具有先进减排技术的专业碳排放权处理企业，实现环境资源的最优化配置。

第二，碳排放交易市场是碳排放交易机制的重要组成部分。建立碳排放交易市场能够撮合碳排放交易，增大碳排放权的交易量，形成合理的碳排放权定价，有利于碳产业的相关各方在碳交易市场上进行相关风险的分散、对冲和转移。

第三，碳排放交易有利于提高能源的使用效率。碳排放交易机制能够减少化石能源的使用，提高化石能源的清洁应用技术，有效控制碳排放量；促进能源使用技术的创新，促进新能源、清洁能源、可再生能源技术的发展，实现能源使用结构的转型升级。

第四，碳排放交易机制有助于带动与低碳相关的产业链形成。碳排放权的交易必须要达到一定规模才能够带动一个产业的形成。建立碳排放交易机制有助于碳排放交易相关产业链的各个行业发展，有利于更多的金融产品创新，有助于更多专业碳交易中介机构发展，有助于金融机构更有效地发挥融资功能。

三、国际碳排放权交易市场发展框架分析

（一）碳排放权交易市场的交易机制

碳排放权交易市场主要是基于《京都议定书》等国际公约框架形成和发展而成的。《京都议定书》确立的交易机制可以划分为两种，一种是基于配额开展的交易机制，另一种是基于项目开展的交易机制。

欧盟碳交易计划（EU Emission Trading Scheme，EU ETS）是基于配额开展的最重要的碳交易体制。该计划对多个行业的碳排放量进行管制，受管制的企业能够从政府获得一定的排放配额，该配额被称为是欧洲排放单位（EUA）。如果企业能够将排放量限制在配额以下，剩余的排放量可以在碳排放市场上出售；反之，如果企业超过配额，必须到碳排放市场上购买配额[1]。

芝加哥气候交易所成立于2003年，也属于基于总量限制的配额交易机制。来自多个行业的能源耗费型大企业达成协议，同意参与芝加哥气候交易所的交易。该交易协议下，交易所成员必须在某个规定时间之前削减一定数量的碳排放量。如果能够超额完成排放要求，多出来的排放权可以在市场上出售获得利润[2]。

澳大利亚的新南威尔士州温室气体减排计划（New South Wales Greenhouse Gas Abatement Scheme，NSW GGAS）也启动于2003年，该体系类似于欧洲排放交易计划，但是被纳入减排体系的公司范围较窄，仅仅是与电力部门相关的企业，该计划对履约进行了严格的规定，企业的碳排放量超标将会被处以高额罚款。

全球碳交易权市场呈现出快速发展的趋势，根据世界银行发布的研究报告，全球碳排放权交易市场价值在2005年为110亿美元，2006年为330亿美元，2007年为640亿美元，2008年为1 000亿美元左右。据预测，到2012年，

---

[1] 毕旗凯. 国际碳排放交易机制与中国碳排放市场的建立 [D]. 上海外国语大学硕士学位论文. 2009 – 05: 24 ~ 25.

[2] 林云华. 国际气候合作与排放权交易制度研究 [D]. 华中科技大学博士学位论文. 2006 – 05: 122 ~ 123.

全球碳交易市场规模将达到 1 500 亿美元。欧盟排放交易体系在 2006 年和 2007 年的排放交易价值分别为 244.36 亿美元和 500.97 亿美元,新南威尔士分别为 2.25 亿美元和 2.24 亿美元,芝加哥气候交易所分别为 0.38 亿美元和 0.72 亿美元。① 可以看出,欧盟排放交易体系在全球碳排放交易市场中占有绝对主导地位。

(二) 碳排放权全球市场交易的供需分析

《京都议定书》的重要成果之一,是对一系列发达国家的温室气体排放量作出了具有约束力的定量限制,按照量化限制的数量,这些发达国家在 2008—2012 年把减排量下降到 1990 年的水平之下,欧盟应当减排 8%,美国减排 7%,日本和加拿大各减排 6%(王遥,2010)②,东欧各国削减 5% ~ 8%。因此,这些发达国家成为了碳排放权交易的主要需求方。

从买方市场来看(见图 4.6),英国是 2007 年 CDM 和 JI 中最大的一级市场购买国家,事实上,英国一直在气候变化领域处于领跑者地位,不仅第一个建立了温室气体排放权交易体系,而且也成立了大量的碳投资公司、碳基金、碳信托等多种排放权份额的投资机构,因此,英国一直是碳排放权的一级市场购买规模最大的国家。波罗的海国家、日本紧随其后,也成为了碳排放权购买规模较大的国家。

在《京都议定书》规定的减排期间,发展中国家并没有承担强制的减排义务。但是发达国家通过向发展中国家投资具有减排效应的项目,同样可以抵消其承诺的减排份额。这为发展中国家和发达国家合作减排开辟了较大的市场空间,碳排放量较大的发展中国家成为了碳排放份额的主要供给方。

从卖方市场来看(见图 4.7),中国提供了全球 CDM 项目中 73% 的 CER (核证减排量),印度则排名第二。可以看出,中国在 CDM 项目开发中占有绝对重要的地位。

在全球气候环境变化的背景下,中国越来越重视低碳经济的发展模式。中国政府也越来越意识到粗放型增长方式的不可持续性,对于经济发展方式转变和经济结构的战略性调整有着迫切的需求。2009 年 11 月,中国对世界承诺,到 2020 年单位国内生产总值二氧化碳排放比 2005 年下降 40% ~ 45%。

2008 年,3 家环境权益交易机构———北京环境交易所、上海环境能源交易所和天津排放权交易所成立,成为中国最早的碳交易平台。2009 年,山西吕梁节能减排项目交易中心以及武汉、杭州、昆明等交易所相继成立。深圳联

---

① Simon Smiles. 亚洲结构性主题 [R]. 瑞银证券亚洲有限公司研究报告. 2009 - 04 - 28: 22.
② 王遥. 碳金融———全球视野与中国布局 [M]. 北京:中国经济出版社, 2010 - 08: 11 ~ 12.

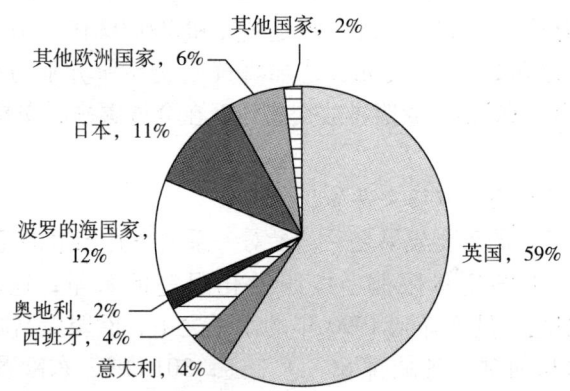

资料来源：赵媛媛．碳排放权交易全景研究——替代能源策略专题报告［R］．国泰君安研究所．2009-06-11：10~11.

图4.6 2007年CDM和JI一级市场购买国家分布

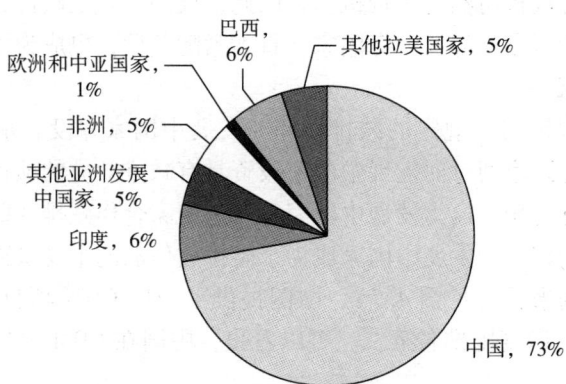

资料来源：赵媛媛．碳排放权交易全景研究——替代能源策略专题报告［R］．国泰君安研究所．2009-06-11：10~11.

图4.7 2007年CDM项目出售的CER占比按国家分布

合产权交易所、深圳国际能源与环境技术促进中心及香港RESET公司将联合发起成立亚洲排放权交易所，主要业务将包括国家环保部现有的排污许可权交易。2010年2月，河北环境能源交易所成立[①]。2011年4月，国家发展改革委

---

① 李志豹．碳交易市场建立迫在眉睫［N］．中国企业报，2010-03-23，http：//www.idealbrand.tv：8080/votecontent.aspx？id=7774.

提出,将于2013年在北京、上海、天津、重庆、广东、湖北6个区域进行碳交易试点,2015年尝试建立全国碳市场①。尽管中国成立了多家环境交易所,但是中国碳排放交易业务实质上依然进展缓慢,其主要原因在于国内还没有推出强制性的减排规定,目前企业减排压力并不大。

中国与发达国家的碳排放权交易得了很大的进展。来自到联合国CDM项目执行理事会(EB)的数据显示,到2009年11月底,中国已注册项目671个,占总数的35.15%;已获得核发CER(核证减排量)1.69亿吨,占核发总量的47.51%。而截至2009年12月底,在EB全球已经批准的CDM项目中,中国、印度、朝鲜、巴西分别占47.89%、20.3%、13.03%和10%的份额②。

但是目前来看,未来的节能减排目标实现阻力仍然较大,中国碳排放权交易仍然面临着很多困难。

第三节 国家之间的减排合作博弈分析

降低碳排放难以通过纯粹的市场化手段实现的原因是,降低碳排放意味着需要成本更高的减排技术、价格更昂贵的减排设备,但是却难以在短期内获得市场收益。对于地方政府而言,向低碳经济发展模式转型的代价是GDP增长速度的下降。而对于国家之间共同实现减排目标的障碍在于,需要发达国家向发展中国家进行技术转让,并且要拿出相当规模的资金进行支持,发达国家出于战略性以及自身利益的考虑,并不愿意作出让步。

全球各个国家在气候变化方面的合作是多样的,各种合作的结果也是理性博弈的表现,我们通过几个不同条件下的博弈模型分析国家之间应对气候变化的合作博弈。

一、国家间减排合作的囚徒博弈模型

在各个国家都从本国利益角度出发的前提下,两个博弈方的最优博弈结果往往是不合作,即双方都不减排。国家间的各种博弈策略组合可以用表4.1的数值表示。

---

① 许晓娟.各地跟风抢建碳交易机构 三大因素制约业务发展[N].中国新闻网,2011-05-19,http://news.sohu.com/20110519/n307971076.shtml.

② 王永强."碳"价加速下跌:哥本哈根后遗症显现[N].中国经营报,凤凰网,2010-01-01,http://finance.ifeng.com/roll/20100101/1656977.shtml.

表 4.1　　　　　　　　　　国家间减排合作的囚徒博弈

国家A ＼ 国家B	B_1：减排	B_2：不减排
A_1：减排	(4, 4)	(1, 5)
A_2：不减排	(5, 1)	(2, 2)

囚徒博弈模型（以下简称模型一）中的两个国家是两个博弈方，国家A和国家B，两个国家都面临选择是否要减排的问题。模型通过每个博弈中可能结果带来的收益来衡量博弈方的利益，这个收益包括经济增长、环境改善，也要扣除一部分减排付出成本。如果国家A选择减排，国家B也选择减排，那么策略组合为（4，4）；如果国家A选择减排，国家B选择不减排，策略组合为（1，5）；如果国家A选择不减排，国家B选择减排，策略组合为（5，1）；如果国家A和国家B都选择不减排，策略组合为（2，2）。表4.1给出了国家减排合作的各种策略组合，在表中，如果两个国家都选择减排，将会达到社会的帕累托最优，实现两个国家的最大收益。但是由于两个国家都以本国利益为优先考虑的因素，对于国家A而言，当国家B选择减排时，它的最优选择是不减排，那么就可以获得比减排更高的收益；当国家B选择不减排时，国家A自身的最大化选择依然是不减排，其收益也会高于减排收益。对于国家B而言，其基于本国利益的选择也同样会是不减排。于是二者就陷入了囚徒困境，最终的均衡策略组合是 A_2B_2，从数值上看，两个国家都选择不减排，二者收益之和是最小的，是帕累托最次选择，但是却是对于个体而言的博弈均衡值，这个结果就是典型的囚徒困境解，双方都不减排，个体的理性选择无法达到集体利益的最大化。

模型一的情况在现实中广为存在，各个国家为争取自身利益最大化，宁愿选择不减排，认为减排的成本过高，暂时不减排的收益大于成本。并希望其他国家先行减排，自己也能够获得减排带来的环境收益，随着其他国家减排技术发展，自己在未来也能够通过搭便车行为获得先进的减排技术。每个国家都采取这样的策略的结果是，减排技术没有发展，环境污染严重，全球陷入环境危机中。

二、国家间减排合作的智猪博弈模型

模型一隐含了这样的假设，认为两个国家减排的成本收益函数是相同的，但是现实中的情况往往并非如此，有些国家经济较为发达，累积了先进的减排技术，排放的机会成本较高，因此其减排的收益通常也较高，一些欠发达地区的减排收益则相对较低。因此，各个国家选择减排与否的策略收益是不同的，这可能会影响国家减排合作的博弈结果。

表 4.2　　　　　　　　国家间减排合作的智猪博弈

国家A \ 国家B	B_1：减排	B_2：不减排
A_1：减排	(8, 1)	(4, 3)
A_2：不减排	(3, 1)	(2, 2)

智猪博弈模型（以下简称模型二）中，国家 A 和国家 B 是减排博弈的双方，模型每个博弈策略中的收益包括经济增长、环境改善，并扣除一部分减排付出成本。如果国家 A 和国家 B 都选择减排，那么策略组合为 (8, 1)；如果国家 A 选择减排，国家 B 选择不减排，策略组合为 (4, 3)；如果国家 A 选择不减排，国家 B 选择减排，策略组合为 (3, 1)；如果国家 A 和国家 B 都选择不减排，策略组合为 (2, 2)。可见，模型二与模型一的区别在于国家 A 的排放成本较高，选择减排将给自己国家带来较大的收益。表 4.2 给出了国家减排合作的各种策略组合，在表中，如果两个国家都选择减排，将会达到社会的帕累托最优，实现两个国家的最大收益。但是，两个国家进行决策的目标是本国利益的最大化。

对于国家 A 而言，当国家 B 选择减排时，国家 A 的最优选择是减排，可以获得比不减排更高的收益；当国家 B 选择不减排时，国家 A 自身的利益最大化选择依然是减排，因为其收益也会高于不减排收益。也就是国家 A 的经济、社会、公民素质已经发展到一个较高的水平，不减排对于国家 A 而言代价非常大，即使是其他国家选择不减排，国家 A 也是减排的收益大于成本。对于国家 B 而言，由于减排能力较低，其减排成本较高，选择减排将大大影响其经济增长，因此，无论国家 A 选择减排与否，国家 B 的利益最大化策略都是选择不减排。因此二者的博弈结果为智猪博弈，最终的均衡策略组合是 A_1B_2，国家 A 选择减排，国家 B 则选择不减排。有减排实力的大国带头减排，而减排能力较弱的小国则选择暂时不减排，搭大国减排的便车，享受大国减排带来的环境改善。二者收益之和没有达到帕累托最优，是帕累托次优选择，个体的理性选择同样无法达到集体利益的最大化。

模型二在国际的减排博弈中也有较多的表现。在形成全球性气候变化应对政策较为困难的情况下，全球统一的减排目标并没有实现，但是有些国家或者经济共同体已经在本国或者本地区范围内采取多种减排行动，很多国家已经采用了很多节能减排的技术。针对节能减排进行了立法，构建了碳排放交易体系，发达国家建立了区域性甚至是全球性的碳交易平台，包括新加坡亚洲碳交易所、澳大利亚气候交易所、欧盟排放交易体系等。王遥（2010）提出，全球性的磋商不能代替国内政策，国家层面的立法和气候政策在未来仍然占有主导地位。以美国、澳大利亚、欧洲等为代表的发达国家和地区将会签订地区性的协议和双边协议。美国推出《2009 美国清洁能源法案》，对电力、工业生产、天然气输送和石油燃料等进行了总量限制、配额交易等减排限制。欧盟建立了欧盟排放交易体系（EU ETS），并通过气候和能源计划，确定了 2020 年之前欧盟的减排目标。在国际气候谈判中，发展中国家往往不承担约束性的减排义务。

但是，最有利的减排方式仍然是两个国家都进行减排，从二者总的减排收益来看，这也是最大的。也就是说，模型二的条件下并没有实现整体的帕累托最优。所以可以通过发达国家与发展中国家分享减排收益的方式实现发达国家与发展中国家共同减排，于是有国家间减排合作的捕鹿博弈模型。

三、国家间减排合作的捕鹿博弈模型

在存在减排技术转移和政策支持等前提下，国家间的最优博弈结果有可能实现共同减排。

表 4.3 国家间减排合作的捕鹿博弈

国家A \ 国家B	B_1：减排	B_2：不减排
A_1：减排	(5, 4)	(1, 3)
A_2：不减排	(3, 1)	(2, 2)

捕鹿博弈模型（以下简称模型三）中，国家 A 和国家 B 是减排博弈的双方，模型每个博弈策略中的收益包括经济增长、环境改善，并扣除一部分减排付出成本。如果国家 A 和国家 B 都选择减排，那么策略组合为 (5, 4)；如果国家 A 选择减排，国家 B 选择不减排，策略组合为 (1, 3)；如果国家 A 选择不减排，国家 B 选择减排，策略组合为 (3, 1)；如果国家 A 和国家 B 都选择不减排，策略组合为 (2, 2)。可见，模型三与模型二的减排选择策略组合的收益结果较为类似，区别在于博弈策略组合 A_1B_1 和 A_1B_2，与模型二相比，模型三的国家 A 的减排收益有所下降，而国家 B 的减排收益则高于模型二的减排收益。模型三同样假设，国家 A 的排放成本较高，在各个国家共同减排的条件下将给自己国家带来较大的收益。而国家 B 的减排能力较弱，其减排成本较高，选择减排将大大影响其经济增长。但是模型三假设，在国家 A 选择减排策略时，如果国家 B 同样选择减排策略，国家 A 将会对国家 B 进行一定的减排补偿以及技术转让，因此国家 A 和国家 B 同样选择减排时，国家 B 在策略组合 A_1B_1 的收益高于在模型二中的减排收益。

表 4.3 给出了国家减排合作的各种策略组合，在表中，如果两个国家都选

第四章 金融支持低碳经济发展的理论分析

择减排,将会达到社会的帕累托最优,实现两个国家的最大收益。两个国家进行决策的目标是本国利益的最大化,对于国家 A 而言,当国家 B 选择减排时,国家 A 的最优选择是减排,因为可以获得比不减排更高的收益;当国家 B 选择不减排时,国家 A 自身的利益最大化选择将会是不减排。对于国家 B 而言,如果国家 A 选择减排,国家 B 如果也选择减排,国家 B 将会获得一定的环境减排补偿和先进的减排技术。因此,国家 B 的利益最大化选择是选择减排策略。但是如果国家 A 选择不减排,国家 B 的利益最大化选择则也会是不减排。

表 4.3 中,二者的博弈结果为捕鹿博弈,最终的均衡策略组合有两种,一种是 A_1B_1,另一种是 A_2B_2。其中,A_1B_1 能够达到帕累托最优,实现了两个国家共同收益的最大化;A_2B_2 则是最次选择,两个国家都不减排,最终气候问题将会恶化甚至出现危机,个体的理性选择同样无法达到集体利益的最大化。因此,需要采取一系列的措施和手段,使得两个国家选择策略组合为 A_1B_1。要实现模型三下的双方共同减排,需要以下几个条件。

第一,要建立合作双方的信任机制,如果合作双方不信任,减排技术落后的国家认为即便是自己选择了减排,技术发达国家也未必会转让减排技术或者是给予足够的减排补偿,那么减排技术落后的国家的最优策略仍然是不减排。这样,技术先进的国家自己所做的减排努力将会收效甚微,博弈的均衡解有可能是双方都不减排或者是仅仅单方面减排,无法实现真正的全球气候变化治理。

第二,让发展中国家意识到,长期而言,如果把环境因素考虑进去,不减排的收益并没有那么高。应加快绿色 GDP 计算的研究,把节能减排成效具体纳入到对地方官员的政绩考核中。当然,另一种情况是,发达国家利用自己的优势地位增大对发展中国家不减排的制裁力度,这相当于间接提高发展中国家的排放成本,降低了发展中国家不减排的收益。

第三,通过发达国家向发展中国家转移减排技术和减排成果,提高发展中国家的减排收益,使发展中国家在减排合作中也能够获益。从博弈的结果来看,如果发展中国家与发达国家实现减排合作,发展中国家能够获得较高的经济增长收益。

第四,国际上也应该通过共同的公约加大不遵守减排共识国家的行动成本,提高博弈中的排放成本,使国家在公约的约束下选择减排合作策略。

模型三的合作减排博弈结果在国际气候问题应对中也有所应用。1997 年达成的《京都议定书》中,就形成了重要的减排项目合作机制。通过该机制,发达国家或者其国内企业以投资方的身份,在其他国家投资具有减排效应的项目,项目的减排量能够作为投资方的减排量来抵消其超出《京都议定书》的排放量,而项目所在国家能够获得发展减排项目的投资资金和技术转让(王遥，2010）。如果合作双方都属于发达国家，那么这个项目的合作方式被称做是联合履约机制（joint implementation）；如果合作双方分别是发达国家和发展中国家，那么这个项目的合作方式被称做是清洁发展机制（clean development mechanism）。这是典型的减排技术发达国家和减排技术落后国家通过合作实现双方收益最大化的合作博弈方式。

四、国家间减排合作博弈的政策含义

第一，各个国家应转变观念，意识到减排对于一个国家而言，长期收益必然大于成本，在自身选择是否减排策略时，应该增加不减排的社会、环境、公民健康的隐形成本考虑。

第二，建立碳交易市场，建立碳交易信息平台，提高碳交易信息透明度。通过碳交易机制加强对减排项目的市场化定价，提高减排项目通过市场机制获得收益的可能性，同时也可以通过碳交易平台实现减排技术的转让。

第三，各个国家应该积极发展减排技术，通过相关政策加大对减排技术的支持，降低减排成本，提高对违规排放的惩处力度，使减排收益大于减排成本。这就能提高国家在应对气候变化博弈中减排策略的收益，加大双方达成减排合作的可能性。

第四，为实现各个国家共同减排的目标，发达国家应该带头减排，并向发展中国家转移减排技术，建立减排补偿机制。发展中国家应该积极实施 CDM 项目，通过 CDM 吸引资金和技术，完善相关的政策、法律和交易机制，实现共同减排的合作博弈。

第四节 碳金融对低碳经济促进作用的理论分析

碳金融可以从促进技术开发和推广、优化环境资源配置、引导消费、管理风险等多方面促进低碳经济发展，并通过绿色信贷、碳基金、碳金融工具等形式发挥对低碳经济发展的影响作用。

一、碳金融市场对低碳经济发展的促进作用

金融对经济增长的促进作用已经被众多学者论述过，早期一些经济学家如格利和肖（Gurley and Shaw, 1955）、戈德史密斯（Goldsmith, 1969）、麦金农（McKinnon, 1973）等通过对金融结构、金融压制和金融深化的分析开始认识到金融发展对经济增长的促进作用。后来的莱文（Levine）、金（King）和孔特（Kunt）等经济学家进一步将金融发展理论研究引向深入，如莱文（Levine，1997）提出，金融通过便利交易、动员储蓄、配置资源、促进公司治理和风险管理五大功能促进经济增长。国际货币基金组织（IMF）、世界银行（World Bank）等研究机构，利用各种各样的方法，对多个国家和地区的经验研究表明，金融发展与经济增长存在显著的正相关关系。但是对碳金融对经济促进作用的研究则相对较少，仅有少数学者从不同视角分析了金融因素对低碳经济增长的作用机制[①]。

碳金融市场可以从以下五个方面促进低碳经济发展。

（一）促进低碳技术的开发

低碳技术的开发往往风险较大、周期较长。在低碳技术研发企业的初始阶段，银行信贷资金并不会介入，但金融市场可以帮助低碳技术开发企业寻找天使投资人和风险投资基金，使低碳技术企业在初创阶段能够获得发展的资金。在低碳技术企业发展到一定阶段后，可以选择在创业板上市，这一方面可以令更广大的投资者分享低碳技术企业的成长收益，另一方面也有利于低碳风险投资者资金的有效退出。可见，金融市场有利于帮助低碳企业获得长期的发展资金，有利于低碳技术的研发。

（二）促进低碳技术的推广

金融市场能够引导资金向低碳项目聚集。银行可以限制对高污染、高排放、高能耗企业的贷款，或者对这些企业收取惩罚性的高利率；同样，资本市场可以减少甚至是禁止对该类企业进行私募股权融资，或者禁止该类企业公开上市募集资金。通过这些手段来抑制对环境有破坏作用的企业或者产业的发展，另一方面，可以通过优惠利率对使用低碳技术或者从事低碳项目的企业进行补贴，以及成立专门的低碳发展基金引导该类企业的发展。

（三）优化环境资源配置

金融市场的发展有利于企业通过金融市场进行碳排放额度交易。减排能力较强或者采用清洁生产技术的企业可以把通过减排技术而剩余的排放额度在碳交易市场上进行出售，而减排成本较高的企业能够在市场上购买额外的减排额度。两种企业通过碳排放额度的买卖实现了社会的帕累托最优，实现了对环境资源的优化配置。

（四）引导低碳消费

金融市场同样可以通过利率的调整引导居民进行低碳消费，对低碳型的消费信用给予利率优惠，例如，对购买新能源汽车贷款给予低利率；对高污染高

[①] 邓小东. 金融因素促进低碳经济增长的机制研究［D］. 内蒙古大学硕士学位论文，2010 – 05：8～10.

能耗的消费信用收取高利率。可以通过信用额度引导居民进行低碳消费，给低碳消费以特定的信用额度，发行低碳信用卡，该信用卡的信用额度可以购买指定的低碳产品和销售指定的低碳服务。通过金融交易系统创新引导人们低碳出行，ATM、网上交易、电子账单、手机账单、信用卡消费有效地降低了人们在取款、购物、余额查询、理财投资等路途上产生的交通能源消耗，减少了污染物排放；电子化的交易方式也降低了填写、打印、复印结算交易单据等产生的纸张、油墨、人工等能源密集型消耗。

（五）降低企业风险

第一，企业面临减排风险，由于各个行业的碳排放情况不同，其减排成本也不同。有的企业减排成本相对较高，随着全球应对气候变化政策的不断推出，一部分能源密集型企业和高污染企业随时面临减排成本提高的风险。对于有些企业，如果只能通过自身减排来应对气候变化的政策法规，有可能面临损失甚至是停产。但是碳金融市场提供了碳交易途径，使高排放成本企业能够买入碳排放份额，降低其生产的减排风险。

第二，低碳技术的研发本身具有很强的不确定性，其开发风险是仅仅通过内源融资企业无法承担的。金融市场能够把低碳技术的开发风险分散给较为广泛的投资者，实现了风险的分散化。

第三，低碳技术开发风险以及碳项目收益的不确定性为碳交易带来了较大的不确定性。碳金融市场能够通过金融工程开发碳金融衍生品，包括碳金融产品的远期、期货、期权、互换，实现碳排放权交易的套期保值、风险对冲、风险转移等，从而实现碳交易的风险可控和风险管理。

第四，气候变化的不确定性可以通过保险产品来进行风险管理，设计天气对冲保险产品、灾害保险产品、低碳保险产品等，通过保险手段发挥灾害管理、防灾减灾等功能。

二、绿色信贷对低碳经济发展的促进作用

所谓绿色信贷，指的是商业银行和政策性银行等金融机构依据国家的环境经济政策和产业政策，对研发、生产治污设施，从事生态保护与建设，开发、利用新能源，从事循环经济生产、绿色制造和生态农业的企业或机构提供贷款扶持并实施优惠性的低利率，而对污染生产和污染企业新建项目的投资贷款和流动资金进行贷款额度限制并实施惩罚性高利率的政策[①]。

---

① 何德旭，张雪兰．对我国商业银行推行绿色信贷若干问题的思考［J］．上海金融，2007 (12)：4～9．

第四章 金融支持低碳经济发展的理论分析

2007年7月30日,国家环保总局、中国人民银行、银监会联合发布《关于落实环保政策法规防范信贷风险的意见》,推出绿色信贷政策,指导金融信贷领域通过降低对高耗能、高污染行业的资金支持,实现发展低碳经济的目的。10月27日,国家环保总局政策研究中心召开了绿色信贷政策与实践高级研讨会,国家环保总局联手其他经济部门、国内行业协会、国际组织,积极酝酿绿色信贷可操作性政策,包括分行业制定具体的环保标准、产业指导目录等,以期制定出适合中国的绿色信贷标准和监管体系。12月28日,中国银监会下发了《节能减排授信工作指导意见》(以下简称《指导意见》),督促金融机构配合国家节能减排战略的实施,加强执行力,切实做好与节能减排有关的授信工作[①]。可见,国家对于绿色信贷在促进经济结构向低碳方向发展方面所发挥的作用给予了很大的重视。

(一) 绿色信贷产品对低碳经济发展的促进作用

银行可以通过设计绿色信贷产品引导低碳技术、低碳交通、低碳建筑、低碳生活等低碳经济向多方面发展。第一,在充分评估家庭或者企业的二氧化碳排放量的基础上,通过把节能减排因素纳入到家庭和企业的贷款信用评级当中,引导家庭或者企业减少碳排放;第二,可以通过与节能低碳型产品企业签订营销合约,向购买指定节能低碳产品的客户提供融资额度;第三,进行低碳营销,设计低碳信用卡,承诺按照某个比例把该信用卡的业务利润捐献给低碳方面的基金会;第四,对开发低碳技术的项目或者是具有节能减排效应的项目提供优惠利率融资。

(二) 绿色信贷政策对低碳经济发展的促进作用

1. 赤道原则

赤道原则原名为格林威治原则,是指2002年10月世界银行下属的荷兰银行、巴克莱银行、西德意志银行、花旗银行和国际金融公司在伦敦召开的国际知名商业银行会议上制定的《环境与社会风险的项目融资指南》。该原则要求金融机构在向一个项目投资时,要对该项目可能对环境和社会带来的影响进行综合评估,并且利用金融杠杆促进该项目在环境保护以及周围社会和谐发展方面发挥积极作用。赤道原则对国际项目融资通行的环保标准,对制造业、化工、能源、基础设施等63个行业环境问题、解决方案和标准作了规范,便于指导商业银行、投资者了解各行业的环保要求。到2008年10月,包括中国的

---

① 徐芳. 商业银行践行绿色信贷政策运行机制研究 [D]. 中国海洋大学硕士学位论文, 2009 (4): 12.

兴业银行在内，全球五大洲已经有63家银行宣布加入赤道原则①。可见，银行在进行绿色贷款时，通过自觉遵守赤道原则，充分考虑融资项目对社会、环境、居民所产生的影响，以确定是否给予该项目发放贷款。由于该原则是由金融机构自愿和独立采纳的，没有对任何法人、公众或个人设定权利或者责任，因此该原则主要发挥的是引导、示范以及提供统一标准的作用。目前，采取该原则的银行在中国仍然只有兴业银行。

2. 绿色信贷政策

明确环境污染的责任，降低对高污染高耗能企业的贷款。美国规定了银行需要对客户造成的污染负责，并支付修复成本。因此，银行贷款的审批和发放过程中将会严格评估该贷款项目对环境的影响②。

制订对绿色信贷的担保计划，规定对有助于低碳经济发展的项目和企业发放的贷款提供担保，这能够推动银行对环保型企业发放贷款。通过税收政策引导银行自发遵守赤道原则，积极开展绿色信贷业务。例如，兴业银行与国际金融公司建立的贷款本金损失分担机制，如果兴业银行向符合条件的节能环保企业和项目发放的贷款出现损失，兴业银行和国际金融公司将按约定比例进行分担③。

实施绿色信贷的国家财政补贴政策，国家应保证银行在执行绿色信贷政策时不仅能获得社会责任上的无形收益，同时保证银行不会遭受实际的利润损失。

制定覆盖面广泛、可行性较高的绿色信贷标准，增大银行的违规成本。这样使银行在进行具体信贷流程时有清晰的操作指南可以遵循，使资金切实流向有利于低碳经济发展的企业和项目，促进企业、产业的转型升级和结构调整。

绿色信贷充分发挥作用需要满足以下条件：第一，环保部门要能够向金融机构提高真实和完备的信息；第二，各个银行要统一绿色信贷的指导目录和环境风险评估标准，同时要通过激励约束机制促使银行遵守绿色信贷的执行原则。

三、碳基金对低碳经济发展的促进作用

政府成立碳基金的目的在于履约，通过对减排项目的投资和对CDM产生

---

① 朱春娜. 论以立法强化我国的绿色信贷 [D]. 上海交通大学硕士学位论文. 2008-12：12.
② 朱春娜. 论以立法强化我国的绿色信贷 [D]. 上海交通大学硕士学位论文. 2008-12：13~14.
③ 朱春娜. 论以立法强化我国的绿色信贷 [D]. 上海交通大学硕士学位论文. 2008-12：17~18.

的减排份额的购买,最大程度上减少碳排放量,并促进低碳技术的开发。例如,中国绿色碳基金是设在中国绿化基金下的专项基金,属于全国性公募基金。基金设立的初衷是促使企业、团体和个人志愿参加植树造林及森林经营保护等活动,为更好地应对气候变化搭建一个平台。基金先期由中国石油集团捐资3亿元人民币,用于开展旨在以吸收大气中二氧化碳的植树造林、森林管理及能源林基地建设等活动。据初步估算,如用中国石油集团的捐款进行造林,未来10年内将吸收固定二氧化碳500万吨至1 000万吨[①]。

企业投资碳基金目的主要在于盈利,通过对 CDM 项目的投资获得 CER,对这些可核证的碳排放份额进行出售获得高额利润。例如,气候变化资本集团(Climate Change Capital, CCC)是一家总部设于英国伦敦的旨在发掘低碳经济商机的专业投资银行集团。它们的目标是通过多种方式,包括投资管理、为减排项目提供资金支持等,使全球环境变得更加洁净,同时创造可观的财务回报。该投资集团在中国主要开展的是减排 CDM 这块业务,是以买方的身份去开发和收购 CDM 项目中的 CER,在这个基金中有一多半资金投在中国购买 CER 的项目[②]。这些基金以利润最大化为目标,通过对项目的风险识别、筛选、资金投资,以及在项目实施过程中的技术支持、法律帮助、项目开发辅导,最终实现项目核证减排量收益。碳基金对发展减排项目发挥了重要的作用,选拔了最有减排效益的项目,实现了碳基金资源的最优配置。

可见,不同的发起人成立基金的目的以及其投资模式存在较大差别,但是客观上都达到了节能减排的效果,促进了低碳经济的发展。

四、碳金融工具对低碳经济发展的促进作用

(一)基础碳金融工具

排放权是原生交易产品,或者称为基础交易产品。根据《京都议定书》建立的国际排放贸易(IET)市场,主要从事 AAUs 及其远期和期权交易,EU ETS 主要进行 EUA 及其远期和期权交易,原始和二级 CDM 市场交易的主要是 CER 相关产品,JI 市场交易 ERs 相关产品,自愿市场则交易自行规定的配额和 VERs 相关产品。所有这些产品,在减排量上都是相同的,都以吨二氧化碳当量为单位,但基本都还不能进行跨市场交易[③]。这些排放份额的交易使碳减

---

① 孙力军. 国内外碳信用市场发展与我国碳金融产品创新研究[J]. 经济纵横. 2010(6): 30~33, 79.
② 艾亚. 私募碳基金老大的中国动向[J]. 国际融资. 2008(5): 12~14.
③ 曾刚, 万志宏. 国际碳金融市场:现状、问题与前景[J]. 国际金融研究. 2009(10). 19~25.

排量具有了流动性和收益性，使具有减排能力的企业积极运用低碳技术降低排放量，并通过碳交易市场把产生的减排份额出售给其他碳排放份额需求者或者是相关的低碳基金，这也进一步促进了低碳技术的创新、开发和应用。

（二）碳金融衍生工具

碳金融衍生工具包括碳远期、碳期货和碳期权等，这些产品能够以不同的方式为碳交易企业提供资产的风险管理功能。碳远期和碳期货能够为碳交易者实现碳资产的套期保值，碳期权能够锁定碳交易者的损失规模，并且也不降低碳交易者未来可能获得的高收益。这些碳金融衍生工具能够吸引更多的资金投入到低碳产业的资金融通市场上，扩大了碳金融市场的深度和广度。

（三）碳金融保险工具

由于很多碳交易都是远期项目，合同签订后并不能立刻实现碳排放份额交易，而是在项目实施成功后，碳交易买方才可能获得碳排放交易份额。在项目实施过程中，存在着项目失败和碳排放份额卖方违约的风险。碳金融保险工具能够为碳交易的买方提供保险，如果买方不能按期获得协议上给定的碳排放份额，保险公司按照保险合同条约提供相应补偿。另外，一些金融机构以及世界金融组织，为减排份额的最终支付提供担保，也具有上述保险工具的性质。这都会大大降低 CDM 项目开发的风险，促进低碳项目的开发。

（四）碳资产证券化工具

对于节能减排项目的投资或者贷款在项目实施期间，资金没有任何流动性，可以对这部分投资或者贷款进行资产证券化设计，提高这部分资产的流动性。一方面，能够把这部分资产通过证券化获得的流动性投入到新的节能减排项目中去，并实现资产投资的风险分散化；另一方面，证券化有助于吸引更广泛的投资者投资低碳项目，分享低碳经济发展的收益。

（五）低碳债券

金融机构帮助低碳项目开发企业发行与低碳项目挂钩的债券，为低碳项目提供资金融通，促进低碳经济的发展。政府发行的市政债券本身具有为城市建设、公共基础设施、交通建设等融资的功能。地方政府可以通过发行低碳市政债券获得资金，为低碳经济发展提供支付、担保、补贴等支持。

（六）结构性低碳理财产品

发行低碳理财产品，与碳交易基础资产以及衍生产品价格挂钩，能够扩大碳金融工具市场的资金规模，进一步提高参与碳金融工具交易的各类资金规模，有利于碳金融工具价格的发现以及风险的对冲和转移。这最终都会有利于低碳项目的资金融通，促进低碳经济的发展。

第五节 碳金融供需结构的经济分析

从供需平衡的角度来分析,碳金融供给量存在不足,均衡产量低于理论产量。碳金融供给量不足是基于低碳产业的风险性、进入门槛较高、市场价格波动较大、市场分割、信息不对称、政策不确定等原因。

一、碳金融供需结构的经济分析

碳金融供给量天生存在不足,碳金融在现实中的均衡产量低于理论上的供给与需求的交点。

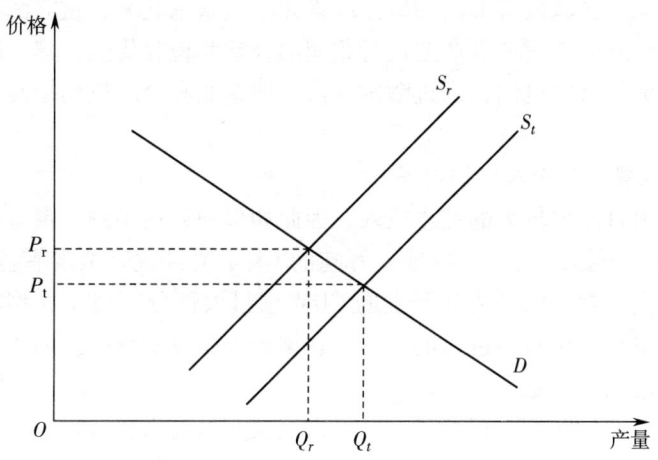

图 4.8 碳金融需求供给的经济学分析

图 4.8 表示的是碳金融需求供给的经济分析。其中,S_t 表示在理想条件下碳金融的供给曲线,S_r 表示现实环境中碳金融的供给曲线。D 表示碳金融的需求曲线。根据微观经济学原理,供给与需求曲线相交的一点决定了均衡产量。也就是说理论上,碳交易市场上均衡的碳金融交易水平应该是 OQ_t;但是现实中,均衡的交易量则是 OQ_r。可以从图 4.8 看出,$OQ_t > OQ_r$,也就是实际的碳金融供给量小于理论上的碳金融供给量。可见,尽管低碳产业本身的发展对于社会而言具有较大的正外部性,但由于低碳产业存在市场不完全性,导致低碳产业的投资不足,碳金融的供给量也随之不足。

二、碳金融供给量不足的机理分析

存在实际碳金融供给量低于理论上碳金融供给量的原因在于以下几点。

（一）低碳产业投资具有较大的风险性

经典的经济学通常假设，资本的利润率在各个领域投资会大体趋于相等，这也应该表现在低碳技术开发和低碳产业投资上。如果在低碳产业上的投资利润率高于其他产业，低碳产业的投资应该就会增大，低碳产品将会增多，碳金融供给量将会增多。但是现实中往往表现为碳金融的投资收益率较高，但是却存在投资不足的问题，这其中原因在于低碳产业发展的不确定性和高风险性。低碳产业发展的技术含量较高，在获得相同收益率的前提下，资本倾向于选择其他产业，这造成了低碳产业的投入不足。

这一问题的政策含义在于，由于在低碳产业发展方面存在一定的市场失灵，根据节能减排目标，目前对碳金融规模的支持程度还远远不够。有必要把碳金融与国家、区域或者部门的减排政策和项目联系起来，建立清洁能源投资框架体系。政府应该对低碳产业进行相应的补贴和税收优惠，建立碳金融支持低碳经济投资的激励机制，通过激励手段，使企业和金融机构把减排目标纳入其经营函数当中。

（二）低碳产业进入门槛较高

碳减排项目需要较大的技术投入，因此如果项目达不到一定规模，往往无法获得盈利。例如，小于年减排 2 万吨的 CDM 项目就完全没有盈利的可能。因此，从现实来看，已经成功开发的 CDM 项目大部分都属于大型项目。这表明低碳产业不是一个自由进入的市场，在该市场难以实现完全的市场竞争，导致了碳金融的供给不足。

碳排放额度是一种虚拟商品，其开发以及交易要求相对较高，碳交易合同的签订涉及跨国交易，整个交易过程都相当复杂，这都导致了碳交易过程较高的交易成本。例如，来自中国风电企业的 CDM 项目在碳金融交易市场上无法获得核准，结果无法实现交易，该项目的收益无法实现。这样的不确定性必然会大大打击企业开发 CDM 项目的积极性。

这一问题的政策含义在于，培育碳排放份额交易的中介机构，提高这些机构对低碳项目开发的分析、评估以及风险管理能力，降低碳排放额度的市场交易风险。

（三）碳金融供应量的不足

碳交易市场的产品价格波动较大，而一些碳金融交易项目本身就是远期交易，碳价格在未来的波动性也较大，例如，哥本哈根会议未达成实质性减排目标，碳交易市场的价格就出现了显著下跌，这导致了碳项目开发收益具有较高的不确定性。

这一问题的政策含义在于，应增大碳交易市场的规模，加强碳金融产品的创新，形成碳金融产品的套期保值和风险对冲机制，降低碳交易产品价格的波动性。

（四）碳交易市场分割和信息不对称

目前多个国家和地区已经形成了碳交易平台，例如欧洲气候交易所、欧洲能源交易所、Climex 交易所、亚洲国际碳交易所、芝加哥气候交易所、芝加哥气候期货交易所、美国洲际气候交易所、澳大利亚气候交易所等。这些交易所有的是针对本区域或者本国的碳交易者，有的是针对更大范围的交易者，其中也不乏针对全球范围的交易所。但是这些交易市场分别有自己的入场标准、交易制度和交易规则，排放配额在有的市场能够获得认证，有的交易所则不允许这些排放配额交易，这造成了各个碳交易平台之间无法实现跨市场交易，形成市场分割，一方面造成了资源浪费，另一方面也造成了碳金融交易成本的增加。一个碳项目在实施过程中只能按照目标交易所的入场标准进行开发，以获得碳排放份额的核证，但是该项目在其他交易所则难以上市，客观上造成了该项目能够交易的对手非常有限。

信息不对称也是碳金融供给不足的重要原因，碳排放份额的认证和核准需要较高的技术标准，这导致碳排放份额交易存在较高的道德风险。如果核准机构在排放量的审核中为碳排放份额的出售者隐瞒信息，甚至提供虚假材料，将会造成排放份额购买者较大的损失。信息不对称导致的过高交易成本也影响了碳金融市场的发展速度。

这一问题的政策含义在于，培养具有公信力的碳排放份额核准机构；政府管制者为金融市场提供更有效的导向、指引、激励以及信息；国际间的碳交易平台应加强合作，尽早推出对碳排放份额审核的统一标准。

（五）政策的不确定性

低碳政策未来发展的不确定性一定程度上也导致了碳金融供给不足。首先，很多国际公约的可延续性以及可执行性都具有较大的不确定性。例如，《京都议定书》的实施期间仅为2008—2012年，之后该公约的相关规定能否延续在未来还是未知数，而在这段实施期间，也有可能出现国家不遵守合约规定的情况。这导致碳金融未来的发展前景不明朗，相关碳金融产品的开发因此也将大受影响。其次，原始减排单位的交易中，交付风险是较大的风险。也就是说，由于项目具有一定的期限，当项目成功后，项目的减排量究竟能否通过认证获得预期的核证减排单位，要取决于当时的政策和相关标准，如果政策和相关标准发生变化，即使项目成功，也有可能这些原始减排单位无法获得认证。①

这一问题的政策含义在于，应加强国际共识和国际合作，保持国际低碳政策的一致性和可延续性。

第六节 碳排放权交易价格的影响因素分析

碳排放权交易价格受到多种因素的影响。经济增长因素通过影响能源的耗费进而影响碳排放价格，政策谈判对碳排放的限制要求影响碳排放价格走势，不同能源的相对价格通过影响碳排放权的需求和供给进而影响二氧化碳排放权的价格，投机因素、技术创新因素、气候变化因素等从供需关系等多方面影响二氧化碳排放权的价格。

碳排放权交易价格与任何其他商品价格一样，由供需关系决定。本节所分析各种碳排放权交易价格影响因素都是通过作用于供求关系对价格产生影响的，由于碳排放权交易涉及全球的各个国家，影响碳排放权交易价格的因素较为复杂。魏一鸣等（2010）认为气温和能源价格是对碳价影响最大的两个外界因素。② 古赖村纯一把二氧化碳排放权价格形成因素分为短期原因和长期原因：短期原因包括燃油相对价格、气候变动和投资资金流入；长期原因包括世界经济的增长与资源需求，以及科学技术的进步；除此之外，还包括制度与政治原因③。

同时，碳排放价格的波动幅度也非常大。关于碳市场价格波动及其风险分析，本文将在第五章的第二节进行专门的分析与实证。

一、经济增长因素

经济增长的速度很大程度上决定了能源的耗费量，而能源的耗费量决定了二氧化碳的排放量。因此，在经济快速增长时，碳排放量增加导致对碳排放量需求增加，需求增加导致碳排放价格上升。反之，经济下滑导致碳排放价格下跌。

二、政策因素

全球的减排协议、合约和政策对于碳排放价格有巨大的影响。如果全球达

---

① 曾刚，万志宏. 国际碳金融市场：现状、问题与前景 [J]. 国际金融研究，2009（10）：19~25.
② 魏一鸣，王恺，凤振华，从荣钢. 碳金融与碳市场——方法与实证 [M]. 北京：科学出版社，2010-10：47~65.
③ 古赖村纯一. 二氧化碳排放权交易市场与排放权价格分析 [D]. 对外经济贸易大学硕士学位论文，2007-11：7~13.

成严格的减排共识,要求各个国家大幅减少二氧化碳排放量,那么对碳排放权的需求将会大大增加,碳排放权价格将会上升;如果全球对各个国家的碳排放量降幅要求较低,碳排放需求量的减少也将使碳排放权价格降低。例如,国际能源署分析,如果2050年的温室气体排放降低到2005年水平,每吨二氧化碳的边际排放成本要达到50美元;如果2050年减排到2005年的50%,每吨二氧化碳的边际排放成本要达到200到500美元,相当于每吨煤炭要付出620元到2 480元甚至是6 200元的排放成本。可见,不同的减排目标将会产生差异巨大的碳排放成本,减排要求越高,碳排放价格受需求影响也将越高。

三、能源因素

各类能源的相对价格会影响碳排放权的价格。世界最主要的集中能源当中,产生同样能量的条件下,煤炭的碳排放量高于石油和天然气的排放量。当石油和天然气价格上涨时,对煤炭的使用量将会上升,因此石油和天然气价格上涨将产生对排放权价格上涨的压力。从图4.9中可以看出,在2008年3月到2009年5月之间,碳排放权价格和石油价格波动具有较强的相关性。

注:WTI即美国西得克萨斯轻质原油(West Texas Intermediate Crude oil)。
资料来源:光大证券. 中期、年度投资策略:低碳经济,泡沫、还是机遇?[R]. 光大证券研究报告,2009 - 06 - 23:27. 碳排放权价格是洲际商品交易所(Intercontinental Commodities Exchange,ICE)与欧洲气候交易所(ECX)推出的一项指数,作为CER交易价格参考工具。

图4.9 石油价格和碳排放权价格变动关系

清洁能源的价格也将影响碳排放权价格。当清洁能源价格提高时,开发清洁能源的动力增大,这在发展中国家也将会产生更多的碳排放份额,增加碳排放量供给,将会对碳排放权价格产生向下的压力。

四、投机因素

随着碳排放权交易市场规模的扩大,碳排放权相关的衍生品也逐渐增多,碳排放权越来越具有金融性质,这也吸引了大量流动资金对碳排放权的投资炒作。碳排放权价格受这些投机性因素冲击的影响,也可能出现较大波动。

五、技术创新因素

目前清洁能源、可再生能源、新能源等技术没有普遍推广最主要的原因就是这些能源的应用成本过高,例如太阳能发电的传输成本、应用成本等都高于传统能源,能源使用企业没有任何动力使用太阳能源。电动汽车也存在同样的问题,一方面是电动汽车的充电时间过长、成本过高,另一方面是电动汽车的技术不成熟。人们对这些节能减排产品和方式的成本、安全性都有顾虑,影响了节能减排技术的推广。技术创新能够改良节能减排产品的技术,降低清洁能源的应用成本,同时,技术创新能够增加碳排放权的供给,降低碳排放权的交易价格。

六、气候变化因素

气候的异常变动会导致能源需求与供给的变化,进而影响碳排放量的变化。夏天气候干燥,水资源匮乏,使水电供应减少;夏天核电站维修频繁,导致核电供应减少。这些都促使煤电供应增多。煤电供应量增多导致碳排放量上升,对碳减排的需求量上升,碳排放权价格因而上升(魏一鸣等,2010)。冬天异常寒冷也会引起能源需求的上升,这也导致碳减排需求量上升,碳排放权价格上涨。

第五章　金融支持低碳经济发展的实证分析

本章试图从实证分析的角度，利用 EU ETS 碳期货价格［包括欧盟配额（EUA）和核证减排量（CER）］样本数据，实证分析碳金融市场碳排放权交易的价格波动及其运行风险，了解碳金融市场价格运行情况，以便于为中国政策制定者、市场参与者更好地了解、参与碳金融市场交易，防范碳交易风险提供支持。同时，通过对浙江省的调研和典型案例分析，探讨金融对低碳经济发展的影响机制，探寻金融对低碳经济发展，进而对中国经济发展转型的作用机理。

第一节　碳市场价格波动与风险分析

在 2005 年《京都议定书》生效的背景下，为从碳减排权中获得能源效率和可持续发展的收益，全球纷纷开始建立碳市场和碳金融体系。尤其是近年来，全球碳交易的配额市场和项目市场逐步形成，并呈现出迅猛发展的态势，于是，碳排放权的准金融属性逐步开始显现，碳排放权也进一步衍生为具有投资价值和流动性的金融资产（安国俊、王凤和，2010）[①]，并迅速演变成为一种可交易的商品。尽管其商品属性与石油、天然气等大宗能源商品，以及股票等金融衍生品有着本质的区别，但其已经具备了作为一种商品所具有的属性——价格。

然而，近年来受欧盟碳配额分配制度、金融危机等诸多外界因素的冲击，EU ETS 碳价格的运行规律受到了一系列复杂因素的影响，随之产生了剧烈的震荡。其价格在 2008 年 7 月跃至最高点，而伴随金融危机的到来，与全球股市一样，碳期货[②]价格也未能幸免，出现疯狂跳水，于 2009 年初跌至谷底

[①]　安国俊，王凤和. 碳金融市场发展的国际比较及中国的路径选择［J］. 农村金融研究，2010（9）：22~27.

[②]　由于碳期货价格具有价格发现功能（郇志坚、李青，2010；张跃军、魏一鸣，2010；等等），因此，本文采用碳期货价格反映碳价格走势。

(见图 5.1 和图 5.2)。

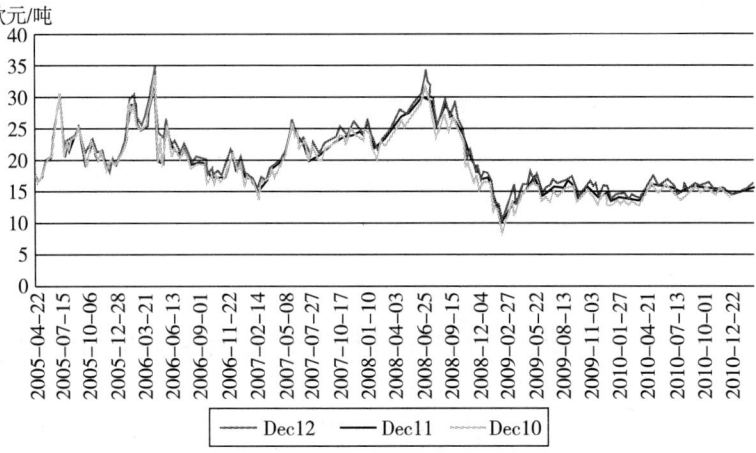

资料来源：根据欧洲气候交易所（ECX）数据整理而得。

图 5.1 欧盟配额（EUA）碳期货合约价格走势图

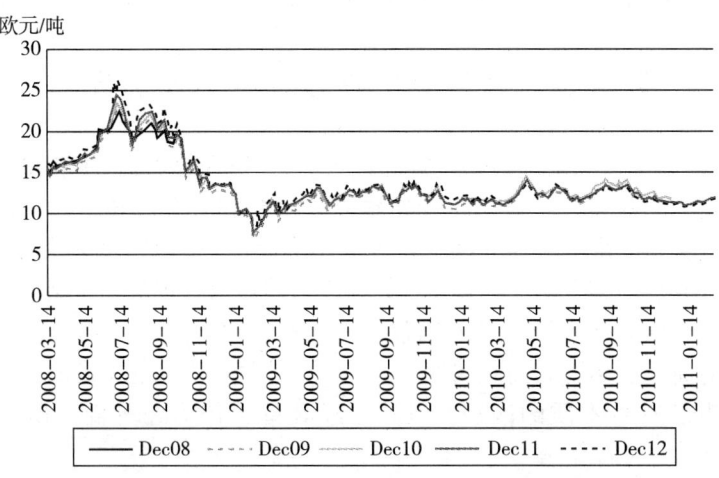

资料来源：根据欧洲气候交易所（ECX）数据整理而得。

图 5.2 核证减排量（CER）碳期货合约价格走势图

与此更为紧密的是，近几年能源市场（包括石油、天然气、煤炭等）以及大气温度、股票等众多复杂的宏观经济因素及其他外部因素交织在一起，严重影响到碳市场价格。Mansanet - Bataller（2007）[①]利用 2005 年碳交易的 OTC

---

① Mansanet - Bataller. M., Pardo. A., Valor. E.. 2007. CO_2 Price, Energy and Weather [J]. *The Energy Journal*, 28（3）: 73 - 92.

远期价格，考察了能源价格和天气因素对碳价波动的影响，研究发现能源价格和天气因素确实在很大程度上会导致碳价格的剧烈波动。Chevallier（2009）[1]则通过引入 GARCH 模型研究了 EU ETS 碳期货合约收益率和宏观经济因素之间的关系。其研究发现，EU ETS 作为一种比较特殊的商品市场，受到碳排放权配额分配的影响而产生上下震荡。类似地，Seifert、Uhrig – Homburg 和 Wagner（2008）[2]构建了随机一般均衡模型对欧盟市场中二氧化碳排放许可现货进行了动态分析，发现碳排放许可的现货价格受许可额度成本等因素影响而发生波动。Daskalakis、Psychoyios 和 Markellos（2009）[3] 基于欧盟能源交易所的 EUA 价格数据，构建相应模型研究了二氧化碳排放许可价格，并分析了碳交易衍生品的价格波动情况。从这些已有研究来看，社会各界乃至学术界对于碳价的剧烈波动俨然已达成了共识。

既然碳市场中温室气体排放权交易的价格受到如此众多影响因素的冲击而发生剧烈波动，那么，不得不令我们思考的是，其价格时间序列数据是否会因此而呈现出非对称反应，也即呈现出非线性的特征。如果是这样的话，那么一般意义上的基于线性市场视角的研究方法可能就无法揭示碳市场中碳价格的内在运行规律和本质特征。

所幸的是，对于这一点，Benz（2009）和 Alberola 等（2008）注意到了，Benz（2009）[4]通过 markov 状态转移方程和 AR – GARCH 模型对 EU ETS 碳价的收益率进行建模，研究了碳价收益率的波动行为，他们通过四类不同模型的对比发现 AR – GARCH 模型与结构转换模型能够更好地反映 EU ETS 的碳价格波动特征。Alberola 等（2008）[5]则采用 2005—2007 年 EU ETS 第一阶段碳排放交易的样本数据，运用 Lee 和 Strazicich（2003）[6] 检验两个结构突变点的方

---

[1] Alberola E., Chevallier J., Cheze B.. 2009. Emissions Compliances and Carbon Prices under the EU ETS: A Country Specific Analysis of Industrial Sectors [J]. *Journal of Policy Modeling*, 31: 446 – 462.

[2] Seifert Jan, Uhrig – Homburg Marliese, Wagner Michael. 2008. Dynamic Behavior of CO_2 Spot Prices [J]. *Journal of Environmental Economics and Management*, 56 (2): 180 – 194.

[3] Daskalakis George, Psychoyios Dimitris, Markellos Raphael N.. 2009. Modeling CO_2 Emission Allowance Prices and Derivatives: Evidence from the European Trading Scheme [J]. *Journal of Banking & Finance*, 33 (7): 1230 – 1241.

[4] Benz E., Truck S.. 2009. Modeling the Price Dynamics of CO_2 Emission Allowances [J]. *Energy Economics*, 31 (1): 4 – 15.

[5] Alberola E., Chevallier J.. Cheze B.. 2008. Price Drivers and Structural Breaks in European Carbon Prices 2005 – 2007 [J]. *Energy Policy*, 36 (2): 787 – 797.

[6] Lee, J. and M. C.. Strazicich. 2003. Minimum Lagrange Multiplier Unit Root Test with Two Structural Breaks [J]. *The Review of Economics and Statistics*, 85 (4): 1082 – 1089.

法，对其现货价格的自然对数时间序列数据进行了结构性突变检验。其结构突变检验结果显示，2006年4月25日到2006年6月23日是一个结构突变点，且在统计上显著。进一步地，Alberola等（2008）还对导致碳价发生结构突变的原因进行了解释。他们认为，2006年4月，爱沙尼亚、比利时、捷克、荷兰、法国和瑞典等国的工厂和核电站提前发布核准数据，导致核准数据泄露，结果造成碳价迅速下滑，市场出现持续疲软，整个EU ETS市值大幅度缩水，进而使得碳价在该时段发生了显著的结构突变。而另一个被检测出来的结构突变点发生在2006年10月，他们把发生这次结构突变的原因归结于EU ETS第一阶段的许可证发放过量，从而导致碳价格没有得到足够的支撑而暴跌，主要表现为第一阶段交割的期货合约和现货大幅度下跌，跌至0.01欧元/吨左右。

此外，Alberola等（2008）还利用Lee和Strazicich（2001）[1]检验1个结构突变点的单位根模型，对EU ETS碳市场交易价格波动情况进行了结构突变检验，发现2006年10月是碳价格发生结构突变的时点，并得出其发生结构突变的原因主要是由于欧盟委员会宣布将会在第二个阶段减少配额发放从而导致碳价迅速下跌，继而发生结构突变，得到与运用Lee和Strazicich（2003）检验2个结构突变点的研究基本一致的结论。在此基础上，Alberola等（2008）将第一阶段的碳现货价格分成2005年6月到2006年4月、2006年6月到2006年10月、2006年10月到2007年4月三个子样本区间（三个阶段），并通过引入两个虚拟变量来表示这些结构突变点，对第一阶段的碳价格影响因素进行了回归分析，发现外部市场信息对碳价的影响十分强烈。譬如，2006年5月的核准信息泄露事件、2006年10月的欧盟委员会减少第二阶段配额事件等。因此，我们有理由认为，Alberola等（2008）的研究再次验证了本章开头提出的碳价格很有可能在样本期内发生结构突变而呈现出非线性的特征。

但是，比较令人遗憾的是，Alberola等（2008）的研究所采用的方法，无论是Lee和Strazicich（2003），还是Lee和Strazicich（2001）均只能检测出碳价至多发生2次结构突变的情况，而对于碳价在受到的外界影响因素如此复杂多变的现实情况下，其是否会发生多次（超过2次）的结构突变，Alberola等（2008）的研究并不能给出客观的判断。台湾的黄于珍和吴致宁（2007）[2]，以

---

[1] Lee, J. and M. C. Strazicich. 2001. Testing the Null of Stationarity in the Presence of a Structural Break [J]. *Applied Economics Letters*, 8 (6): 377 - 382.

[2] 黄于珍. 实质汇率之结构改变：亚太地区之实证研究 [D]. 台湾国立中山大学经济研究所，2007: 1~64.

及国内的项后军和潘锡泉（2010）[①]等指出，运用 Bai–Perron（1998，2003）结构突变方法能够克服目前 Lee 和 Strazicich（2003）结构突变检验仅能检测出至多 2 个结构突变的局限性。不仅如此，Bai–Perron（1998，2003）结构突变检验模型还能克服目前传统结构突变检验主观设定结构突变点的缺陷，对碳价格在何时发生结构突变，以及发生结构突变的次数均能够作出更为客观、准确的判断。

此外，从 Alberola 等（2008）的研究来看，还需要注意的两点。

其一，碳期货合约的价格走势和现货价格走势有着显著的差异，而从现有 EU ETS 的交易类型来看，期货相较于现货而言占据更主导的地位，并且具有一定的市场价格发现功能（郇志坚、李青[②]，2010；张跃军、魏一鸣[③]，2010；等等），而且也是 EU ETS 的主要交易类型。若我们还是忽略更能够反映碳市场排放权交易价格变化情况的期货价格，而采用现货价格来进行研究，显然会偏离真实客观的市场情况，无法反映出其真实的运行特征。

其二，Alberola 等（2008）的研究仅针对 EU ETS 第一阶段（2005—2007年）的碳现货价格结构突变问题，而对于现时段，即更为重要的经历了金融危机冲击的第二阶段（2008—2012 年），价格震荡更为激烈的 EU ETS 碳价格结构突变问题未能给予客观的分析，这对于现阶段中国如何参与碳金融市场、防范碳金融市场交易风险，进一步构建科学合理的碳金融体系来说，显然存在很大的缺陷。

除此之外，还需要特别指出的是，正如 Sharpe（1964）[④]所言，任何市场都存在风险。[⑤]当然，碳市场也不例外，而遗憾的是，现有大多文献对此仅只能初步地指出碳市场存在风险，需要政府机构切实防范风险等较为简单的探讨，而极少有文献对碳市场风险进行定量分析。

据此，这一部分在 Alberola 等（2008）研究不足的基础上，采用第二阶段（2008—2012 年）EU ETS 碳期货价格［包括欧盟配额（EUA）和核证减排量

[①] 项后军，潘锡泉. 人民币汇率真的被低估了吗？[J]. 统计研究，2010（8）：21~32.
[②] 郇志坚，李青. 碳金融：原理、功能与风险 [J]. 金融发展评论，2010（8）：102~122.
[③] 张跃军，魏一鸣. 化石能源市场对国际碳市场的动态影响实证研究 [J]. 管理评论，2010（6）：32~41.
[④] Sharpe W. F.. 1964. Capital Asset Prices: A Theory of Market Equilibrium under Conditions of Risk [J]. *Journal of Finance*, 19（3）：425–442.
[⑤] 包括系统性风险和非系统性风险，系统性风险是与碳市场运行密切相关的风险，一般是由政治因素、经济因素等引起，是不可消除的，但可以获得超额收益。而非系统性风险则是由单个碳期货合约本身因素引起的，一般可以通过多样化的投资组合降低风险，甚至消除风险。

（CER）] 的样本数据，运用 Bai – Perron（1998，2003）[①] 多重结构突变检验方法对第二阶段碳期货合约价格结构突变问题进行研究。其目的是希望探明样本期内（第二阶段）碳期货价格是否如本章所假设的发生了结构突变而呈现非线性特征。如果确实是这样，那么发生了几次结构突变，是何原因或者说什么因素导致了碳期货价格发生结构突变，其发生结构突变背后的驱动因素是什么，以及其深层次的经济意义又如何等问题。在此基础上，进一步运用资本资产定价模型分析方法对碳市场风险进行定量测度及分析，以期探明各份碳期货合约的市场风险情况，以及对于整个市场价格波动的敏感性如何，等等。

一、碳价格的 Bai – Perron 结构突变检验

（一）Bai – Perron 结构突变检验方法

数据生成过程（DGP）如下：

$$y_t = x_t'\beta + z_t'\delta_1 + u_t, t = 1, 2, \ldots, T_1,$$
$$y_t = x_t'\beta + z_t'\delta_2 + u_t, t = T_1 + 1, T_1 + 2, \ldots, T_2, \quad (5-1)$$
$$\vdots$$
$$y_t = x_t'\beta + z_t'\delta_{m+1} + u_t, t = T_m + 1, T_m + 2, \ldots, T$$

由式（5 – 1）得

$$y_t = x_t'\beta + z_t'\delta_j + u_t, t = T_{j-1} + 1, T_{j-1} + 2, \ldots, T_j, j = 1, 2, \ldots, m+1$$

其中，y_t 为因变量，$(x_t)_{p \times 1}$ 向量、$(z_t)_{q \times 1}$ 向量、β, δ_j 为对应的系数向量，u_t 为残差项，m 次结构突变点 $(T_1, T_2, \ldots, T_m)$ 未知。将式（1）用矩阵形式表示为

$$Y = X\beta + \bar{Z}\delta + U \quad (5-2)$$

其中，$Y = (y_1, y_2, \ldots, y_T)', X = (x_1, x_2, \ldots, x_T)', U = (u_1, u_2, \ldots, u_T)', \delta = (\delta_1', \delta_2', \ldots, \delta_{m+1}')$，$\bar{Z}$ 为对角线矩阵，$\bar{Z} = diag(Z_1, Z_2, \ldots, Z_{m+1}), Z_i = (Z_{T_{i-1}+1}, \ldots, Z_{T_i})'$。

对式（5 – 2）进行求解，首先是对于每个可能的分割 $(T_1, T_2, \ldots, T_m)$ 通过最小二乘法获得 β 和 δ_j 的估计值，并求出残差平方和：

$$S_T(T_1, T_2, \ldots, T_m) = \min \sum_{i=1}^{m+1} \sum_{t=T_{i-1}+1}^{T_i} [y_t - x_t'\beta + z_t'\delta_i]^2 \quad (5-3)$$

然后对每一个不同的分割方式所得到的残差平方和进行比较，使残差平方和

[①] Bai, J. and P. Perron. 1998. Estimating and Testing Linear Models with Multiple Structural Changes [J]. *Econometrica*, Vol. 66 (1): 47 – 78; Bai, J. and P. Perron. 2003a. Computation and Analysis of Multiple Structural Change Models [J]. *Journal of Applied Econometrics*; Bai, J. and P. Perron. 2003b. Critical Values for Multiple structural change tests [J]. *Econometrics Journal*, volume 6: 72 – 78.

$S_T(T_1, T_2, \ldots, T_m)$ 达到最小的分割,也就是估计所得的分割,求得

$$(\hat{T}_1, \hat{T}_2, \ldots, \hat{T}_m) = \arg\min S_T(T_1, T_2, \ldots, T_m) \qquad (5-4)$$

最后对数据生成过程是否存在结构突变进行显著性检验。

(二) 碳价格数据来源及处理

由于第一阶段2005—2007年的期货合约已全部到期实现交割,因此研究这些已交割的合约对于考察现阶段的碳交易情况来说似乎没有太大的价值,由此本章将研究的对象聚焦于第二阶段(2008—2012年)到期的碳期货合约价格,[①] 重点探讨2010年、2011年和2012年到期的碳期货合约价格(Dec10、Dec11、Dec12),其中Dec10代表第二阶段已交割的碳期货合约,Dec11、Dec12代表第二阶段2011年12月和2012年12月到期交割的碳期货合约(到目前为止还没有交割)。

考虑到欧盟排放权交易市场(EU ETS)最为主要的碳交易是欧盟配额(EUA),但根据《京都议定书》设定的三种机制,发达国家及其金融机构(如摩根士丹利等银行)近年来更多地寻求通过清洁发展机制(CDM项目)参与发展中国家减排而获取核证减排量,并以此在欧盟二级CDM市场进行交易。在清洁发展机制项目的发展过程中,作为发展中国家,往往处于初级市场的劣势地位,具有低附加值、被动型等特点。因此,要改变这种处于劣势的价值链低端环节的状况,发展中国家的银行、碳基金公司等金融机构需要积极参与到CDM项目中,通过交易核证减排量参与到欧盟碳市场CER期货的交易中去。针对这一情况,欧盟碳排放权交易市场自2008年3月14日开始推出了核证减排量(CER)交易。因此,本书要探讨的碳期货合约价格结构突变问题不仅包括EU ETS交易的欧盟配额(EUA)碳期货合约价格,而且还包括核证减排量(CER)碳期货合约价格,尤其重点探讨核证减排量(CER)碳期货合约价格波动及其结构突变情况。

碳期货合约价格数据来自欧洲气候交易所(ECX),时间区间开始点为各份合约在欧盟排放权市场(EU ETS)交易的起始时间,最早为2005年4月22日,结束点为各份合约的交割时间或2011年3月4日(对尚未交割的合约Dec11和Dec12而言)。在进行结构突变检验前,遵循一般文献的做法,对这些期货合约价格时间序列进行取对数处理。

[①] 2008年、2009年、2010年的碳期货合约已经全部到期交割,为此,在结构突变检验时,本书也不全考虑这三份(Dec08、Dec09、Dec10)已交割的合约,仅以Dec10作为已交割碳期货合约来进行结构突变检验。

(三) 碳期货合约价格结构突变检验

1. 欧盟配额（EUA）碳期货合约价格结构突变检验

运用 Gauss 8.0 软件程序，分别对 Dec10、Dec11、Dec12 三份欧盟配额（EUA）碳期货合约价格时间序列数据进行 Bai – Perron 内生结构突变检验，检验结果如表 5.1。

表 5.1　　　欧盟配额（EUA）碳期货合约价格 Bai – Perron 内生结构突变检验结果

各份碳期货合约	样本区间	结构突变次数	结构突变时点1	结构突变时点2	结构突变时点3	结构突变时点4
Dec10	2005 – 04 – 22 到 2010 – 12 – 20	4	2006 – 07 – 11	2007 – 05 – 15	2008 – 11 – 17	2010 – 02 – 15
Dec11	2005 – 04 – 22 到 2011 – 03 – 04	4	2006 – 06 – 29	2007 – 05 – 11	2008 – 11 – 17	2010 – 04 – 15
Dec12	2005 – 04 – 22 到 2011 – 03 – 04	3	2006 – 06 – 30	2007 – 05 – 16	2008 – 11 – 17	—

由表 5.1 可知，每一份合约（Dec10、Dec11、Dec12）均发生了多次结构突变，且 Dec10 和 Dec11 碳期货合约价格均发生了 4 次结构突变，而 Dec12 碳期货合约价格发生了 3 次结构突变。从突变时点来看，三份合约第一次发生结构突变的时点均在 2006 年 6 月 29 日到 2006 年 7 月 11 日，第二次发生结构突变的时点在 2007 年 5 月 11 日到 2007 年 5 月 16 日，第三次发生结构突变的时点均在 2008 年 11 月 17 日，呈现出基本一致的趋势，尤其是 2011 年 12 月到期和 2012 年 12 月到期的合约价格，第一次发生结构突变时点相差仅为 1 天，而三份合约第三次结构突变的时点令人惊讶地发生在同一天。

此外，值得注意的是，从表 5.1 还发现较为细微的差异，2010 年 12 月已到期交割和 2011 年 12 月即将到期要进行交割的合约与 2012 年 12 月才能到期交割的合约发生的结构突变次数并不一致，Dec10 和 Dec11 在样本期内发生了 4 次结构突变，而 Dec12 却只发生了 3 次结构突变。究其原因，可能是由于已到期交割的 Dec10，以及即将到期交割的 Dec11 合约价格更容易受到外界影响因素的冲击而发生结构突变，而相对于需要将近 2 年才能到期交割的 Dec12 期货合约价格更能够承受外界的冲击而保持相对稳定，这主要表现在 Dec10 和 Dec11 分别在 2010 年 2 月 15 日 和 2010 年 4 月 15 日发生了结构突变，而 Dec12 却保持稳定没有发生结构突变。

2. 核证减排量（CER）碳期货合约价格结构突变检验

同理，运用 Gauss 8.0 软件程序，分别对 Dec08—Dec12 这 5 份核证减排量碳期货合约价格进行 Bai – Perron 内生结构突变检验，检验结果如表 5.2 所示。

表 5.2 核证减排量（CER）碳期货合约价格 Bai – Perron 内生结构突变检验结果

各份碳期货合约	样本区间	结构突变次数	结构突变时点1	结构突变时点2	结构突变时点3	结构突变时点4
Dec08	2008-03-14 到 2008-12-15	3	2008-06-02	2008-07-22	2008-10-21	—
Dec09	2008-03-14 到 2009-12-14	4	2008-06-19	2008-10-09	2009-01-15	2009-04-22
Dec10	2008-03-14 到 2010-12-20	1	2008-11-17	—	—	—
Dec11	2008-03-14 到 2011-03-04	1	2008-11-17	—	—	—
Dec12	2008-03-14 到 2011-03-04	1	2008-11-17	—	—	—

由表 5.2 可知，2008 年 12 月到期的核证减排量（CER）碳期货合约价格在样本期内发生了 3 次结构突变，其结构突变时点大约分别为 2008 年 6 月 2 日、2008 年 7 月 22 日和 2008 年 10 月 21 日；2009 年 12 月到期的核证减排量（CER）碳期货合约价格在样本期内发生了 4 次结构突变，其结构突变时点大约分别为 2008 年 6 月 19 日、2008 年 10 月 9 日、2009 年 1 月 15 日和 2009 年 4 月 22 日；2010 年 12 月到期的核证减排量（CER）碳期货合约价格在样本期内发生了 1 次结构突变，其结构突变时点为 2008 年 11 月 17 日；2011 年 12 月到期和 2012 年 12 月到期的核证减排量（CER）碳期货合约价格均在样本期内发生了 1 次结构突变，且结构突变时点均为 2008 年 11 月 17 日。

综合来看，与欧盟配额碳期货合约价格结构突变情况类似，凡是短期内（2008 年 12 月和 2009 年 12 月）到期交割的合约价格波动较为剧烈，容易发生多次结构突变；而 2010 年 12 月到期交割，以及 2011 年 12 月和 2012 年 12 月到期交割的合约价格相对稳定，在整个样本期内仅发生了 1 次结构突变。

二、碳价格结构突变经济分析

（一）欧盟配额（EUA）碳期货合约价格结构突变经济分析

Dec10、Dec11、Dec12 3 份碳期货合约价格在 2006 年 6 月 29 日到 2006 年 7 月 11 日之间发生第一次结构突变[①]，碳期货合约价格均出现了迅速回落。究其原因，可能是由于 2006 年 4 月，爱沙尼亚、比利时、捷克、荷兰、法国和瑞典等欧盟国家率先公布核准数据，加上欧盟公布 2005 年实际排放量低于分配量3%的消息（郇志坚、李青，2010），以及同年 5 月核准信息泄露事件

[①] 这一结构突变点与 Alberola 等（2008）运用 Lee & Strazicich（2003）检测两个结构突变的方法检测碳现货价格得到的第一个结构突变点位置相近，也在一定程度上印证了本书通过 Bai – Perron 结构突变检验模型得到的结构突变点具有很强的可信度。

(外部市场信息冲击)对碳期货合约价格产生了严重影响,这些共同冲击导致碳期货合约价格迅速下滑,市场出现持续疲软[①]。这表明信息披露对于碳期货合约价格极为重要,这与 Chevallier(2009)利用欧洲气候交易所的碳期权价格历史数据研究信息披露对碳市场的影响力得到的结论较为相似。

此后,直到 2007 年 2 月第四次 IPCC 报告发布,以及 2007 年 3 月欧盟春季首脑会议召开,各成员国一致同意单方面承诺到 2020 年将欧盟温室气体排放量在 1990 年基础上至少减少 20%,受这些利好消息的影响,碳期货合约价格在 2007 年 5 月发生了第二次结构突变,其价格迅速开始回升。自此之后,6 月份《中国应对气候变化国家方案》发布,美国参议院 7 月份提出《低碳经济法案》,并表明低碳经济的发展是美国未来的重要战略选择,英国、德国、日本等发达国家纷纷发布各自低碳经济发展战略等事件的冲击,以及受到交易量不断增大的影响,碳期货合约价格整体上呈现稳步上涨的态势。更进一步的是,2007 年 12 月"巴厘岛路线图"确立,启动了加强《联合国气候变化框架公约》和《京都议定书》全面实施的谈判进程,更为强劲地推动了碳期货合约价格持续稳定运行。

但是,伴随 2008 年下半年金融危机的到来,其不仅重创了欧盟实体经济和金融界,而且也严重冲击了碳市场,三份碳期货合约的价格如同全球股市以及能源价格一样,出现疯狂跳水,导致其在 2008 年 11 月 17 日发生第三次结构突变。此次结构突变使得碳期货合约价格在未来较长时间内保持低位运行,尽管 Dec10 和 Dec11 碳期货合约价格分别于 2010 年 2 月 15 日和 2010 年 4 月 15 日再次发生结构突变,但其波动并不剧烈,整体来看,存在一个价格回落到走高的过程。究其原因,一方面在期货市场中,这一价格走势比较常见,可以理解为是碳期货合约价格的正常波动;另一方面可能是由于 2010 年 2 月份开始,金融危机的冲击已逐步消退,欧盟乃至全球经济逐步启暖回升,对碳期货合约价格的缓慢回升起到了一定的推动作用。Bai – Perron 结构突变检验将 Dec10 和 Dec11 碳期货合约价格的细微回升过程检测了出来,而对于 Dec12 碳期货合约价格的细微回升过程并没有显著地检测出来。当然,这可能是由 Dec12 碳期货合约交割期较远所致。

(二)核证减排量(CER)碳期货合约价格结构突变经济分析

与欧盟配额(EUA)碳期货合约价格发生多次结构突变的情况相比,核证减排量(CER)碳期货合约价格相对而言在整个样本期内表现得更为稳定,尤其是 Dec10、Dec11 和 Dec12 3 份期货合约价格在整个样本期内仅发生了 1

[①] 据相关数据资料显示,当时整个 EU ETS 的市值较于先前缩水了大约 2/3。

次结构突变,且结构突变时点均为 2008 年 11 月 17 日。其结构突变点与欧盟配额(EUA)相应 3 份碳期货合约发生的其中 1 次结构突变时点较为一致。这表明 2008 年下半年的金融危机不仅仅对配额市场产生了严重冲击,而且也对核证减排量碳期货合约价格产生了严重冲击,导致其在 2008 年 11 月 17 日发生显著的结构突变。结构突变(2008 年 11 月 17 日)前,核证减排量碳期货合约 Dec10、Dec11 和 Dec12 价格分别处于较高价位,金融危机冲击导致经济衰退而引起企业产出减少,进而使得许可量大量增加,出现碳市场供给增加,需求下降,随之引起碳期货合约价格迅速下跌,至结构突变后一直低位运行,市场交易量也同时出现疲软现象。

与此同时,Dec08 和 Dec09 碳期货合约价格的波动相较于 Dec10、Dec11 和 Dec12 而言显得更为剧烈,分别在样本期内发生了 3 次和 4 次结构突变。究其原因,一方面可能是由于核证减排量碳期货合约在市场上交易的时间短暂[①],尤其是 2008 年 12 月和 2009 年 12 月到期的 Dec08 和 Dec09 合约,市场交易时间更短,再加之核证减排量碳期货合约市场交易相对配额市场而言还不够成熟;另一方面更可能是由于 CDM 项目的整个开发、核准到最后实施成功的过程复杂,各种风险较大,导致交易者对市场交易不够积极。这两方面的共同作用使得市场上 2008 年 12 月和 2009 年 12 月较短时间内到期交割的核证减排量碳期货合约价格容易发生更多次的结构突变。

三、基于资本资产定价模型的碳市场风险测度及分析

(一)基于资本资产定价模型的碳期货合约收益率模型

Sharpe(1963)[②] 提出了基于基本资产定价的单因素模型。根据其研究,对于碳市场期货合约的收益率,我们可以设定为

$$R_i = \alpha_i + \beta_i R_m + \xi_i \qquad (5-5)$$

其中,R_i 为单个碳期货合约 i(i = Dec09、Dec10、Dec11、Dec12)的收益率,R_t = $\ln P_t - \ln P_{t-1}$,P 为碳期货价格。R_m 为整个市场的整体收益率水平,这里采用碳期货市场的平均收益率水平来表示。

根据 Sharpe(1963)的研究,β_i 即为描述碳期货合约 i 所受系统性风险的程度。若 $\beta_i > 1$,则表示碳期货合约 i 的系统性风险大于市场总体的风险水平,也就意味着碳期货合约 i 的变动敏感程度要高于市场总体价格变动的敏感

---

① 核证减排量碳期货合约交易起始于 2008 年 3 月 14 日。
② Sharpe W. F.. 1963. A Simplified Model for Portfolio Analysis [J]. *Management Science*,9(2):277~293.

程度；$\beta_i = 1$，则表示碳期货合约 i 的系统性风险等于市场总体的风险水平，也就是说，碳期货合约 i 的变动敏感程度与市场整体价格变动敏感程度相当；$\beta_i < 1$ 则表示碳期货合约 i 的系统性风险小于市场总体的风险水平，其价格变动敏感程度小于市场整体价格变动。而 α_i 的大小表示预期收益率扣除市场整体风险水平后的部分。若 $\alpha_i > 0$，表示碳期货合约 i 超出市场整体的经风险调整之后的预期收益率，α_i 的值越大，则表示碳期货合约 i 的预期超额收益率就越大。

此外，对于随机误差变量 ξ_i，我们假设 $E(\xi_i) = 0$，且 $\mathrm{Cov}(\xi_i, \xi_j) = 0$，$\forall i \neq j, \mathrm{Cov}(R_m, \xi_i) = 0$，则可以得到

$$\sigma_i^2 = \beta_i^2 \sigma_m^2 + \sigma^2(\xi_i) \qquad (5-6)$$

其中，$\beta_i^2 \sigma_m^2$ 即为系统性风险，其反映了碳期货合约 i 与整个碳市场相关联的不确定性。σ_m^2 为整个碳市场方差，表示市场面临的整体风险。$\sigma^2(\xi_i)$ 则为非系统性风险，反映由碳期货合约 i 的自身因素造成的不确定性。

（二）碳市场系统性风险和非系统性风险测算及分析

1. 碳期货合约样本的选取

由于 EU ETS 是主要的碳交易市场，无论是交易量还是交易额都占据整个国际碳市场的大部分，据世界银行（2009）计算，其交易量和交易额分别为国际碳市场的 94.41% 和 98.98%。因此，本文主要采用 EU ETS 的期货交易市场——欧洲气候交易所的年度合约价格样本数据来进行风险分析。对于欧盟配额（EUA）碳期货合约，我们选取 Dec10、Dec11 和 Dec12 三份碳期货合约数据，而 Dec10、Dec11 和 Dec12 三份碳期货合约价格发生了多次结构突变，跨越不同结构突变区间的数据，其数据生成过程可能会呈现不一致性，为避免这一情况，本文选取三份碳期货合约在 2008 年 11 月 17 日结构突变之后相对稳定的 2008 年 11 月 18 日到 2010 年 2 月 15 日作为碳市场风险分析的样本区间。同理，对于核证减排量（CER）碳期货合约选取 2008 年 11 月 18 日到 2011 年 3 月 4 日作为碳市场风险分析的样本区间，数据均来自欧洲气候交易所（ECX）。

2. 各合约碳市场风险测算及分析

根据 Sharpe（1963）的单因素模型分析得到欧盟配额（EUA）碳期货合约的市场风险分析计算结果如表 5.3。

表 5.3　欧盟配额（EUA）碳期货合约市场风险分析结果

碳期货合约	β	系统性风险（%）	非系统性风险（%）
Dec10	1.01669	0.0789	0.00359
Dec11	0.987847	0.0744	0.00334
Dec12	0.975297	0.0755	0.00588

从表5.5欧盟配额（EUA）碳期货合约的市场风险测算结果可以发现，三份合约的市场风险与整个欧盟市场的平均风险基本持平，偏离并不是很大。Dec10碳期货合约的市场风险略高于整个欧盟碳交易市场的平均风险，而Dec11和Dec12碳期货合约的市场风险却略低于欧盟市场的平均风险，且合约的交易时间越长，β值越小（尽管相差不大），这可能是由于交易者更为关注当前的交易，由此受到外部事件的影响较大，比如越接近于2008年金融危机交割的期货合约，其市场风险越高于远离金融危机才交割的合约，这也说明了人们对较为持久交易的长期合约更为看好。

此外，Dec10、Dec11和Dec12三份碳期货合约的系统性风险却相差较小，这可能是由于在我们所选取的样本期内，没有受到诸如2008年下半年一样的金融危机等重大外部事件的冲击，同时这一阶段的政治、经济等均处于相对较为稳定的运行阶段，故而三份合约受到的系统性风险较小，且风险大小相差甚微。而从非系统性风险来看，我们发现Dec12碳期货合约相较于Dec10和Dec11而言，其受到的非系统性风险显然要略微偏大。但整体而言，三份合约受到的非系统性风险依然较小。

同理，对核证减排量（CER）碳期货合约的市场风险分析计算结果如表5.4所示。

表5.4 核证减排量（CER）碳期货合约市场风险分析结果

碳期货合约	β	系统性风险（%）	非系统性风险（%）
Dec09	0.993407	0.08037	0.0034
Dec10	1.016692	0.05549	0.00268
Dec11	1.096407	0.06491	0.00665
Dec12	0.892895	0.04305	0.0073

从表5.4核证减排量（CER）碳期货合约风险测算结果来看，除Dec12碳期货合约的市场风险显著较小外，其他三份合约的市场风险与欧盟配额的市场风险类似，均与整个市场的平均风险基本持平，偏离幅度较小，而Dec12碳期货合约的市场风险则远远小于欧盟市场的平均风险，这一点同样说明，对于交易越久的合约人们更为看好这一结论。但从系统性风险和非系统性风险来看，核证减排量碳期货合约之间存在较大的差异。显然，Dec09受到的系统性风险和Dec12受到的非系统性风险特别大，这表明Dec09合约更容易受到经济、政治等风险因素的影响，而Dec12则更容易受其自身因素的影响。

总体而言，无论是欧盟配额（EUA）碳期货合约，还是核证减排量（CER）碳期货合约，在样本期内所受到的市场风险、系统性风险或非系统性风险均比较小，这可能要归因于这一阶段（样本期内）较为稳定的经济、政治等现实大环境，这使得2008年各份碳期货合约价格受金融危机影响发生结构突变后，进入了新的稳定运行阶段，这也为现阶段全球低碳经济（碳市场）的发展提供了良好的现实环境。

我们运用 Bai – Perron（1998，2003）结构突变检验模型对 EU ETS 第二阶段碳期货合约价格的结构突变问题进行了研究，并对其背后的深层次经济意义进行了分析，在此基础上，进一步运用 Sharpe（1963）提出的基于资本资产定价视角的单因素模型分析了欧盟配额（EUA）碳期货合约和核证减排量（CER）碳期货合约的市场风险情况。

（1）在样本期内，无论是欧盟配额（EUA）碳期货合约，还是核证减排量（CER）碳期货合约，其价格确实都发生了结构突变。这印证了本书提出的碳期货合约价格时间序列数据可能会发生结构突变而呈现出非线性特征的假设。这也意味着在一般线性框架下研究碳市场价格无法真正揭示其运行规律和内在特征，同时说明了现有研究，譬如，Chevallier（2009）等在线性框架下研究碳市场价格行为特征所得到的结论是值得商榷的。

（2）对于欧盟配额期货合约来说，样本期内 Dec10 碳期货合约价格和 Dec11 碳期货合约价格均发生了4次结构突变，Dec12 碳期货合约价格发生了3次结构突变，且3份合约发生结构突变的时点主要集中于2006年6月29日到2006年7月11日、2007年5月11日到2007年5月16日，以及2008年11月17日三个时段。第一时段发生结构突变的原因主要是欧盟国家率先公布核准数据，加上欧盟公布2005年实际排放量低于分配量3%的消息，以及同年5月核准信息泄露事件等外部市场因素的冲击；第二时段发生结构突变的原因主要是第4次 IPCC 报告的发布，以及2007年3月欧盟春季首脑会议和英国、德国、日本等发达国家纷纷重视低碳经济发展战略等外部市场信息的冲击；第三时段的结构突变主要是由2008年下半年席卷全球的金融危机引发碳期货合约价格回落、市场疲软的冲击所致。

（3）对于核证减排量碳期货合约而言，Dec08 和 Dec09 受外界冲击的影响产生的波动更为激烈，在样本期内分别发生了3次和4次结构突变，突变最集中的时点分别为2008年6月和2008年10月；而对于核证减排量碳期货合约 Dec10、Dec11 和 Dec12 而言，其价格较为稳定，仅在样本期内发生了一次结构突变，且发生结构突变的时点均集中于2008年11月17日。出现这一差异的原因主要归结于核证减排量碳期货合约市场相较于配额市场起步更晚，交易时间较短，以及 CDM 项目的开发过程复杂，交易者参与核证减排量碳期货合约市场交易的积极性不高等。

(4) 基于资本资产定价的单因素模型分析发现，无论是欧盟配额（EUA）碳期货合约，还是核证减排量（CER）碳期货合约，在样本期内，其市场风险与整个欧盟市场的平均风险基本持平，偏离甚微，且每份合约受到的系统性风险和非系统性风险均显得微不足道。但是，交易越持久的合约（如 Dec12），其 β 值显得越小，同期的风险也更小，这在一定程度上反映出人们对于交易持久的合约更为看好。

上述研究给予我们最大的启示主要表现为：金融危机及之前的整个碳市场价格处于频繁波动的不稳定运行阶段，这俨然不利于中国低碳经济的发展及相应碳金融体系的构建。而经历过金融危机冲击之后现时段的整个碳市场，无论是欧盟配额碳期货合约，还是核证减排量碳期货合约，其交易价格均进入了一个相对稳定的运行态势。这为中国基金公司、银行等金融机构积极参与碳金融市场，构建符合中国低碳经济发展的全方位的碳金融体系提供了极其宝贵的机遇。为此，政府相关部门应该积极抓住此次机遇，努力加快构建符合中国低碳经济发展的碳金融体系的步伐；基金公司、银行等金融机构，则应该积极参与碳金融市场交易，提高碳市场交易定价能力，切实有效地做好市场风险防范工作；以期为中国最终夺取碳金融发展制高点做好积极的准备，成功分享碳金融发展的盛宴。

第二节　金融支持与低碳经济发展的相关性分析——以浙江省为例

浙江省是中国经济发展最快的地区之一，自改革开放以来，凭借其独特的地理优势和完善的工业基础成为了中国经济增长的引擎，继而成为引领中国经济发展的排头兵之一。但这一飞速增长成果的取得，究其原因，主要依靠传统的高投入、高污染的经济增长方式，其直接后果是消耗了大量的化石能源，产生了大量的温室气体排放物（二氧化碳、二氧化硫等），而这对于全球气候变化，乃至全球生态环境的稳定产生了重大的威胁。

尽管省委省政府早在"十五"计划、"十一五"计划就提出了转变经济增长方式的响亮口号，但时至今日，浙江省的经济发展方式是否真正实现了转型升级依然众说纷纭，相当一部分学者以及政府部门一致认为2008年金融危机导致大量高能耗、高排放、低效率企业倒闭，迫使浙江省经济社会基本实现了转型升级，他们的观点能否得到实证数据的支持，显然有待于进一步检验①。而明确是否实现了真正的转型升级则是进一步选择合理的样本区间甚至研究方法的先决条件。如果实现了转型升级，那么转型升级前后，浙江省低碳经济发展的影响机制是否发生了变化，如果发生了变化，又是如何变化的？如果没有真正实现转型升级，那么我们又该采取怎样的措施来早日实现真正的转型升级？

事实上，最近的浙江省"十二五"规划中已明确提出要加快推动科学发展和转变经济发展方式，实现转型升级，既要金山银山，又要绿水青山的响亮口号。要以清洁、高效的能源使用方式，打造绿色浙江、清洁浙江，逐步向低碳经济跨越，而低碳经济的发展需要强有力的资金支撑，当然也就离不开银行等金融机构信贷服务的支持。

于是，如何发挥金融信贷服务对浙江省低碳经济发展的支撑作用俨然已成为政府部门作出科学决策之前所必须面临的关键问题。要解决这一问题，首先需要探明金融信贷服务是如何影响低碳经济发展的，及其影响机制如何。譬如，金融信贷服务对碳排放量的驱动机制如何，金融信贷对低碳经济发展的支撑机制又是如何，等等。探明这些问题，对于更好地发挥强有力的金融服务功能，促进浙江省低碳经济的发展，实现经济社会的全面转型升级具有重大的现实意义。

本部分内容以浙江省为分析案例，拟从金融信贷服务的碳金融支撑低碳经济发展的视角切入，在对浙江省经济是否实现转型升级进行定量分析的基础上，深入探讨金融机构信贷资金服务如何影响浙江省低碳经济的发展，以及定量分析信贷资金（碳金融）支撑低碳经济发展的影响力度，从而为政府相关部门作出更为科学、合理的决策提供相应的参考，以期早日实现浙江省经济转型升级，进而打造真正的低碳浙江、绿色浙江。

一、模型的设定

（一）理论模型设定

影响低碳经济发展的影响因素众多，结合浙江省能源消耗实际，以及本书研究的视角，笔者主要从金融机构人民币信贷资金对浙江省低碳经济发展的影响作用，探讨金融对浙江省低碳经济发展的支撑力度及相关因素对低碳经济发展的影响机制。主要包括以下几个方面。

---

① 本文参照项后军和潘锡泉（2010），以及潘锡泉和项后军（2010）检验内生结构突变的方法检验浙江省经济社会是否发生真正的转型升级。

1. 人口规模效应（POP）。大量研究表明，人口规模对碳排放量具有正向效应，因为人口越多，其使用和消耗的能源显然越多，而能源的大量使用所产生的二氧化碳排放量也将越大。而且，人口增长的同时会不可避免地改变甚至破坏自然生态环境，进而减少碳汇的潜力。因此，理论上，人口规模效应的存在会促进碳排放量的增长。

2. 经济发展水平（GDP）。众所周知，经济的发展离不开大量资源、能源的投入，尤其是中国现时段处在快速工业化阶段，主要依靠高投入、高能耗驱动经济增长，能源势必会成为当前甚至是相当长一段时期内的重要生产要素，而能源的投入和使用必定会引起能源需求的增加，进而会促进碳排放量的增加。结合浙江省目前所处的工业化中、后期实际情况来看，能源需求和消费的快速增长仍将会在今后较长的一段时期内随着经济的发展而增长。因此，理论上而言，经济增长势必会增加二氧化碳的排放，两者具有正相关性。

3. 能源强度（EI）。所谓能源强度是指国内一次能源使用总量或最终能源使用与国内生产总值之比。从定义可以明显看出单位产出需要消耗的能源越多，碳排放量会随之增加（也即能源强度的下降，说明能源利用效率的提高），而不同的能源消费结构和能源利用效率将会产生不同的碳排放量[①]。因此，能源结构趋于低碳化将会有效减少碳排放量。同时，能源利用效率的提高同样可以对碳排放量起到重要的抑制作用。据此，从理论上讲，在其他因素保持不变的情况下，能源强度的提高（能源使用效率的下降），会产生更多的碳排放量，也即是说，能源使用效率与碳排放量之间存在负向驱动效应。

4. 信贷资金服务（LOAN）。经济的发展离不开资金的支持，而信贷资金的提供势必依赖于银行等金融机构。从理论上讲，银行等金融机构对低碳经济的发展存在两种相互对立的效应。一方面是银行将信贷资金投入到（贷款给）传统的高耗能、高污染企业促进经济的发展，必然会带来碳排放量的增加，不仅不能促进低碳经济的发展，反而会阻碍低碳经济的发展，我们称这种效应为抑制效应。相反，若银行将信贷资金投入到低碳而环保的低碳产业，或者低碳产品的开发等方面促进经济的发展，显然会促使碳排放量下降，从而能够强有力地促进低碳经济的发展，我们称之为推进效应。因此，银行信贷资金支持对于浙江省低碳经济的发展究竟哪种效应占据主导地位，应视具体情况而定。

根据上述的讨论，我们建立理论模型为

$$CO_2 = f(\overset{+}{POP}, \overset{+}{GDP}, \overset{+}{EI}, \overset{?}{LOAN}) \qquad (5-7)$$

[①] 譬如，煤炭、石油、天然气等资源由于其热值和能耗系数不同，同样消耗 1 吨标准煤的碳排放量分别为 0.775 吨、0.585 吨和 0.448 吨。

其中，上式右边解释变量上方的符号为各变量一阶导数的符号，表示各解释变量增加时，二氧化碳排放量的变动方向，问号表示信贷资金的支持与二氧化碳排放量的互动关系未定，需要根据实际情况来判定哪个效应占据主导地位。

（二）计量方法简介

Gregory – Hansen（1996）[①] 内生结构突变协整检验方法是在 Engle 和 Granger（1987）以残差项为基础的两阶段协整检验方法的基础上，又引入了考虑 ZA 单位根检验方法的原理。其内生结构突变检验能够有效地检测出变量之间的长期协整关系是否发生了显著结构突变，以及结构突变时点[②]。

其模型有下列形式：

模型一：标准模型

$$y_{1t} = \mu + \alpha' y_{2t} + e_t, t = 1, 2, \ldots, n \quad (5-8)$$

模型二（C）：截距项有结构突变

$$y_{1t} = \mu_1 + \mu_2 \varphi_{t\tau} + \alpha' y_{2t} + e_t, t = 1, 2, \ldots, n \quad (5-9)$$

模型三（C/T）：含时间趋势的截距项存在结构突变

$$y_{1t} = \mu_1 + \mu_2 \varphi_{t\tau} + \beta t + \alpha' y_{2t} + e_t, t = 1, 2, \ldots, n \quad (5-10)$$

模型四（C/S）：斜率项和截距项都发生突变

$$y_{1t} = \mu_1 + \mu_2 \varphi_{t\tau} + \alpha_1' y_{2t} + \alpha_2' y_{2t} \varphi_{t\tau} + e_t, t = 1, 2, \ldots, n \quad (5-11)$$

其中，$\varphi_{t\tau}$ 为虚拟变量，$\varphi_{t\tau} = 0, t \leq [n\tau]$；$\varphi_{t\tau} = 1, t > [n\tau]$。$\tau \in (0,1)$ 为结构突变点，[ ]表示取整数。

对应于上述 Gregory – Hansen 结构突变协整模型，其结构突变形式同样也设定为三种，同时也就意味着有三种备择假设。原假设为没有结构突变的标准协整模型，对立假设为基于式（5 – 9）至式（5 – 11）的结构突变协整模型。Gregory 和 Hansen 对此提出了相应的 Z_t^*、Z_α^* 和 ADF^* 检验统计量。

1. Z_t、Z_a 统计量。首先，利用之前所得残差估计值 $\hat{e}_t$ 计算一阶序列相关系数：

$$\hat{\rho}_\tau = \sum_{t=1}^{n-1} \hat{e}_{t\tau} \hat{e}_{t+1\tau} / \sum_{t=1}^{n-1} \hat{e}_{t\tau}^2 \quad (5-12)$$

[①] Allan W. Gregory, Bruce E. Hansen. Tests for Cointegration in Models with Regime and Trend Shifts [J], *Oxford Bulletin of Economics and Statistics*, 1996 (58): 555 – 560; Allan W. Gregory, Bruce E. Hansen. Residual – based Tests for Cointegration in Models with Regime Shifts [J], *Journal of Econometrics*, 1996 (70): 99 – 126.

[②] 正是考虑到 Gregory – Hansen 方法的这一优越特点，本书采用这一方法来检测浙江省经济在样本期内是否发生了显著的转型升级，如果发生了转型升级，其转型升级时点又发生在何处。

利用一阶序列相关系数定义第二阶段的残差 $\hat{v}_{t\tau}$（二阶段残差）：

$$\hat{v}_{t\tau} = \hat{e}_{t\tau} - \hat{\rho}_\tau \hat{e}_{t-1\tau} \quad (5-13)$$

Phillips 统计量计算模型如下：

$$Z_\alpha(\tau) = n(\hat{\rho}_\tau^* - 1), Z_t(\tau) = (\hat{\rho}_\tau^* - 1)/\hat{s}_\tau \quad (5-14)$$

其中，$\hat{\rho}_\tau^* = \sum_{t=1}^{n-1}(\hat{e}_{t\tau}\hat{e}_{t+1\tau} - \hat{\lambda}_\tau)/\sum_{t=1}^{n-1}\hat{e}_{t\tau}^2$，$\hat{\lambda}_\tau = \sum_{j=1}^{M} w\left(\frac{j}{M}\right)\hat{\gamma}_\tau(j)$，$\hat{s}_\tau = \hat{\sigma}_\tau^2/\sum_{t=1}^{n-1}\hat{e}_{t\tau}^2$，

$\hat{\gamma}_\tau(j) = \frac{1}{n}\sum_{t=j+1}^{n}\hat{v}_{t-j\tau}\hat{v}_{t\tau}$。$w(\cdot)$ 为核权重，且必须满足标准化谱密度估计条件，M 为带宽大小。而此结构突变协整检验统计量以 Z_t、Z_α 统计量最小值出现的点作为结构突变点，检验统计量为

$$Z_t^* = \inf_{\tau \in T} Z_t(\tau), Z_\alpha^* = \inf_{\tau \in T} Z_\alpha(\tau) \quad (5-15)$$

2. ADF 检验统计量。同样，由前面所得残差估计值，可得到存在结构突变点下第一阶段的残差，并估计落后一期残差的 t 值，以此 t 值作为 ADF 值。模型如下：

$$\Delta\hat{e}_{t\tau} = \alpha\hat{e}_{t-1\tau} + \sum_{t=0}^{k}\delta_i\Delta\hat{e}_{t-i\tau} + \varepsilon_t, \text{ADF}(\tau) = tstat(\hat{e}_{t-1\tau}) \quad (5-16)$$

此结构突变协整检验统计量同样以 ADF 统计量最小值出现的点作为结构突变点，其检验统计量为

$$\text{ADF}^* = \inf_{\tau \in T}\text{ADF}(\tau) \quad (5-17)$$

二、实证分析

（一）数据来源及说明

鉴于数据的可获得性，本书实证研究的样本期为 1995—2009 年，共 15 个样本。由于统计数据中没有统计各个省份的二氧化碳排放量数据，因此，首先需要对浙江省二氧化碳排放量进行测算。考虑到现有研究二氧化碳排放量测算方法存在很大的差异性，本书采用目前世界各国估算温室气体排放量时普遍采用的方法和排放因子进行测算，主要是政府间气候变化专门委员会（IPCC）、经济合作与发展组织（OECD）的研究方法。[①] 根据该方法，测算二氧化碳排放量的公式为

---

① 用一个国家化石燃料的消费量与各种燃料单位发热量、潜在碳排放因子，以及消耗各种燃料的主要设备的平均氧化率等参数综合测算得到碳排放量，再乘以（44/12）最终得到二氧化碳排放量。

$$二氧化碳排放量 = 燃料消费量 \times 碳潜在排放因子$$
$$\times 燃料燃烧过程中的碳氧化率 \times (44/12) \quad (5-18)$$

由于二氧化碳排放主要来自于化石燃料的燃烧，而主要化石燃料为煤炭、石油和天然气，因此本书化石燃料消费量主要是指煤炭、石油和天然气的消耗量①。其中，煤炭、石油和天然气实物消费量数据来自于《中国能源统计年鉴》。碳潜在排放因子采用 IPCC 推荐使用的国际通用参数（煤炭：27.30；石油：20；天然气：15.3）。燃料燃烧过程中的碳氧化率根据 IPCC 推荐的参数值（煤炭：0.8；石油：0.9；天然气：0.9）。②

国内生产总值（GDP）、人口（POP）以及金融机构人民币贷款余额（$LOAN$）数据来自历年浙江省统计年鉴，能源强度（EI）根据万元国内生产总值所消耗的碳排放量计算而成（单位：吨/万元）。为减少异方差性，采用通用的做法，对各变量取对数。同时，为比较各种影响因素对浙江省碳排放量的影响弹性大小，本书最终所使用的数据均经过标准化（中心化）处理。

（二）单位根检验

在进行回归分析之前，为避免出现"伪回归"现象，我们对各变量进行 ADF 单位根检验，检验结果如表 5.5 所示。

表 5.5　各变量 ADF 单位根检验结果（1995—2009 年）

变量名	ADF 检验类型	ADF 统计量值	1% 临界值	5% 临界值	10% 临界值
$LNCO_2$	(C, 0, 3)	-2.27	-4.2	-3.18	-2.73
$\Delta LNCO_2$	(0, 0, 0)	-2.26**	-2.75	-1.97	-1.60
$LNGDP$	(C, 0, 1)	-2.29	-4.06	-3.12	-2.7
$\Delta LNGDP$	(0, 0, 1)	-1.68*	-2.77	-1.97	-1.60
$LNEI$	(C, 0, 0)	-1.11	-4.0	-3.1	-2.69
$\Delta LNEI$	(0, 0, 0)	-3.29***	-2.75	-1.97	-1.60
$LNPOP$	(C, 0, 3)	-2.06	-4.2	-3.18	-2.73
$\Delta LNPOP$	(0, 0, 0)	-1.87*	-2.75	-1.97	-1.60
$LNLOAN$	(C, 0, 1)	-1.02	-4.06	-3.12	-2.7
$\Delta LNLOAN$	(0, 0, 0)	-1.69*	-2.75	-1.97	-1.60

注：①***、**、* 分别表示 1%、5% 和 10% 显著性水平下显著；②（C, T, L）中的三项分别表示截距项、趋势项和滞后期；③Δ 表示变量的一阶差分。

---

① 化石燃料消耗量测算分为两步：首先通过煤炭、石油和天然气各种燃料的折标准煤系数（煤炭：0.7143，石油：1.429，天然气：1.214，数据来自《中国能源统计年鉴》附录中各种能源折标准煤参考系数）转换成标准量，用标准煤（万吨）表示，然后利用标准煤的能值转换系数（每吨标准煤为 29 307.6 兆焦耳，因此，可以将万吨标准煤转换成 TJ），得到最终的通用能源单位 TJ。

② 碳氧化率数据与虞义华等（2010）采用的数据一致。

由表 5.5 的 ADF 单位根检验结果可知,各变量的水平值均无法拒绝单位根的原假设,而一阶差分均在 1%、5% 或 10% 显著性水平下拒绝存在单位根的原假设,故各变量均为一阶单整变量。

(三)浙江省经济转型测定——Gregory – Hansen 结构突变检验

运用 Gauss 8.0 软件和 Gregory – Hansen 结构突变检验程序对样本期内浙江省经济是否实现了真正转型进行测定,得到检验结果如表 5.6 所示。

表 5.6 浙江省经济转型测定——Gregory – Hansen 结构突变检验结果(1995—2009 年)

统计量	类型	统计量值	突变点(转型点)	类型	统计量值	突变点(转型点)	类型	统计量值	突变点(转型点)
ADF^*	C	-6.58	0.53	C/T	-6.55	0.53	C/S	-6.55	0.53
Z_t^*	C	-6.33	0.53	C/T	-6.41	0.53	C/S	-6.53	0.53
Z_α^*	C	-22.24	0.53	C/T	-22.21	0.53	C/S	-22.17	0.53

注:① * 表示统计量在 10% 水平上显著;②临界值参见 Gregory & Hansen(1996)原文。

从表 5.6 的 Gregory – Hansen 结构突变检验结果来看,无论截距突变(C)、含趋势截距突变(C/T),还是截距和趋势同时发生突变(C/S),检测出的结构突变点都为 2002 年(经济转型时点)。但是,三种类型的统计量 ADF^*、Z_t^*、Z_α^* 即使在 10% 显著性水平下也不显著,无法拒绝不存在结构突变(浙江省经济未发生转型升级)的原假设。因此,从我们的检验结果来看,有理由认为浙江省经济迄今为止,仍没有发生真正的转型升级。尽管关于浙江省尽快转变经济增长方式,实现经济转型的口号早已提出,但从实证结果来看,却并没有实现本质意义上的经济转型。

从现实情况来看,浙江省的整体经济发展水平的确取得了显著的提升,能源利用效率也得到了不断提高,"十一五"期间单位 GDP 能耗降低 20% 的目标任务也已圆满完成,全省规模以上工业单位增加值能耗同比下降 6.7%①。但是,从能源利用效率、能源强度(单位产值的能耗量)等综合指标来看,与美国等发达国家的差距依然很大,能源利用率低于发达国家水平约 9 个百分点,单位产值能耗约为美国的 3 倍、日本的 7 倍(苗圩,2010)。从某种程度上讲,浙江省依然没有脱离传统的经济增长模式。

(四)未发生转型升级背景下金融对浙江省低碳经济发展的影响机制分析

由于浙江省经济在样本期内并没有真正实现转型升级,因此,样本期内的

---

① 数据来自《2010 年浙江省统计公报》。

协整关系具有一定的稳定性，也即可以直接在样本期内考察浙江省金融机构资金信贷、国内生产总值、人口规模效应、能源强度等众多影响因素对低碳经济发展的影响机制。

通过运用 Stata 11.0 软件，对二氧化碳排放量与国内生产总值、能源强度、人口以及反映金融对浙江省低碳经济发展影响的金融机构人民币信贷资金余额变量进行回归分析，得到结果如式（5-19）所示①。

$$LNCO_{2t} = 0.45LNGDP_t + 0.6LNEI_t + 0.38LNPOP_t - 0.41LNLOAN_t$$

$$(1.8^*) \qquad (17.07^{***}) \quad (3.08^{***}) \quad (-2.59^{***})$$

$$(5-19)$$

$R^2 = 0.99$，$DW = 1.75$

对式（5-19）回归后提取的残差进行单位根检验，得到 ADF 统计量为 -3.16（对应 P 值为 0.04），在 5% 显著性水平上拒绝存在单位根的原假设，表明不存在"伪回归"现象，相应的 VIF 方差膨胀因子的多重共线性检验和 White 异方差检验都表明其不存在明显的共线性和异方差，DW 自相关检验显示也不存在显著的自相关，相应的 R^2 也很高。因此，本书建立的协整回归模型具有很强的稳健性，也具有很高的合理性。

从回归结果来看，国内生产总值、能源强度（单位产出的能源消耗量）以及人口规模增长均对二氧化碳的排放量具有显著的增长效应，其弹性系数分别为 0.45、0.6、0.38，这与理论预期也较为一致。而金融机构人民币贷款的增加反而有助于减缓二氧化碳的排放，这说明了现实情况下，金融对浙江省低碳经济的发展所体现出来的推进效应明显强于抑制效应，这也在一定程度上说明了浙江省金融机构信贷资金服务对低碳经济的发展具有强劲的支撑作用。具体而言，人民币信贷支撑力度每上涨 1 个百分点，将会减少 0.41 个百分点的二氧化碳排放量。

进一步地，从国内生产总值、能源强度、人口规模效应，以及信贷支持浙江省低碳经济发展的弹性系数来看，能源强度（单位产出的能源消耗量）对二氧化碳排放的增长弹性最大，经济发展水平对二氧化碳的弹性次之，而银行等金融机构的信贷服务，以及人口规模效应的弹性系数相对较小。尤其是人口规模效应对二氧化碳的排放量弹性仅为 0.38，这可能是由于浙江省人口增长缓慢，在 1995—2009 年间一直处于较为平稳的阶段，所以其弹性系数相对较小，这也就意味着人口规模效应对碳排放量的推动力相对有限。

---

① 回归中发现截距项不显著而被剔除。

从本书的实证结果来看,浙江省国民经济的快速发展,以及能源使用效率不高等因素仍是驱动浙江省碳排放量急剧上升的主导因素,而人口规模效应的存在,也在相当程度上推动了碳排放量的增加。而值得注意的是,浙江省金融机构信贷资金的支持有力地促进了碳排放量的下降,进而对浙江省低碳经济的发展起到了有效的支撑作用,为加快浙江省低碳经济发展步伐提供了强有力的金融支持。

三、结论及建议

通过 Gregory – Hansen 结构突变检验方法,本书对浙江省 1995—2009 年是否发生了经济转型升级进行了测定,在此基础上,进一步对金融支持浙江省低碳经济发展的作用,以及其他影响因素对浙江省碳排放量的影响机制进行了定量分析。

1. Gregory – Hansen 结构突变检验显示样本期内,浙江省经济发展依然没有实现真正的转型升级,其本质上依然是传统的高能耗、高投入驱动的粗放型增长方式。

2. 国内生产总值、能源强度(单位产出的能源消耗量)以及人口规模增长对浙江省二氧化碳排放量的增长具有显著的促进效应,而金融信贷支持对浙江省二氧化碳排放量具有强劲的抑制效应,这意味着金融对浙江省低碳经济的发展起到了强有力的支撑作用,这一观点得到了本书实证的支持。

3. 总体而言,经济发展水平、能源强度(单位产出的能源消耗量)以及人口规模效应对二氧化碳排放量的正向驱动效应要强于低碳信贷资金服务对二氧化碳排放的抑制效应[①],这也就出现了浙江省在样本期内依然呈现出二氧化碳排放总量持续上升的趋势。

本书的研究表明,我们迫切需要制定相应的政策建议,以期实现真正的转型升级,向低碳经济迈进。具体措施主要体现为以下几方面。

1. 加强低碳技术创新,提高能源使用效率

尽管从相关数据来看,浙江省 1995—2009 年的能源使用效率总体上呈稳步上升趋势,但与发达国家之间的差距依然较大,经济增长方式依然没有脱离传统的高能耗、高投入的粗放型增长模式,到目前为止,依然没有实现真正的转型升级。但同时,这也给浙江省能源使用效率的提高、早日实现真正的转型升级提供了广阔的空间。发展低碳经济,技术创新是关键,能源使用效率,尤

---

① 经济发展水平、人口规模效应和能源强度效应的弹性系数之和大于金融信贷服务支撑低碳经济发展的弹性系数。

其是工业能源使用效率的提高，有赖于企业的技术创新。因此，现阶段，浙江省要实现真正的转型升级，加快低碳经济发展进程，必须加快能源科技资金的投入，加快技术升级，鼓励相关企业加大节能技术的研发应用与节能技术的改造；同时要积极开展与国外先进低碳技术部门的合作，学习和借鉴相关控制碳排放的先进技术和知识，为浙江省低碳经济的发展服务。

2. 加大金融信贷支撑力度，推进低碳产业发展

实证结果所呈现的浙江省金融信贷资金服务对浙江省低碳经济发展强有力的支撑机制要求我们银行等金融机构进一步加大对低碳经济发展的金融资金信贷服务力度。因此，银行等金融机构一方面应该按照严格的环境质量评估要素、绿色信贷评估体系对开展低碳产业、低碳产品研发和实施低碳理念的企业提供强有力的资金支持。另一方面，金融机构通过政策引导，以及窗口指导等手段将信贷资金逐步向低碳产业引导和倾斜，为浙江省低碳经济的发展提供强有力的金融支持。

3. 适度控制人口规模，倡导低碳消费

实证研究发现人口增长的规模效应对碳排放量增长具有显著的正向作用，这要求我们要切实做好控制人口数量、减缓人口增长等相关工作。尽管近年来，浙江省人口规模始终处于较为平稳的缓慢增长阶段，年均增长率仅为0.54%，但人口规模基数依然庞大，人口的增长更加加大了对资源和环境的压力。因此，要实现低碳经济，政府应该适度控制人口规模，降低人口增长速度，提高人口质量；同时要注重提高居民的公众低碳环保意识，加强生态文化教育，广泛开展生态文明创建活动；加强对低碳理念的宣传力度，大力倡导低碳消费、绿色消费的理念（浙江省"十二五"规划），引导居民的消费模式向可持续低碳消费方向发展，进而打造真正的低碳浙江、绿色浙江。

第六章 金融支持低碳经济发展的案例分析
——以银行业为例

本部分内容以银行业为分析案例,分析促进低碳经济发展的碳金融支持体系的构建问题。银行作为联结国民经济命脉的资源配置枢纽,担负定位稀缺资源投向之重任,对一国经济的发展具有强劲的激励和扩张作用。因此,银行业的碳金融实践除了与其他企业一样采取相应的措施减少及消除自身日常运行过程中所排放的温室气体总量和影响外,更关键的是需要扮演好融资(信贷)的角色,支持企业充分而有效地发挥其资金转化和资源配置的功能,通过具体的信贷和投资行为间接影响和引导各个行业项目的能源消耗、温室气体排放,为企业进行低碳实践创造良好的金融环境,继而成为经济从高碳向低碳转型的引领器和推进器(王卉彤,2008)[1]。正如郭清马(2010)[2]所强调的,银行参与碳金融业务,对于支持低碳经济发展和掌握国际碳金融话语权具有至关重要的意义。尤其是现阶段情况下,在银行等金融机构仍然是以融资作为其业务基础的现实背景下,银行积极参与碳金融业务势必显得更为重要。据此,我们有理由认为,推动中国银行业参与碳金融业务,不仅仅是应对激烈的国际金融竞争之需,也是促进一国产业结构调整、实现经济转型的必然选择。王宇和李秀(2008)[3]的研究认为,碳金融是应对气候变化的金融创新机制,他们详尽而细致地分析了各金融机构主体的作用机制和相应责任,并且指出,银行业应该承担起信贷资金配置的碳约束责任。王元龙(2009)[4]则在综合介绍和分析全球碳金融及中国碳金融发展现状的基础上,提出中国银行业开展碳金融业务的必要性,并进一步指出,尽管中国碳金融业务具有广阔的发展前景和利润空间,但仍然存在诸多的制约因素,需要我们从自身资源禀赋及外部政策环境等

---

[1] 王卉彤. 应对全球气候变化的碳金融创新 [M]. 北京:中国财政经济出版社,2008:36~245.
[2] 郭清马. 商业银行参与碳金融业务的策略研究 [J]. 西南金融,2010 (6):65~67.
[3] 王宇,李秀. 碳金融:应对气候变化的金融创新机制 [N]. 中国经济时报,2008-12-19.
[4] 王元龙. 把碳金融培养成中国金融业新增长点 [N]. 中国经济时报,2009-12-30.

多方面进行努力，以期发现碳金融发展过程中存在的众多问题，并以此为契机提出解决问题的方案，促进银行业深入而全面支持低碳经济的发展。

其实，学术界、金融部门乃至政府各级研究机构对中国银行业促进低碳经济发展方面早已进行了有益的探索，也取得了丰硕的成果，但较为遗憾的是，这些文献（张茉楠，2009[①]；杜莉、韩丽娜，2010[②]；陈柳钦，2010[③]；汪陈、金利娟和何圣财，2010[④]；等等）以及金融研究机构和政府研究部门等依然未能对此进行深入的探析[⑤]。为了具体而深入地探究中国银行业支持低碳经济发展的运行机制，本书将以碳金融服务体系、碳金融市场体系和碳金融政策体系这个三位一体的金融支持中国低碳经济发展的碳金融支撑体系框架为基础，从中国银行金融支持与低碳经济发展的相互关系，以及银行业在支撑低碳经济发展过程中的机遇和困境出发，深入剖析中国银行业如何支持低碳经济发展及其运行机制，以期为今后其他金融机构支撑低碳经济发展提供一定的借鉴。

第一节　银行支持与低碳经济发展

从目前来看，尽管发展低碳经济已经成为中国经济可持续发展的一种必然选择，但对于低碳经济的各种政策支持仍然相当匮乏，这必然会使得低碳企业（低碳经济模式）在与高碳企业（传统高碳经济模式）相竞争的过程中不能显著体现出其巨大的优势，企业发展低碳经济的动力不足，从而在一定程度上妨碍了金融对低碳经济的支撑。所幸的是，随着低碳经济发展各种支持政策的不断完善，竞争力的不断加强，低碳经济发展必将获得更大的金融支持；另一方面，低碳经济的发展可能也会在某种程度上对银行金融业务能力的提升、实现可持续发展提供一定的途径。

于是，一个很自然的想法是，金融支持与低碳经济发展之间存在一种怎样的联系，也即碳金融的内涵式本质特征如何，这势必需要我们深刻剖析银行等金融机构的金融支持与低碳经济发展之间存在的内涵本质联系。我们对此从银

---

① 张茉楠．中国需积极构建碳金融体系［N］．上海金融报，2009-07-21．
② 杜莉，韩丽娜．论碳金融体系及其运行架构［J］．吉林大学社会科学学报，2010（50）：55~61．
③ 陈柳钦．碳金融：撬动低碳经济的杠杆［J］．区域金融研究，2010（8）：13~18．
④ 汪陈，金利娟，何圣财．构建低碳经济创新性金融支持体系研究［J］．西南金融，2010（8）：26~28．
⑤ 更多的探讨集中于银行与低碳经济发展的现状描述及银行业面对低碳经济发展的机遇与困境，而没有详尽分析银行业如何支持低碳经济发展，更没有在三位一体的完整逻辑框架体系内进行研究。

行金融支持对低碳经济发展的作用,以及低碳经济发展反过来对银行金融可持续发展的作用双重维度进行探讨,具体主要表现为以下几方面。

一、银行为低碳经济发展提供金融支持

银行金融支持是中国实现高碳经济向低碳经济发展的重要支撑。银行在经济社会发展过程中的重要角色决定了其在可持续发展中的特殊地位。银行在低碳经济发展过程中,可以根据其规模、剩余额度和风险等要素进行有效的资金配置,尤其是在风险度量和定价方面具有显著的优势,可以通过信贷导向引导资金投向与低碳经济相关的产业和项目,促进中国从高碳经济向低碳经济发展模式转型。根据统计资料,截至 2010 年 1 月 27 日,中国已经获得了 1.78 亿吨核证减排量(CER),如果以每吨 11 欧元的现货价格计算,大约能够获得 19.58 亿欧元的资金,为中国的经济社会可持续发展提供进一步的资金支持。因此,银行业金融机构参与 CDM 项目,把项目所实现的核证减排量(CER)所获得的转让收入作为还款来源,不但可以为可再生能源项目的开发和利用、能源使用效率的提高(主要表现为支持低碳经济发展)提供资金支持,又能实现对项目主体参与者环保责任施加一定的软约束。如此一来,就可以有效减少经济发展过程中高碳排放量能源物质(如煤炭等)的过度使用,使能源链逐步从传统的高碳经济向低碳经济转移,降低能源消耗,改变能源消费和使用结构,推动中国实体经济朝着低排放、低污染、低能耗的低碳经济的方向转变,实现中国经济的转型升级。

二、低碳经济发展促进银行可持续发展

在金融业日益成熟的今天,银行业金融机构之间的竞争越发激烈,银行业的可持续发展已不再仅仅局限于传统的规模经济扩张这种单一维度的模式,而是需要朝着多元化的发展维度拓展。那么,如何寻找新的经济亮点(增长点)推动自身业务的全面发展;如何利用现有条件实现内部资源的合理配置,促进信贷经营的内涵式发展、外延式拓展;如何充分发挥社会效益,提升社会声誉显然已经成为当前各个商业银行之间竞争成败的关键因素。在低碳经济发展越来越受到重视的今天,银行业加大碳金融领域业务的扩展力度,加强碳金融领域的业务服务,加大发展低碳经济的金融支持力度;通过金融产品的不断创新,碳金融产品的不断丰富和完善,碳金融服务的不断加强,必然会不断扩大银行的市场份额、增加利润空间、提高社会效益、提升社会声誉,促进银行的可持续发展。

据此可以认为,银行金融支持和低碳经济发展之间是相互促进、相辅相成

的相依关系，这种互动的相依关系深刻地反映了低碳经济的发展对资金的持续需求会有力地拉动银行业的发展，而银行业又以资金供给和各种金融服务对低碳经济的发展提供有力的支持。

第二节 银行在低碳经济发展中面临的机遇与问题

从目前银行金融支持与低碳经济发展的相互关系来看，银行显然是参与低碳经济的绝对主体。正如黄丽珠（2008）所指出的，在履行社会责任的同时分享低碳经济时代的盛宴对于银行业来说应该是一个双赢或多赢的选择，这意味着中国银行业在支持低碳经济发展的进程中具有很大的机遇。当然，在面对这一机遇、分享这一盛宴的同时，中国银行业在支持低碳经济发展的进程中也面临着诸多的问题。

一、银行业支持低碳经济发展的机遇

（一）潜力巨大的发展市场

伴随碳排放权交易的不断发展，逐渐催生出了一系列低碳经济发展模式下直接与银行业紧密相关的金融需求。目前为止，中国企业进行的碳排放权交易，主要是基于项目（CDM 项目）进行的交易，因此，中国的金融机构应该更多参与到依托 CDM 项目所进行的金融中来。中国作为《京都议定书》文件规定中的非附件 I 国家，在 2012 年《京都议定书》协议执行期间，并没有强制规定的温室气体减排义务。这也就意味着，中国在 2012 年前，完全可以将中国的温室气体减排量按照 CDM 机制转换成碳商品（以碳排放权为核心衍生的准金融产品）向发达国家（有强制减排义务的国家和企业，如发达国家和国际性组织）出售，这势必给中国银行业分享低碳经济盛宴、攫取丰厚经济利益提供了极大的机遇。

另据联合国计划署对相关数据的估计，仅 2012 年一年内，发达国家就需要完成近 50 亿吨的温室气体减排任务，尤其值得一提的是，其中至少有一半需要通过 CDM 机制来实现，而中国作为最主要的 CDM 项目生产者，其占比高达 45%，显然成了全球温室气体减排量的最大供应国。在 2012 年以后，随着《京都议定书》协议内容的终止，在下一轮的减排谈判中，中国可能会承担与经济发展相适应的减排任务。减排角色的变化，可能会在一定程度上促进中国碳金融模式的多样化发展，但是依然无法改变的事实是"中国碳金融市场的潜力巨大"。因此，银行业参与碳金融业务，为企业、CDM 项目实施者等提供完善的碳金融服务将具有广阔的市场。

（二）实现经济、社会效益的提升

银行参与碳金融业务，可以树立其社会责任形象，实现其品牌和效益的提升。碳金融服务的目的是减少二氧化碳等温室气体的排放，逐步改善日益恶化的全球气候变暖问题。银行业金融机构参与碳金融业务，为低碳经济企业提供信贷资金支持及相关中介服务，在政策上向有利于低碳经济发展、绿色环保的项目进行适度倾斜，打造具有低碳特色的银行品牌，势必能够在很大程度上带来丰厚的品牌效益。这一方面的例子已层出不穷，特别是近年来，国内银行业纷纷开始采取行动，打造其低碳发展的银行品牌效益。譬如，浦发银行于2006年率先在中国银行业发布了第一份企业社会责任报告，紧接其后，兴业银行于2010年发布了第一份以"可持续发展报告"为题的社会责任报告。从浦发银行和兴业银行的实际行动来看，我们银行业已经认识到并逐步开始从被动的社会责任向主动的可持续发展过渡，其目的是希望能够达到银行（企业）、社会和环境三赢的品牌战略目标和责任境界。通过这些主动的可持续发展报告的发布，这些积极参与碳金融业务的银行显著提升了其市场地位和品牌形象，实现了品牌效益。

（三）分享国际碳金融发展盛宴

伴随碳交易市场规模的不断扩大，以及以碳排放权为核心的特殊产品交易所引起的碳货币化程度的不断提升，碳排放权逐步衍生成为具有较强投资交易价值、具有一定流动性的金融资产。然而，比较令人遗憾的是，一方面，从整个碳交易的实践情况来看，中国目前依然处于整个碳市场交易产业链的最低端，不是碳交易标准的制定者，而是碳排放权的提供者，中国碳交易参与者处于极为不利的位置。

另一方面，国内企业经 CDM 项目机制核准的 CER 的买家主要是境外企业，而当中国 CDM 项目参与主体与这些境外企业谈判时，由于项目实施主体不能够娴熟地掌握碳排放交易工具，谈判过程漫长，以及买卖双方信息不对称，我国企业缺乏对 CDM 项目的了解等因素的影响，导致中国与境外买家达成的最终成交价格与国际价格（欧盟排放权交易价格）相差很大[1]。如果中国银行业金融机构能够抓住机遇，在较好地进行风险控制的前提下，积极探索碳金融产品（工具）、碳金融市场和碳金融服务创新，提高碳金融产品的市场定价能力，尤其是争取在与境外 CDM 项目购买者谈判进程中能够掌握主动权。如此一来，必然会使中国在国际碳金融体系中抢占更多的话语权，从而保证银

---

[1] 长此以往，我国将被迫按照发达国家制定的"国际标准"进行碳测算、碳交易，甚至以高价向发达国家购买低碳技术和碳排放权。

行业在国际碳交易中获得可观的利益，分享国际碳金融发展盛宴。

二、银行业支持低碳经济发展面临的问题

在低碳经济发展的进程中，中国银行业支持低碳经济发展除了具有很大的潜在机遇外，也面临着很多问题。从国际碳金融发展的成功经验来看，较为完善的银行业中介服务是国际碳金融业务得以良好发展的重要基础。相比之下，中国银行业在碳金融业务领域涉足较少，究其原因，主要体现为碳金融服务缺失、碳金融产品和市场地位缺失以及碳金融政策支持体系缺失等方面。

（一）碳金融服务缺失

由于碳金融发展历史较短，在中国传播的时间更为有限，银行业等金融机构和社会公众对碳金融这一概念的认知程度依然不高。国内银行业对碳金融的利润空间、运作模式、风险管理等多方面的认识还处于极其低下的水平，导致中国银行业缺乏大量熟知碳金融业务的相关专业技术人才。由此带来的不良后果是，没有足够的技术人才能够对碳金融业务的利润空间、操作模式、交易规则以及风险防范管理等知识完全掌握。如此一来，在进行具体操作时，需要依赖于外部专家对项目进行意见评估，而不能够单独地作出科学、合理的判断，这些因素使得中国银行业迟迟不敢涉足碳金融领域。到目前为止，除兴业银行、国家开发银行、浦发银行、中国银行和深圳发展银行等少数几家银行开展了碳金融的具体业务外，大部分银行仍处于观望状态，更没有从机构设置、人员培训和配备、运行机制、风险管理等方面着手应对。据中央财经大学低碳金融研究组（2009）①对北京、上海、天津、浙江、山东、湖南、江西等16个省、直辖市的31个城市进行的问卷调查发现，仅有7%的来自金融机构的调查对象对碳金融表示关注并了解，而大部分人对碳金融较为陌生，该课题研究组同时对来自金融机构的263名人员进行调研访谈，结果发现，73%的被访问者不知道该如何应对或至今还没有考虑，甚至根本不了解气候变化对金融业的影响，而仅仅只有27%的被访问者认为金融机构（主要为银行业）应该抓住这次机遇，及时参与国内、国际碳金融的发展。

（二）碳金融产品和市场地位缺失

目前，国内银行业碳金融产品创新不足及市场高度分割，发达国家银行业围绕碳排放权已经衍生出了一系列碳金融产品及相关结构性产品，也基本构筑起了以这一系列金融产品进行投融资来支撑低碳经济发展的体系。在法规、市

---

① 中央财经大学低碳金融研究组. 碳金融：全球视野与中国布局 [M]. 北京：中国经济出版社，2010：156~159.

第六章　金融支持低碳经济发展的案例分析

场交易主体以及中介服务等方面初步形成了较为完善的市场机制和交易体系（周艳，2010）[①]。然而，中国到现在为止依旧还没有形成真正完善的碳交易市场和一系列较为规范的碳交易制度，更没有碳基金、碳证券、碳期货等以碳排放权为核心衍生而来的碳金融产品，也缺乏科学合理的利益补偿机制，这使得中国银行业难以与国际金融机构（国外银行）抗衡。

此外，从交易市场来看，碳交易主要集中在部分发达国家或区域内部。尽管国内从事碳金融交易的市场种类较多，自2008年起，中国相继成立了北京环境交易所、天津排放权交易所等多家碳排放权交易机构，但由于缺乏自身的交易体系，这些交易所主要是基于项目的交易，并不是标准的合约交易。境外买家则利用其在国际碳金融市场中的强势地位和专业能力，轻易获得碳交易过程中的定价优势，而国内碳排放权供应方却只能被动地接受境外买家的价格剥削。显然，定价权的缺失直接影响了参与CDM项目的国内各金融机构和中介服务机构（银行业）的收益水平。更有甚的是，在市场制度安排上，北京环境交易所、天津排放权交易所等国内交易所之间存在着很大的差异性，不同市场之间不能进行直接的交易，从本质上讲，整个国内碳金融市场完全处于高度分割的状态。而且，国内所从事CDM项目交易的CER仅处于一级市场，其与欧盟等二级市场之间的价差仍然很大[②]，进而导致银行业参与碳金融业务的风险较大。

（三）碳金融政策支持体系缺失

银行开展碳金融业务存在较大和较多的风险，除了面临基本的市场风险外，还存在较大的政策风险。由于《京都议定书》的实施仅涵盖了2008—2012年，而2009年底的哥本哈根会议并未取得实质性进展。因此，较为被关心的问题是，2012年以后，目前实施的各项制度和内容是否能够延续，中国是否会承担部分减排义务，在碳金融交易中，中国又会扮演怎样的角色等，这一系列问题都存在着很大的不确定性。尤为重要的是，到目前为止，中国尚未出台完整的发展低碳经济的规划和系统性的引导政策，行业环保、健康安全评价指标体系和相关产业规划、税收、投资以及信贷规模导向等配套性政策体系仍处在研讨探索阶段，难以有效帮助银行业分析、评估和规避风险。这些因素

[①]　周艳. 基于共生网络的商业银行碳金融业务研究 [J]. 金融论坛，2010 (9)：36~41.

[②]　我国创造的核证减排量被发达国家以低廉的价格大量收购后，通过金融机构的二次包装和开发，成为价格更高的金融产品、金融衍生品在二级市场进行交易。不仅如此，发达国家还正全力吸引中国的金融机构参与到他们所建立的碳金融市场中，从而赚取中国资本的利润。其实，这和中国为发达国家提供众多原材料与初级产品，发达国家再出售给中国高端产品，并赚取"剪刀差"利润的原理是一样的。

共同阻碍了中国银行业参与碳金融业务的进程。

第三节 支持低碳经济发展的三位一体碳金融体系

金融支持与低碳经济发展的相依辩证关系，以及对银行业支持低碳经济发展所面临的机遇与困境分析均表明，低碳经济的发展离不开金融机构的支持。那么，金融对低碳经济发展的支撑机制是如何发挥的呢？对此，我们以银行业的金融支撑体系为例，从碳金融发展的服务体系、市场体系，以及政策体系三个维度进行全方面的分析，建立三位一体的碳金融支持体系。

一、碳金融服务体系

银行业作为现代经济体系中连接国民经济各部门之间实现有效运营的关键纽带，担负着微观主体和金融中介这一特殊的双重身份，其贷款政策及变化会对整个经济的发展产生导向性作用。银监会前主席刘明康指出，银行业在低碳经济发展和产业结构调整中应积极发挥作用，主要是要扮演好两个角色：一是要成为低碳理念推广的践行者，为低碳经济发展提供资金支持；二是要成为低碳金融服务的创新者，为低碳经济发展提供中介服务。而任何一个完整的碳金融体系框架，银行业运行机制最终要以低碳信贷服务（融资）为归宿，而一个完善的低碳信贷运行机制包含低碳信贷理念的树立、低碳信贷管理体系的建构、低碳信贷资源的配置以及低碳信贷风险管理体系的构建等。

1. 低碳信贷服务

银行业支持低碳经济发展最本质的还是要解决一个关键性问题，就是如何实现低碳信贷资源配置。从中国现阶段来看，银行业应当以风能、水循环、电动车、太阳能以及各种循环经济领域的开发和生产企业或产品作为信贷对象，开发一些能源效率高、清洁的低碳信贷产品，尤其需要为节能环保企业提供全方位的金融服务，探索和创新低碳信贷产品。为此，银行业一方面要将贷款项目按照环境和社会标准进行分类过滤，对各类贷款实行区别对待。譬如，对于高风险贷款项目，贷款申请者必须完成社会环境评估，而且必须与当地利益相关者协同磋商办理相关的环境管理企划书，并详细说明如何减少或监测贷款项目在环境社会方面的风险。另一方面，银行业必须对贷款项目进行环境要素评估。具体程序可按如下步骤执行（银行业支持低碳经济发展的低碳信贷执行框架如图 6.1 所示）。

2. 中介服务

根据现在的 CDM 发展情况，我们发现，国外 CDM 项目的评估与排放权的

第六章　金融支持低碳经济发展的案例分析

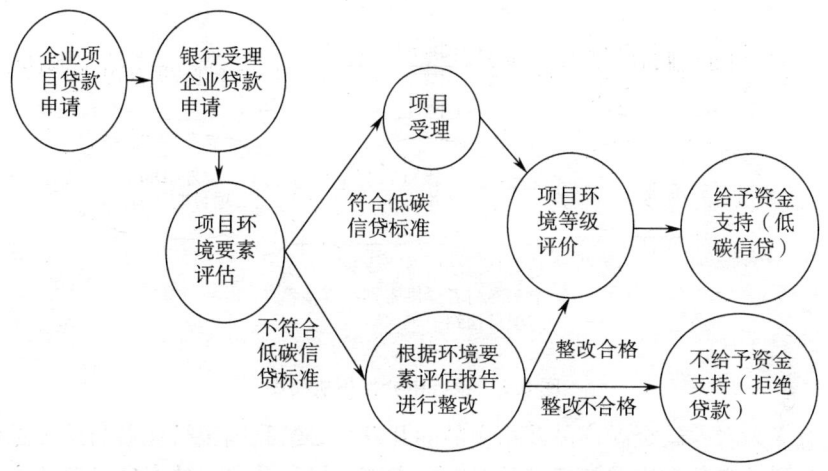

图 6.1　银行业支持低碳经济发展的低碳信贷执行框架图

购买绝大多数由咨询公司（或银行业）代理，而目前中国国内 CDM 项目咨询市场发展非常不完善，机构数量不足且大都仍处于起步阶段。国内企业主往往需要直接与国际碳基金、国际投资银行等境外买方就 CDM 项目交易进行谈判。然而，由于专业技术知识能力和经验的缺乏，国内企业承担很大的开发风险及交易风险，往往使得国内企业在合作中处于极为不利的地位。若银行业参与，可以利用其万方数据在国际业务和投资银行业务方面的优势（蔡宁伟，2010），为国内企业的 CDM 项目提供中介服务。譬如，为国内企业的减排项目提供开发、交易和管理的一站式金融服务，协助国内 CDM 项目业主选择具有良好交易记录的买家，以降低交易风险；与此同时，也可以利用银行业自身的信息优势，为 CDM 项目业主提供合理的 CER 报价，帮助企业实现最佳收益。

更为重要的是，银行业等金融机构可以发挥其自己专业优势为 CDM 项目交易双方提供中介服务，甚至直接参与 CDM 项目谈判，等等。最为典型的是，以商业银行为代表的金融机构通过 CDM 中介服务和信贷支持等方式为碳交易提供金融服务。通过这种银行业作为中介参与 CDM 项目的交易，转变传统的国内企业直接与境外 CDM 项目购买者进行交易的模式，实现企业—银行—境外 CDM 项目购买者这一链式交易模式（如图 6.2 所示），有效降低国内企业进行 CDM 项目交易的交易风险。

二、碳金融市场体系

1. 银行业提供金融产品

银行业为低碳经济发展提供金融产品及其衍生品等相关低碳理财产品。从

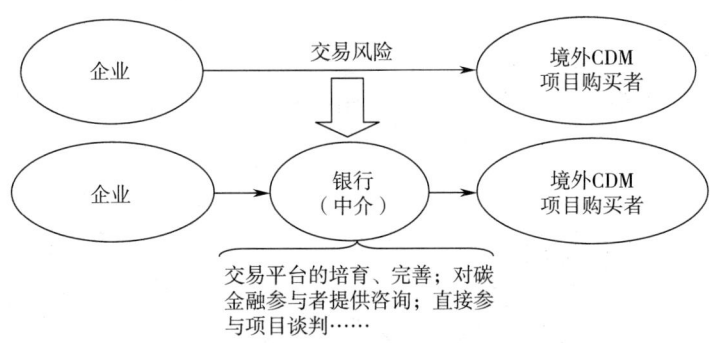

图 6.2　银行中介作用机制图

实践意义来看，碳金融产品及衍生品的开发势必给我国银行业参与碳金融业务带来激烈的竞争和丰厚的经济效益。一方面，银行业之间的竞争日趋激烈，必须要在现有情况下探寻能够适合银行业自身发展需要的碳金融产品创新，参与到同业竞争中；另一方面，碳金融产品及衍生品的推出，势必在业务上能够带来新的利润增长点，为银行业带来丰厚的经济利润。

在碳金融产品方面，国内银行业纷纷采取行动，推出丰富的碳金融产品、碳金融衍生品及其他与碳排放权挂钩的低碳理财产品。2007 年 8 月，深发展推出了与二氧化碳排放权挂钩的理财产品——"聚财宝"飞越计划人民币理财产品与"聚汇宝"超越计划美元理财产品，基础资产为欧盟第二承诺期的二氧化碳排放权期货合约价格。此外，又如光大银行推出了一款"阳光理财低碳公益理财产品（T 计划第 10 期）"，而兴业银行和光大银行在 2010 年 1 月和 3 月更是推出了以低碳为主题的信用卡。

2. 银行业参与碳市场交易

碳金融市场业务的兴起，为金融业的发展提供了新的机遇。因此，作为国内金融业的代表——银行业，更应积极参与其中，在低碳经济发展中赚取应有的经济利益，分享碳金融发展的成果。一方面，银行业通过参与碳金融市场交易，可以为国内企业参与碳金融市场交易提供良好的平台，降低企业参与碳金融市场交易的交易成本；另一方面，银行业主动接轨国际碳金融市场，引导低碳、绿色信贷经济发展，不仅可以为我国企业引进低碳经济发展的 CDM 项目，获取丰厚经济利润，而且也能在很大程度上提升银行业自身企业社会形象，获得社会各界的认同，为银行业的发展注入新的活力。

2008 年，浦发银行率先推出了绿色信贷综合服务方案，2009 年 7 月，浦发银行再次在国内银行界率先以独家财务顾问的方式，为陕西两个水电项目成功引进 CDM 项目，并为项目业主争取到了具有竞争力的交易价格。而在同时，兴业银行担任了中国首笔自愿减排量交易的账户管理重任,为中国首笔自愿减排交易提供了结算和资金存管服务。随后的 2010 年 4 月 8 日,光大银行与北京环境交易所签订了《中国光大银行碳中和服务协议》。

此外,中国农业银行积极成立了投资银行部,与多家企业达成项目合作意向书,涵盖了小型水力发电、水泥回转窑余热发电、炼钢高炉余热发电等 CDM 项目,积极参与碳金融市场,支持中国低碳经济的发展。

三、碳金融政策体系

低碳经济的发展固然离不开强有力的资金支持作为其坚强的后盾,但也不能没有完善的政策支持体系,尤其是银行金融业的政策体系支持,它将直接影响低碳经济发展的可持续性。具体主要体现在以下几个方面。

第一,政策制度的完善。碳金融市场及业务刚刚兴起,我国各项制度及法律法规均不够完善,有待进一步改进与实践。在这一过程中,政府各部门,尤其是直接参与银行业监管的中国人民银行,更需要在政策、制度体系上给予足够的重视,为各银行业参与碳金融市场、碳金融活动提供良好的平台,适时推出能够促进银行业参与碳金融市场、碳金融交易的政策,完善银行业参与碳金融市场的各项制度,引导银行业积极参与碳金融市场,发挥碳金融市场发展过程中银行业的优势作用。

第二,加大银行业对开展低碳经济业务的信贷支持力度,引导银行信贷资金朝着低碳经济发展的方向迈进。充分发挥中国人民银行的央行作用,积极引导国内银行业资金信贷投向低碳产业,促进低碳产业的强劲发展。

第三,政策引导方面。在银行业加大对低碳产业信贷支持力度之时,中央银行、政府各有关部门应该主动制定相关措施,营造适合低碳经济发展的环境氛围,譬如,通过实施优惠利率、财政税收优惠等方式,引导和促进低碳经济的发展。充分发挥中央银行的宏观指导作用,建立与节能减排项目贷款相关联的信贷规模指导政策,充分利用窗口指导功能,引导银行加大对 CDM 项目的信贷支持,为低碳经济的发展创造稳定的货币政策环境。

第四,加强监管和风险防范体系建设。正如前文碳金融服务体系建设中所提到的,风险防范是银行业开展碳金融业务、参与碳金融市场交易的关键性任务之一。政府部门,尤其是人民银行,应该时刻关注银行业对低碳信贷业务的监管,防范银行业信贷资金链断裂,加强风险评估体系建设,强化碳金融相关法律、法规的制度化、完善化。

第五,加强与国外碳金融业务接轨,自觉遵守低碳经济发展的各种规则,共同参与全球低碳经济的发展。人民银行等政策部门应该通过引导、鼓励等方式让企业自觉加入赤道原则、碳信息披露等国际低碳原则，为低碳经济发展提供全方位的政策支持。

第四节 金融支持低碳经济发展的建设路径

本部分在金融支持低碳经济发展的、三位一体（碳金融服务、碳金融市场、碳金融政策）的碳金融支持体系框架基础上，从银行业金融支持与低碳经济发展的辩证关系及银行业支持低碳经济发展面临的机遇和挑战出发，详细分析了中国银行业支持低碳经济发展的运行机制，发现中国银行业支持低碳经济发展进程中依然存在服务体系不够健全、碳金融产品不完善及市场交易体系狭隘、碳金融政策支持体系不到位等现象，银行业金融机构支持低碳经济发展的建设路径建议如下。

一、加强碳金融服务体系建设

1. 加快碳金融专业人才培养，提高碳金融认知力度。银行业要增加熟悉碳金融相关技术知识的人才储备，加快专业化人才队伍建设。现阶段，中国银行业绿色金融专业化队伍服务体系建设应在重点领域有所突破，继续培养大量的专业化人才以规避目前银行业对碳金融业务利润空间、运作模式、风险管理等诸多方面知识的缺失。此外，银行业应选择业务经验丰富的专业技术人员组成团队，参与项目评估、碳金融产品开发、低碳信贷环境要素评估、低碳信贷风险防范体系分析，积累经验、学习技术，争取短期内在指定领域储备一定数量的专业人才，以突破碳金融服务体系建设的制高点。

2. 加强低碳信贷服务体系建设，为低碳经济发展提供资金支持。银行业急需从低碳信贷理念的树立、低碳信贷管理体系的建构、低碳信贷资源的配置以及低碳信贷风险管理体系的构建等方面入手，建立和完善低碳信贷服务体系，尤其重视低碳信贷资源的配置环节，严格按照环境要素评估指标，切实发挥好银行业的低碳信贷支持功能。

3. 加快推进银行业的中介服务功能。银行业需要积极参与碳金融实践，直接参与CDM项目交易，转变传统的国内企业直接与境外CDM项目购买者进行交易的模式，实现企业—银行—境外CDM项目购买者的链式交易模式，发挥银行业中介服务功能，突破外资银行独享碳金融发展巨额利润的局面。

二、拓展碳金融交易市场

1. 完善银行业碳金融产品、衍生品及其相关理财产品的创新。在建构和完善中国碳金融市场的过程中，银行业应逐步推出碳掉期交易、碳证券、碳期货、碳基金等各种碳金融产品，推出与二氧化碳排放权挂钩的各类理财产品，开发出适合中国碳交易市场的金融产品和交易工具，增加交易内容，进而促进低碳经济的发展。

2. 拓展碳金融交易市场，促进银行业参与碳金融市场交易。首先我们以《京都议定书》建立的清洁发展机制（CDM）为基础，要积极建立全国性的碳排放权交易市场，并适当建立区域性的碳排放权交易市场，积极引导和鼓励具有绿色信贷资格的银行以其低碳抵押项目直接参与到碳排放权市场进行交易。此外，国家和各地区都应该尽快建立起各自独立的碳排放账户，并以已建立的北京、天津和上海三大排放权交易所为中心，积极推广碳排放权交易试点，并逐步在全国范围内开展，最终形成统一的国内碳交易平台，加速银行业参与碳金融市场温室气体排放权交易的步伐，改变中国项目业主和境外买方直接交易，由于信息不对称，相互之间恶性竞争而导致价格偏低的问题。

三、发挥宏观金融政策指导作用

强化银行业对低碳经济发展的碳金融政策导向作用，中国人民银行要切实有效地发挥好其政策支持和引导作用。

1. 按照区别对待的原则，通过多种形式的窗口指导和信贷政策引导机制，积极倡导低碳信贷理念，不断优化信贷投向、创新信贷产品、提高信贷服务质量，将信贷支持的重点逐渐由传统高耗能、高排放的高碳行业向低耗能、低排放的低碳经济领域延伸，统筹兼顾，全面做好中小企业特别是小企业的节能减排金融政策支持服务，努力营造银行业支持低碳经济发展的良好政策环境。

2. 充分运用好利率等各类货币政策工具，对部分节能减排企业或项目，通过贴息，或者实行优惠利率政策等方式降低其融资成本。

3. 全面开展政策实施效果评估，对各类银行的政策执行情况开展跟踪检测，通过有效的激励与约束机制，全方位推进银行业支持低碳经济发展的政策保障体系建设。

第七章　金融支持低碳经济发展的政策建议

金融支持低碳经济发展，在政策层面上，首先需要构建一个统一的碳交易系统平台，创新碳金融交易品种和交易机制，抢占碳金融交易话语权。要完善碳金融服务体系，加强法律与制度建设，推动中国碳金融健康发展，以此促进中国低碳经济发展，实现产业结构的升级转型。

第一节　构建平台，创新机制，抢占碳交易定价话语权

一、构建统一的碳金融市场

积极构建交易平台，推动中国碳排放权交易一体化，统一碳金融市场。发展低碳经济离不开企业的技术创新、知识创新，而技术创新和知识创新需要大量的资金支持和配套的技术密集型、知识密集型人才，单纯依靠企业自身力量来实现技术创新和知识创新显然是不可能的。因此，传统的仅仅以融资为主要功能的金融市场已远远不能满足现阶段企业对技术密集型和知识密集型的高标准金融需求，这显然需要我们加快高标准金融市场的建设进程，逐步建立起完善的新型金融市场——碳排放权交易市场。

从世界范围来看，碳金融市场的容量、碳排放权交易的规模是相当巨大的，而到现在为止，全球性的、具有一定规模的碳金融市场只有四个，而且大都集中于发达国家。与此相对应的是，中国作为一个碳排放权的巨大交易国，也是世界上最大的碳排放权供应国之一，却没有一个像欧美等发达国家一样的国际碳交易市场，显然不利于争夺碳交易的定价权。但是，我们不能被排斥在外，不能丧失碳排放权交易定价的话语权。因此，我们要尽快建立和健全碳金融市场节能减排交易机制，大力引进国外先进的排放权交易技术，培育多层次的、全方位的、高品位的碳交易市场体系。相比于国外而言，较为遗憾的是，中国在培育碳交易体系方面仍缺乏相应的经验。据此，我们要积极探索和研究

第七章 金融支持低碳经济发展的政策建议

碳金融市场交易与定价的基本规律，学习和借鉴市场经济发达国家在碳金融交易方面的制度规定、发展规划、碳金融市场建设经验，结合中国经济金融发展的实际情况，发展自身的碳金融交易体系。

与此同时，在合理布局碳排放权交易所建设的进程中，需要切实防范当前各地争相建设和规划碳排放交易所的行为，坚决抵制追求碳排放交易所建设的数量，而忽视碳排放交易市场建设的高质量、高标准。截至目前，中国相继建立了北京、上海、天津、广州、杭州等以碳排放权为核心的交易所，但一个较为突出的问题是，始终还没有形成统一的、可以跨市场交易的、标准化的碳排放权期货合约交易中心。因此，我们要积极构建以北京、上海、天津等相对较为成熟的碳交易所为中心，完善广州、杭州等区域性碳交易平台的搭建，积极推动国内碳交易所之间的信息平台、交易平台，以及交易机制的构建，使得各交易所能够连接起来，进而形成统一的国内碳金融市场，以完善统一的国内碳金融市场为依托，全面参与国际碳交易市场的竞争，改变一直以来中国在国际碳市场交易过程中处于碳排放权交易价值链低端位置的局面，逐步将中国碳交易市场发展成为国际化的交易平台。

二、发展多样化的碳金融工具

1. 培育碳金融创新机制，发展多样化的碳金融工具

碳金融市场的不断发展，衍生出来的碳金融业务将形成一个整体的价值链，这对于银行业等金融机构来说蕴藏着巨大的商机。银行等金融机构要善于捕捉这一新的商机，创造性地开展以碳排放权为交易媒介的相关碳金融市场投融资业务，开发可以保值、增值、有效规避风险的碳金融产品。与传统金融产品不同的是，碳金融产品的交易规模、风险评级等显得更为严格。因此，需要从战略的高度出发，建立起一个与低碳经济发展相一致的金融发展与创新体制。商业银行等金融机构，应该密切关注与研究国际上有一定影响力的金融机构在低碳经济、碳金融领域所做的成功探索与尝试，积极创新碳金融发展机制，发展与创新碳金融工具与产品，为中国低碳经济的发展提供金融支持。与此同时，鼓励银行、基金公司等金融机构建立和开发与低碳经济主题相符合的碳基金、债券、碳保险产品等，逐步建立起比较完善的碳金融产品和衍生品工具，如碳掉期交易、碳证券、碳期货、碳权质押贷款等各种碳金融衍生品交易工具，朝着多样化的碳金融产品方向发展。

2. 探索新型碳金融产品及衍生品的有效交易机制

在推出多样化的碳金融工具的同时，需要充分发挥碳金融工具的作用，建立合适的碳金融交易体系，逐步推出适合低碳经济发展的交易机制，发挥碳基

金、债券、碳证券、碳期权期货等衍生品工具的有效作用，建立起较为完善的碳金融产品及衍生品交易市场，将以碳排放权为核心的碳金融产品及衍生品工具发挥到极致，助推我国低碳经济的发展。

三、抢占碳交易定价话语权

积极推进人民币计价国际化进程，抢占碳交易定价话语权。正如前文实证研究所发现的，国际碳交易价格受众多因素的影响而发生剧烈波动，交易风险较大，而且中国在整个碳交易活动中，始终处于低端环节，这些不利影响严重阻碍了中国抢占碳排放权交易定价话语权的进程。而要突破这些不利影响，抢占话语权，势必需要提升中国货币与碳排放权的挂钩力度，以此作为计价货币。纵观现有货币体系的变化，我们发现一个共同的特点，即一种货币成为世界货币大多都是沿着计价结算货币—储备货币—锚货币这样一种路径发展与演化的，在成为世界货币的过程中，往往和国际大宗商品，主要是能源商品（如煤炭、石油等）绑定在一起是货币崛起的起点。从目前全球碳交易市场发展情况来看，欧元已经成为碳金融领域现货和金融衍生品（期权、期货、掉期以及远期）交易领域的主要计价结算货币，日本、澳大利亚、加拿大等国在全球低碳经济发展中，也都希望本国货币能够成为碳交易市场的主要货币品种，以便在低碳经济和碳金融领域获取丰厚的经济利益。

伴随各国政府对碳排放市场交易的重视，以及参与热情的逐步提高，在未来较长的时间内，将会有越来越多的国家抓住碳排放权交易这一新兴市场发展的机遇，提升本国货币在国际货币体系中的地位。类似地，此次碳减排及其框架体系下的碳金融很有可能将重演美元成为国际货币的路径。

因此，碳减排新格局的出现给人民币国际化带来了前所未有的机遇和挑战。在低碳经济迅速发展的今天，我们应该系统研究与制定我们国家适应低碳经济发展的金融政策，尽快开放资本账户，加快推进人民币的国际化进程，争取在全球低碳经济发展中，有更多、更大的发言权，建立健全人民币在世界碳交易中的计价结算交易机制。

第二节 培育碳金融中介市场，完善碳金融服务体系

一、加大金融信贷支撑力度

加大金融信贷支撑力度，推进低碳产业发展。前文实证所呈现的金融信贷

第七章　金融支持低碳经济发展的政策建议

服务对浙江省低碳经济发展强有力的支撑机制与推进效应要求我们银行等金融机构需要进一步加大对低碳经济发展的金融信贷服务力度。

为此，银行等金融机构一方面应该根据严格的环境质量评估要素、绿色信贷评估体系对开展低碳产业、低碳产品研发和实施低碳理念的企业提供强有力的资金支持。另一方面，金融机构通过政策引导，以及窗口指导等手段（如利率优惠政策、税收优惠政策等）将信贷资金逐步向低碳产业引导和倾斜，为低碳经济的发展提供强有力的金融支持。

二、鼓励金融机构参与 CDM 市场

鼓励机构投资者、银行等金融机构更多地参与 CDM 市场，发挥其专业性和服务性功能。国内机构投资者应充分认识到中国碳金融市场潜力巨大的优势，积极参与 CDM 项目，将中国分散的 CDM 项目集中起来，以其专业的碳金融交易技术参与到欧洲气候交易所等二级 CER 交易市场中去进行二级 CER 交易。鼓励基金公司、证券公司、保险公司等金融机构利用其自身优势直接参与或开发与 CDM 项目挂钩的投资产品，推出与 CDM 项目挂钩的理财产品、保险产品等碳金融衍生品。引导银行直接参与 CDM 项目产品的交易和设计，为企业发展低碳经济提供咨询、融资服务。通过这一系列的鼓励和引导，使碳金融服务体系成为金融服务行业业务增长的亮点。

从目前中国参与 CDM 项目市场的情况来看，交易主要还是处于初级 CDM 项目市场，其交易价格远远低于欧盟市场，中国企业处于极为不利的境况。因此，更需要机构投资者、银行、基金公司等金融机构参与 CDM 市场，充分发挥其专业性和服务性的功能，为中国企业参与碳排放权交易，赚取碳金融发展的丰厚利益保驾护航。

三、培育中介服务市场

培育中介服务市场，强化中介服务体系。由于 CDM 项目的开发、设计到最后成功交易，整个交易体系复杂，交易流程又长，企业往往很难完全具备独立完成 CDM 项目的能力，需要中介机构的专业化服务，因此，中介市场是开展 CDM 机制的关键。

1. 加强专业性碳金融中介机构建设

加强国内碳金融中介的培育，鼓励专业性的中介机构（银行、基金公司、机构投资者等）参与其中，促进碳金融开展。如在项目谈判时，让专业的咨询机构（碳资产管理公司等）给予指导，项目评估时让资深的评估机构（碳信用评级机构、第三方独立认证机构等）参加，在项目融资时邀请有一定市场影

响力的担保机构介入（从事碳金融的银行、保险、基金公司等），进一步降低碳金融的交易成本和项目风险，促进中国碳金融事业全面健康开展。

2. 接轨国外碳金融市场，学习国外碳金融先进理念

加强与国外碳金融中介服务机构的合作，深入研究国外碳金融中介市场的先进理论，学习国外一些大的碳金融中介机构在碳金融产品开发、碳金融产品营销、碳金融市场服务等方面的理念和成功经验与案例，不断地发展与壮大自己，共同探索碳金融市场的发展[①]，形成适合中国国情的碳金融中介服务体系。

3. 组建碳金融协会

碳金融从业人员必须是金融和环境、能源等专业的复合型人才，既要懂得传统金融的基本理论，又要掌握具体的碳交易、碳金融、化工、环境等方面相关知识。而目前，环境经济、环境金融、碳金融学科在中国还是新兴学科，这方面的人才培养比较少。政府应加快建设碳金融协会，可以尝试在中国银行业下设碳金融分会，使行业协会成为政府监管、市场机制之外的第三方力量，以便协调碳金融市场各种不同主体、降低市场交易成本、提高市场运作效率。

第三节　加强制度建设和宣传引导，助推低碳经济发展

一、加强风险防范与法制环境建设

随着碳金融市场的不断扩大、不断发展，金融风险也在不断聚集。因此，政府在政策层面上需要加大金融风险防范力度和加强法制环境建设，以更好地支持碳金融的发展。

1. 加快建立碳金融风险防范机制建设的步伐

中国的金融宏观管理部门，应该在学习与借鉴市场经济发达国家碳金融发展与管理经验和理念的基础上，建立健全工作机制，根据碳金融发展的实际情况，制定中国的碳金融发展规划和监管工作体系；在碳金融发展领域，履行好金融监管职能，完善监管体系，改进监管方式，加强防范碳金融市场领域风险。譬如，在现有的金融监管部门下设立专门的针对碳金融发展的监管部门，或者成立绿色金融行业协会等第三方独立监管机构，实行碳金融市场的自律管

[①] 一方面可以获得关于CDM等项目的风险评估等服务，另一方面还可以从合作中学习借鉴到先进经验。

第七章 金融支持低碳经济发展的政策建议

理,等等。

健全中国碳金融领域业务发展的稳定和协调工作机制,制定并完善碳金融领域突发事件处置预案和处理机制,建立统一的全国碳金融风险检查、检测及评估信息体系,加强碳金融风险防范预警机制建设,鼓励并支持相关机构开展碳金融风险预测、评估等工作。全面推进碳金融风险防范机制建设,促进碳金融稳健、安全有序地运行与发展。

2. 推进碳金融法制环境建设

首先,碳排放权交易制度的政府监管。在国际碳金融中心的建设中,碳交易制度绩效的实现离不开政府对碳交易市场机制运行的有效监督。无论是美国的国内市场监管,还是欧盟对成员国碳市场体系的评估,都是通过灵活、透明的公共决策程序和司法审定机制进行的,以确保碳排放权配额总量控制的有效性和长期性。排放贸易管理机构定期对碳交易的运行情况进行总结和分析,不断改进制度设计,使排放贸易制度更符合企业与环境的实际。

其次,银行类碳金融产品及其业务的法律监管。监管部门应在低碳信贷政策的基础上,出台关于银行类碳金融产品及业务的法律制度,积极引导绿色投资,鼓励民间开拓灵活的融资方式以推进减排项目的发展,并制定相关的法律制度予以保障。譬如,对法律关系复杂的融资租赁模式制定配套的法律和政策进行引导,鼓励更多的国内银行加入赤道原则,为中国低碳经济发展作出应有的贡献。

再次,碳基金、碳保险的法律制度建设。碳基金的法律制度包括基金融资方式、管理制度、分配制度以及监督制度等的规范化。碳保险的法律制度在保险方式、保险责任的适用范围,碳保险的责任免除、赔偿范围、保险费率、索赔时效和保险机构设置等方面作出相应的规定。这些方面,需要政府在政策层面给予足够的支持,有力地促进中国碳金融的发展。

最后,需要政府在政策上加强建设碳金融中介机构的行为规范。在碳金融融资租赁、资信评估、项目担保、信息咨询、金融服务等方面加强建设,扩大对低碳基础设施的投资,为发展低碳经济的绿色企业提供财政激励措施(包括税率、利率优惠等),提高中国金融机构在碳金融服务领域的能力与水平,推动与促进中国碳金融事业的发展,构建科学的符合中国低碳经济发展的碳金融框架体系。

二、加强激励机制建设

在支持低碳经济发展的过程中,政府应该制定相应的政策,以及优惠的措施激励金融机构积极参与低碳经济的建设。政策引导上,政府应该全方位、多层次地运用财政政策、货币政策、外汇管制政策等多维度宏观调控手段,以市场交易机制为基础,加快相关配套制度的建设。由政府引导建立包括规则的制定、总量的限制、排放权的分配、排放量的检测和核准等在内的一整套体系。譬如,在财政政策方面,政府作为主体参与者,要加大财政对低碳经济项目开发、低碳项目投资的投入力度。另外,根据项目发展的轻重缓急,为一些符合中国经济发展总体布局的低排放、低污染、低能耗的企业提供绿色贷款贴息,鼓励金融机构积极开展碳金融业务;对于碳金融业务的开展,在目前的宏观金融政策领域,可以考虑不占用存贷款指标比例,来提高金融机构开展碳金融业务的积极性与主动性。

总体而言,政府应该摒弃传统的以企业经营规模、盈利水平和企业资质为标准的政策激励模式,而应该以区域内企业实施低碳经济活动的努力水平、企业参与低碳经济的力度等作为评判标准建立多种有效的激励机制。也就是说,对于发展低碳经济有成效、取得较好成绩的企业,不论其经营规模大小、盈利能力强弱和资质好坏,只要企业愿意并主动向区域内其他企业学习、交流低碳经济的发展经验,传播低碳经济理念,并在低碳经济发展过程中起到表率作用,政府就应该对其在资金、财政、税收、信贷等政策方面给予重点支持。

三、加强宣传和示范引导

加强宣传和示范引导,鼓励居民积极参与低碳经济建设。低碳经济的发展离不开全民的参与,更离不开政府的引导和宣传。因此,政府部门应该加强低碳环保理念的宣传力度,鼓励居民积极参与到低碳经济建设的行列中。

第一,通过宣传低碳理念、低碳生活方式,倡导居民树立科学、合理的低碳行为习惯,凝聚全社会的力量,共同建设美好的低碳经济生活。

第二,政府部门应适时适地强化低碳经济教育传播,引导公众提高发展低碳经济的认识,引领和助推企业节能减排,促使企业、居民人人自愿、自觉地采取低碳生产、生活方式。

第三,加强对低碳经济的示范引导,建立政府、媒体、企业与公众相结合的宣传机制,倡导有助于建设低碳经济发展的生产和生活方式。

第四,要继续广泛深入开展节能减排全民行动。以全民节能为重点,深入开展节能减排和低碳消费宣传教育,普及节能环保知识,积极倡导节约型、低碳型的生产方式、消费模式和生活习惯。

第五,新闻媒体需要进一步加大节能减排、低碳环保方面的报道力度,宣传先进经验,曝光反面典型案例,发挥舆论的引导和监督作用。

结论及展望

本书系统地把握经济、金融发展的最新趋势，将低碳经济与碳金融有机地结合起来，从国内外低碳经济发展的现状及碳金融的源起，以及碳金融的内涵本质出发，深入探析了中国低碳经济发展的可行路径，并就中国在全球低碳经济发展的大背景下，如何科学地构建符合中国低碳经济发展的碳金融支持体系进行了较为全面的研究。最终构建了以碳金融市场为基础、碳金融服务为载体、碳金融政策为导向的，市场、服务和政策三位一体的、碳金融支持低碳经济发展的完整逻辑体系与框架。

在此基础上，进一步深入探明连接碳金融与低碳经济发展最为重要的桥梁——碳排放权这种特殊的碳金融衍生品，以及围绕其展开的博弈竞争机制，碳排放权价格波动及风险机制。本书结合博弈论方法构建了国家之间碳排放权分配的博弈机制，并进一步就低碳经济发展进程中，碳金融市场供需机制及价格影响因素进行了理论分析。在理论分析基础上，以欧盟碳排放交易市场的欧盟配额（EUA）和核证减排量（CER）碳排放权期货合约价格为样本，全面分析了碳金融价格波动和风险情况。在此基础上，结合浙江省金融支持与低碳经济发展的经验数据，分析了金融支持中国低碳经济发展的机理。

最后，基于本书提出的以市场为基础、服务为载体、政策为导向的市场、服务和政策三位一体的碳金融支持体系，以中国银行业为例，深入分析了碳金融支持中国低碳经济发展的运行机制。并据此围绕三位一体碳金融支持体系从市场、服务和政策三个层面提出了金融支持中国低碳经济发展的政策建议。

通过本书的研究，我们得到以下启示。

第一，当下，中国需要构建一个以碳金融市场为基础、碳金融服务为载体、碳金融政策为导向的市场、服务和政策三位一体的碳金融支持低碳经济发展的体系，以支持中国低碳经济的健康有序发展。

第二，理论模型分析表明，通过征收税收的方法能够有效克服私人成本与社会成本不一致导致的负外部性问题，且在排放总量受约束的情况下，实行排放权交易机制，有助于降低排放成本，实现社会资源的帕累托最优配置。

进一步的博弈模型分析表明，国家之间碳排放权减排机制博弈往往会陷入囚徒困境，而智猪博弈模型显示，有实力的大国实行减排，小国暂不进行减排行动，而分享大国减排所带来的低碳经济发展的成果。捕鹿模型表明，减排技术发达国家之间能够建立有效的信任机制，可以实现《京都议定书》提出的联合履约机制（JI），而减排技术发达国家与发展中国家（减排技术落后国家）之间可以通过清洁发展机制（CDM），实现合作收益最大化。

进一步的碳金融市场供需机制理论分析发现，低碳产业存在市场不完全性，导致低碳产业投资不足，决定了碳金融供给量先天不足。

第三，基于浙江省经验数据以及金融等因素对低碳经济发展的影响实证研究发现，国内生产总值、能源强度（单位产出的能源消耗量）以及人口规模增长对浙江省二氧化碳排放量的增长具有显著的促进效应，而金融信贷支持对浙江省二氧化碳排放量具有强劲的抑制效应，这意味着金融对浙江省低碳经济的发展起到了强有力的支持作用。相比较而言，经济发展水平、能源强度（单位产出的能源消耗量）以及人口规模效应对二氧化碳排放量的正向驱动效应要强于低碳信贷资金服务对二氧化碳排放的抑制效应。

第四，基于欧盟碳排放交易数据以及碳市场价格波动及风险分析实证研究发现，无论是欧盟配额（EUA）碳期货合约，还是核证减排量（CER）碳期货合约，价格均在样本期内发生了结构突变。

1. 对于欧盟配额期货合约来说，样本期内发生了多次结构突变。欧盟国家率先公布核准数据，加上欧盟公布 2005 年实际排放量低于分配量 3% 的消息，以及同年 5 月核准信息泄露事件等外部市场因素的冲击导致碳市场价格在 2006 年 6 月 29 日到 2006 年 7 月 11 日间发生结构突变；第四次 IPCC 报告的发布，以及 2007 年 3 月欧盟春季首脑会议和英国、德国、日本等发达国家纷纷重视低碳经济发展战略等外部市场信息的冲击导致其在 2007 年 5 月 11 日到 2007 年 5 月 16 日间发生了结构突变；2008 年下半年席卷全球的金融危机引发金融市场价格回落、市场疲软导致其在 2008 年 11 月 17 日发生了结构突变。

2. 对于核证减排量碳期货合约而言，Dec08 和 Dec09 受外界冲击的影响产生的波动更为激烈，在样本期内分别发生了 3 次和 4 次结构突变，突变最集中的时点分别为 2008 年 6 月和 2008 年 10 月；而对于核证减排量碳期货合约 Dec10、Dec11 和 Dec12 而言，价格波动较为稳定，仅在样本期内发生了 1 次结构突变，且发生结构突变的时点均集中于 2008 年 11 月 17 日。

第五，基于资本资产定价的单因素模型风险分析实证研究发现，无论是欧盟配额（EUA）碳期货合约，还是核证减排量（CER）碳期货合约，在样本期内，市场风险与整个欧盟市场的平均风险基本持平，偏离甚微，且每份合约受到的系统性风险和非系统性风险均显得微不足道。但是，交易越持久的合约（如 Dec12），其 β 值显得越小，同期的风险也更小，这在一定程度上反映出人们对于交易持久的合约更为看好。

第六，对以本书构建的以碳金融市场为基础、碳金融服务为载体、碳金融政策为导向的市场、服务和政策三位一体的碳金融支持低碳经济发展的体系为基础的银行业案例进行分析发现，当前银行业支持低碳经济发展进程中依然存在碳金融服务体系不够健全、碳金融产品不完善及市场交易体系狭隘、碳金融政策支持体系不到位等现象，政策当局应从中国银行业现存的缺陷出发，在拓展碳金融交易市场、加强碳金融服务体系建设、发挥宏观金融政策指导作用等方面作出努力。

据此，本书有针对性地从以下几个方面提出了相关政策建议。

1. 构建平台、创新机制、抢占碳金融交易定价话语权

（1）构建统一的国内碳金融市场，以此为依托，全面参与国际碳交易市场的竞争，改变一直以来中国在国际碳市场交易过程中处于碳排放权交易价值链低端位置的局面，逐步将中国碳交易市场发展成为国际化的交易平台。

（2）培育碳金融创新机制，发展多样化的碳金融工具，探索新型碳金融产品及衍生品的有效交易机制。

（3）系统研究与制定适应中国低碳经济发展的金融政策，尽快开放资本账户，加快推进人民币的国际化进程，争取在全球低碳经济发展中，有更多、更大的发言权，不断建立健全人民币在世界碳交易中的计价结算交易机制，进而抢占碳金融交易定价话语权。

2. 培育碳金融中介市场、完善碳金融服务体系

（1）加大金融信贷支撑服务力度。金融机构通过政策引导，以及窗口指导等手段（如利率优惠政策、税收优惠政策等）将信贷资金逐步向低碳产业引导和倾斜，满足低碳经济发展需要的金融支持。

（2）鼓励金融机构参与 CDM 市场，培育中介服务市场，强化中介服务体系，组建碳金融协会等机构，接轨国际碳金融市场，分享低碳经济发展的盛宴。

3. 加强制度建设和示范宣传，引导、助推低碳经济发展

（1）加快建立碳金融风险防范机制建设的步伐，推进碳金融法制环境建设。

（2）加强激励机制建设，政府当局应该摒弃传统的以企业经营规模、盈利水平和企业资质为标准的政策激励模式，应该以区域内企业实施低碳经济活动的努力水平、企业参与低碳经济的力度等作为评判标准建立多种有效的激励

机制。

（3）加强示范和引导。按照区别对待的原则，通过多种形式的窗口指导和信贷政策引导机制，积极倡导低碳信贷理念，充分运用好利率等各类货币政策工具，对部分节能减排企业或项目，通过贴息，或者实行利率优惠政策等方式降低其融资成本。

至此，本书对中国发展低碳经济，以及如何发展低碳经济，如何构建符合中国低碳经济发展的碳金融体系，从理论和实证的层面，结合案例分析进行了较为全面而深入的探讨，并提出了以碳金融市场为基础、碳金融服务为载体、碳金融政策为导向的市场、服务和政策三位一体的碳金融支持低碳经济发展的完整逻辑体系与框架。

但碳金融市场在国内外的研究仍未成熟，尤其是中国碳金融市场的发展刚刚起步，本书研究的样本也仅局限于欧盟碳排放交易市场，未能对中国新近成立的国内碳排放权交易运行情况及风险进行分析；再者，本书也仅以浙江省的样本数据为例来说明金融如何支持低碳经济发展，显然对于中国这样地区经济发展极度不平衡的国家来说，存在一定的不足。另外，如何在中国构建一个从东部发达地区到西部经济欠发达地区的低碳经济发展补偿机制，即经济发达程度高、碳排放量相对较大的东部地区通过向西部地区购买碳排放权指标的形式，实现对西部经济欠发达地区的补偿，进而防止出现中国的工业发展从东部逐渐向西部转移，而将高耗能、高排放、高污染的企业也逐步向西部转移的情况，形成从东部到西部的整个污染带，对此本书未得出明确的结论。这些不足显然成为了本书有待进一步研究的方向，主要可以归结为以下几方面。

（1）伴随中国碳金融市场交易的逐步成熟，可以获取最能反映中国碳排放权交易情况的样本数据，从而分析中国碳金融支撑低碳经济发展的碳金融体系如何构建，及碳金融价格波动和风险机制。

（2）根据中国区域经济发展不平衡的特点，有针对性地跨越地区（如东部、中部、西部之间，各个省份之间）进行横向比较研究，突破本书以浙江省为例纵向层面研究的不足，值得进一步探索。

（3）中国的东部、中部、西部经济发展落差比较大，对大气的污染和碳排放程度也存在着明显的差异。要通过制度建设，从经济层面限制高污染、高排放、高能耗项目的发展；通过金融交易手段实现碳排放权在不同经济主体、不同地区之间的买卖；通过经济手段，实现高污染、高排放的经济发达地区向低污染、低排放的经济欠发达地区进行经济发展补偿，促进中国经济社会的和谐发展。

参 考 文 献

[1] 郭福春，潘锡泉. 金融支持中国低碳经济发展的运行机制分析——以银行业务为例[J]. 浙江学刊，2011 (5).

[2] 郭福春，潘锡泉. 碳市场：价格波动及风险测度——基于 EU ETS 期货合约价格的实证分析[M]. 财贸经济，2011 (7).

[3] 蔡林海. 低碳经济大格局[M]. 北京：经济科学出版社，2009.

[4] 陈露，张贻军. 发展碳金融市场——推动上海国际金融中心建设[J]. 科学发展，2009 (10).

[5] 邓智毅. 着力打造山西低碳金融区[J]. 中国金融，2010 (8).

[6] 杜群. 气候变化的国际法发展：《联合国气候变化框架公约京都议定书》述评[M]. 北京：法律出版社. 2003.

[7] 方平. 金融支持中国低碳经济发展问题探讨[J]. 黑龙江金融，2010 (5).

[8] 郭凯. 发展多层次区域性"碳金融"探讨[N]. 金融时报，2010 - 03 - 22.

[9] 国际能源署. 2009 国际能源展望[EB/OL]. 2010 - 02 - 02.

[10] 韩良. 国际温室气体排放权交易法律问题研究[M]. 北京：中国法制出版社，2009.

[11] 冷罗生. CDM 项目值得注意的几个法律问题[J]. 中国地质大学学报（社会科学版），2009，9 (4).

[12] 李常武，刘音妤. 甘肃：以低碳金融促经济发展[N]. 金融时报，2010 - 04 - 13.

[13] 李东卫. 中国"碳金融"发展的制约因素及路径选择[J]. 环境经济. 2010 (4).

[14] 李飞，等. 武汉将打造碳金融中心[N]. 中国环境报，2010 - 03 - 29.

[15] 李凤亭，郭茹，等. 上海市应对气候变化碳减排研究[M]. 北京：科学出版社，2009.

[16] 李梅影. 欧盟或开上亿元碳排放罚单，中国航空业急应对[N]. 21 世纪经济报道，2010 - 04 - 18.

[17] 刘小川，汪曾涛. 二氧化碳减排政策比较以及中国的优化选择[J]. 上海财经大学学报，2009 (8).

[18] 潘家华，陈迎，等. 碳预算方案的国际机制研究[M]. 北京：经济科学出版社，

2009.

[19] 戚婷婷,鲁炜. 核证减排量现货市场与期货市场的价格发现 [J]. 北京理工大学学报（社会科学版）,2009,11 (6).

[20] 任卫峰. 低碳经济与环境金融创新 [J]. 上海经济研究,2008 (3).

[21] 舒丹. 中国碳金融发展的障碍与政策支持 [J]. 武汉金融. 2010 (7).

[22] 孙晓宇. 低碳保险产品整装待发,险资提前布局低碳股 [EB/OL]. 2010 – 04 – 08.

[23] 索尼娅·拉巴特,罗德尼·怀特. 碳金融,碳减排良方还是金融陷阱 [M]. 王震,王宇,译. 北京：石油出版社,2010.

[24] 王卉彤. 应对全球气候变化的金融创新 [M]. 北京：中国财政经济出版社,2008.

[25] 王留之,宋阳. 略论中国碳交易的金融创新及其风险防范 [J]. 现代财经,2009 (6).

[26] 王遥,刘倩. 中国低碳经济选择和碳金融发展问题研究 [J]. 投资研究,2010 (2).

[27] 王增武,袁增霆. 推进碳金融工具的创新发展 [J]. 中国经济报告. 2010 – 04 – 10.

[28] (英) 亚瑟·赛斯尔·庇古 (Arthur Cecil Pigou). 福利经济学 [M]. 何玉长,丁晓钦,译. 上海：上海财经大学出版社,2009.

[29] 殷培红,赵毅红,裴晓菲. 温室气体减排监管政策的国际经验 [J]. 环境保护,2009 (11).

[30] 于利生. 谁能胜出碳排放标准之争 [N]. 中国企业报,2010 – 03 – 02.

[31] 于杨曜,潘高翔. 中国开展碳交易亟须解决的基本问题 [J]. 东方法学,2009 (6).

[32] 曾刚,万志宏. 国际碳金融市场：现状、问题与前景 [J]. 国际金融研究. 2009 (10).

[33] 张宏任. 从东方之珠到东方碳都——低碳经济下香港的生存发展机遇 [M]. 香港：和平图书有限公司,2009.

[34] 张华宇. 探索低碳金融模式 转变经济增长方式 [J]. 中国银行家,2010 (5).

[35] 张坤民,潘家华,等. 低碳发展论（上、下）[M]. 北京：中国环境科学出版社,2009.

[36] 张丽飒. 赤道原则与商业银行实践 [EB/OL]. 2010 – 04 – 10.

[37] 郑爽. 国际 CDM 现状分析 [J]. 中国能源,2005.

[38]《中国财经报》编辑部. 清洁发展机制与温室气体减排概述 [N]. 中国财经报,2009 – 02 – 24.

[39] 中国 21 世纪议程管理中心,清华大学环球环境研究中心. 中国清洁发展机制项目开发与实践 [M]. 北京：科学出版社,2008.

[40] 中国城市科学研究会. 中国低碳生态城市发展战略 [M]. 北京：中国城市出版社, 2009.

[41] 中国科学院可持续发展战略研究组. 2009 中国可持续发展战略报告——探索中国特色的低碳之路 [M]. 北京：科学出版社, 2009.

[42] 中国科学院可持续发展战略研究组. 2010 中国可持续发展战略报告——绿色发展与创新 [M]. 北京：科学出版社, 2010.

[43] 中国民生银行风险管理部低碳金融课题组. 商业银行促进中国低碳经济发展的战略 [J]. 银行家, 2010 (9).

[44] 中国农业银行重庆万州分行课题组, 廖辉廷. 低碳经济背景下中国碳金融发展路径选择 [J]. 金融会计, 2010 (6).

[45] 中国银行广东省分行课题组. 碳金融发展与商业银行的践行策略 [J]. 银行家, 2010 (9).

[46] 周冯琪. 上海资源环境发展报告（2010）：低碳城市 [M]. 北京：社会科学出版社, 2010.

[47] 朱家贤. 环境金融法研究 [M]. 北京：法律出版社, 2009.

[48] 朱家贤. 碳金融创新与中国排放权交易 [J]. 地方财政研究, 2010 (1).

[49] 伍军. 低碳经济：中国产业发展的路径选择 [J]. 中国城市金融, 2010 (1).

[50] 成思危. 新能源与低碳经济 [J]. 管理评论, 2010, 22 (6)：4~8.

[51] 杨志, 张洪国. 气候变化与低碳经济、绿色经济、循环经济之辨析 [J]. 广东社会科学, 2009 (6).

[52] 方时姣. 也谈发展低碳经济 [N]. 光明日报, 2009-05-19.

[53] 崔大鹏. 低碳经济漫谈 [J]. 环境教育, 2009 (7).

[54] 陈文颖, 吴宗鑫. 碳排放权分配与碳排放权交易 [J]. 清华大学学报（自然科学版）, 1998, 38 (12)：15~18.

[55] 刘伟平, 戴永务. 碳排放权交易在中国的研究进展 [J]. 林业经济问题, 2004, 24 (4).

[56] 杨红强, 张晓辛. 《京都议定书》机制下碳贸易与环保制约的协调 [J]. 国际贸易问题, 2005 (10).

[57] 陈文颖, 吴宗鑫, 何建坤. 全球未来碳排放权"两个趋同"的分配方法 [D]. 清华大学能源环境经济研究院核能与新能源技术研究院, 2001.

[58] 岳杰, 魏东, 王璟珉. 期权理论视角下的企业内部碳交易机制定价策略研究 [D]. 第四届（2009）中国管理学年会——会计与财务分会场论文集, 2009.

[59] 杨志. 碳交易：低碳经济下的全新课题 [N]. 解放日报, 2009-11-05.

[60] 惠东旭. 绿色金融 [J]. 商业时代, 2002 (9).

[61] 熊学萍. 传统金融向绿色金融转变的若干思考 [J]. 生态财富, 2004 (11).

[62] 孙洪庆. 构建绿色金融体系 [J]. 环渤海经济瞭望, 2001 (6).

[63] 刘丽巍, 翁清云. 低碳经济视角下的碳金融研究综述 [J]. 金融发展研究, 2010

(8).

[64] 张伟. 论中国环境保护投融资方式与创新 [D]. 中国海洋大学博士论文, 2005.

[65] 王卉彤. 商业银行建立健全节能减排支持体系研究 [J]. 财贸经济, 2008 (6).

[66] 郑爽. 巴厘岛路线图 [J]. 中国能源, 2008 (2).

[67] 曾刚, 全先银, 程炼. 碳金融交易面临新发展机遇 [J]. 金融博览, 2009 (10).

[68] 鄢德春. 基于清洁发展机制的碳金融发展策略 [J]. 上海金融学院学报, 2010 (1).

[69] 初昌雄. 中国碳金融发展现状与发展策略 [J]. 经济学家, 2010 (6).

[70] 中国人民银行哈尔滨中心支行青年课题组. 基于LMDI分解模型的碳排放增长驱动因素研究——以黑龙江为例 [J]. 黑龙江金融, 2010 (10).

[71] 刘华, 郭凯. 国外碳金融产品的发展趋势与特点 [J]. 银行家, 2010 (9).

[72] 尹应凯, 崔茂中. 国际碳金融体系构建中的"中国方案"研究 [J], 国际金融研究, 2010 (12).

[73] 王颖, 管清友. 碳交易计价结算货币: 理论、现实与选择 [J]. 当代亚太, 2009 (1).

[74] 蔡博峰, 刘兰翠. 碳货币——低碳经济时代的全新国际货币 [J]. 中外能源, 2010 (2).

[75] 唐斌, 薛成容. 碳金融:"寓义于利"新社会责任观的实践——以深圳相控科技有限公司碳减排能效贷款为例 [J]. 福建金融, 2008 (9).

[76] 王元龙. 把碳金融培养成中国金融业新增长点 [N]. 中国经济时报, 2009 - 12 - 30.

[77] 邵伟. 浅析中国碳银行业务的发展策略 [J]. 资本市场, 2010 (3).

[78] 徐南, 陆成林. 低碳经济内涵、特征及其宏观背景 [J]. 地方财政研究, 2010 (8).

[79] 鲍健强, 苗阳, 陈锋. 低碳经济: 人类经济发展方式的新变革 [J]. 中国工业经济, 2008 (4).

[80] 段红霞. 低碳经济发展的驱动机制探析 [J]. 当代经济研究, 2010 (2).

[81] 陶良虎. 中国低碳经济——面向未来的绿色产业革命 [M], 北京: 研究出版社, 2010.

[82] 孟祥林. 低碳经济: 从国外经验论中国的困境、误区与对策 [J]. 北华大学学报(社会科学版), 2010 (3).

[83] 曾纪发. 发展低碳经济需澄清十大误区 [N], 中国财经报, 2009 - 09 - 08.

[84] 叶晓佳, 孙敬水, 董立锋. 低碳经济发展中的碳排放驱动因素实证研究 [J]. 经济理论与经济管理, 2011 (4).

[85] 庄贵阳. 中国经济低碳发展的途径与潜力分析 [J]. 国际技术经济研究, 2005 (3).

[86] 付加锋, 庄贵阳, 高庆先. 低碳经济的概念辨识及评价指标体系构建 [J]. 中

国人口·资源与环境，2010（8）.

［87］陈立泰，张军委，万丽娟. 重庆市碳排放量测度及影响因素分析：1998—2008［J］. 探索，2010（3）.

［88］李友华，王虹. 中国低碳经济发展对策研究［J］. 哈尔滨商业大学学报（社会科学版），2009（6）.

［89］德国应对气候变化、发展低碳经济的政策措施［EB/OL］. 国际能源网，2008 – 10 – 12.

［90］陈晓春，施卓宏. 论碳金融市场中的政府监管［J］. 湖南大学学报（社会科学版），2011（5）.

［91］邵伟，中国碳金融监管制度亟待建立［N］. 上海金融报，2010 – 12 – 03.

［92］林伯强，蒋竺均. 中国二氧化碳的环境库兹涅茨曲线预测及影响因素分析［J］. 管理世界，2009（4）.

［93］刘扬，陈劭锋. 基于 IPAT 方程的典型发达国家经济增长与碳排放关系研究［J］. 生态经济，2009（11）.

［94］韩玉军，陆旸. 经济增长与环境的关系——基于对 CO_2 环境库兹涅茨曲线的实证研究［J］. 经济理论与经济管理，2009（3）.

［95］许广月，宋德勇. 中国碳排放环境库兹涅茨曲线的实证研究——基于省域面板数据［J］. 中国工业经济，2010（5）.

［96］朱勤，彭希哲，陆志明，吴开亚. 中国能源消费碳排放变化的因素分解及实证分析［J］. 资源科学，2009（12）.

［97］Alberola E., Chevallier J., Cheze B.. Price Drivers and Structural Breaks in European Carbon Prices 2005 – 2007［J］. Energy Policy，2008，36（2）：787 – 797.

［98］Alberola E., Chevallier J., Cheze B.. Emissions Compliances and Carbon Prices under the EU ETS：A Country Specific Analysis of Industrial Sectors［J］. Journal of Policy Modeling，2009，31：446 – 462.

［99］Andreoni, J., Levinson, A.. The Simple Analytics of the Environmental Kuznets Curve［J］，Journal of Public Economics，2001（80）：269 – 286.

［100］Abbasi, D.. Americans and Climate Change：Closing the Gap between Science and Action［J］. Yale School of Forestry & Environmental Studies，2006，http：//www. yale/edu/environment/publications.

［101］ABI. Financial Risks on Climate Change. Association of British Insures, Summary Report and Technical Annexes，2005，http：//www. abi org. uk/climatechange.

［102］ABN Amro Holding N. V., AMRO. Sustainability Report［R/OL］. 2006，2010 – 03 – 21.

［103］ABN Amro. Response to Carbon Disclosure Project，2005，http：//www.cdproject. net.

［104］ACF. False Profits. Australian Conservation Foundation，2006，http：//

www. acf. org. au.

［105］ACIA. Impacts of a Warming Arctic, Arctic Climate Impact Assessment ［Also see S. Hassol］, 2004, http：//www. acia. uaf. edu.

［106］Allianz AG and WWF International. Climate Change & the Financial Sector：An Agenda for Action. *Gland：Allianz AG Munich and WWF International*, 2005.

［107］A. M. Best. Thinking the unthinkable：How "Mega – cats" may Bruise Insures ［R］. *A. M. Best Special Report*, May, 2006.

［108］An, F. and A. Sauer. Conparison of Passenger Vehicle Fuel Economy and Greenhouse Gas Emission Standards around the World. Pew Center on Global Climate Change ［EB/OL］. 2004, http：//www. pewclimate. org.

［109］Aon. Annual Global Climate and Catastrophe Report：2004, *Aon Reinsurance Services*, 2004.

［110］Ausin, D., N. Rosin ski, A. Sauer and C. le Duc. ChangingDrivers, The Impact of Climate Change on Competitiveness and Value Creation in the Automotive Industry ［R］. Washington, DC：World Resources Institute, 2005, http：//www. wri. org.

［111］Beltratti, A., Colla, p., Creti, A.. Does Expected Supply Affect the Price of Emission Permits? Evidence from Phase I in the European System ［R］. *IEFE Working Paper*, 2009 (23).

［112］Beat Hintermann. An Options Pricing Approach for CO2 Allowances in the EU ETS ［J］. *CEPE Working paper* series 09 – 64, CEPE Center for Energy Policy and Economics, ETH Zürich, 2009.

［113］Babuls, J. and M. Wilson. Human Health and Global Climate Change：A Review of Potential Impacts in the United States. *Pew Center on Global Climate Change*, 2000.

［114］Barnett, J.. Security and Cliame Change. *Tyndall Centre for Climate Change Research working paper*, 2001：5.

［115］Barrett, J., J. Mack. Paying for their Principles? ［J］. *Environmental Finance*, 2004 (2).

［116］Barta, P. Japan Coiled to Push abroad for New Sources of Oil, gas ［N］. *Globe and Mail*, 2006 (5)：B12, 2006 – 05 – 16.

［117］Baumert, K., T. Herzog and J. Pershing. Navigating the Numbers：Greenhouse Gas Data and International Climate Policy ［R］. *World Resource Institute*, 2005.

［118］Beacom, C.. Yukon's Dawson City Threading on Thin Ice ［N］. *Globe and Mail*, 2006 – 03 – 06.

［119］Bettelheim, E.. The Case for Forestry Sequestration ［J］. *Environmental Finance*, 2005/2006, 7 (3).

［120］Bloomberg New Energy Finance. Carbon Markets—Global Deep Dive ［R/OL］. 2010 – 03 – 02.

［121］Bloomberg New Energy Finance. Global Carbon Quarterly Q1 2010 ［R/OL］. 2010 –

04 – 11.

[122] Bodnar, P.. Eligible to trade? [J]. *Environmental Finance*, 2006 – 05. Supplement: Global Carbon 2006, S51 – S53.

[123] Boyle, G. (ed.). Renewable Energy: Power for a Sustainable Future, 2nd ed [M]. Oxford: Oxford University Press in Association with the Open University, 2004.

[124] Boyle, G., B. Everett and J. Rammage (eds.). Energy Systems and Sustain – ability: Power for a Sustainable Future [M]. Osford: Oxford Universiry Press in Association with the Open Univetsity, 2003

[125] Brennan, J. and E. Johnson. No Disclosure: The Feling is Mutual [N]. *Wall Street Jlurnal*, 2004 – 01 – 14.

[126] Broecker, W.. Thermohaline Circulation, the Achilles Heel of Our Climate System: Will Man – Made CO_2 Upset the Current Balance? [J]. *Science*, 1997 (278): 1582 – 1588.

[127] Brooks, C. and M. Barnett. Priming the Pump [J]. *Environmental Finance*, 2006, 7 (5).

[128] Brown, M., F. South Worth and T. Stovall. Towards a Clinate – Friendly Built Environment [J]. Pew Center on Global Climate Change, 2005, http: //www. Pewclimate. org.

[129] Bryden, H.. Slowing of the Atlantic Meridional Overturning Circulation at 25°N [J]. *Nature*, 2005, 438 (1).

[130] Bulleid, R.. 2005b. Exchanges – coming to the Market [J]. *Environmental Finance*, 2005 – 05. Supplement: Global Carbon 2005.

[131] Bulleid, R.. Planting seeds on the forecourt [J]. *Environmental Finance*, 2006, 7 (4).

[132] Carbon Finance. Allowances Need to be e 60/t for Coal – to – gas Switch – Citigroup [J]. *Carbo Finance*, 2005 – 2006, 3 (1), *December – January*.

[133] Carbon Finance 12 U. S. States Ask Supreme Court to Move EPA on GHGs [J]. *Carbon Finance*, 2006a, 3 (3).

[134] Carbon Finance. European Parliament Proposes Separate Trading Scheme for Aviation. *Carbon Finance*, 2006b, 3 (6).

[135] Carbon – financeonline. com. EU Member States Flout NAP Deadline. June e – mail update, 2006.

[136] Carl, M. P.. Clinate Change Policy Beyond 2012 – moving into Higher Gear [M]. Presentation Delivered at the EU EUROPIA Conference, London: 2006 – 02 – 16.

[137] Carleton, W., J. Nelson and M. Weisbach. The Influence of Institutions on Corporate Governance Through Private Negotiations: Evidence from TIAA – CREF [J]. *Journal of Finance*, 1998, 53 (4).

[138] Cazanave, A. and R. Nerem. Present – day Sea Level Change: Observations and Causes [J]. *Review of Geophysics*, 2004, 42 RG3001.

[139] CCX. Fall Edition, http: // www. Chicagoclimateexchange. com, 2005, 2 (2): 2.

[140] CE Delft. Giving Wings to Emission Trading: Inclusion of Aviation under the European Emission Trading Scheme (ETS): Design and Inpacts [EB/OL]. 2005, http: //europa. eu. int/comm. /environment/climat/aviation en. htm.

[141] CEP. Reviewing the EU Emissions Trading Scheme (Part II): Priorities for Short - Term Implemetation [R]. Report of the Centre for European Policy Task Force, 2006, http: // shop. ceps. be.

[142] Ceres. Southem Company, TXU Agree to Shareholders on Preparedness for Greenhouse Gases limits; Reliant Energy to Expand 10 k Disclosure of Issue [M]. Boston, MA, press release, 2006 - 04 - 28.

[143] Ceres. Availability and Affordability of Insurance under Climate Change: A Growing Challenge for the U. S. , 2005a, June, http: //www. ceres. org.

[144] Ceres. Framing Ckimate Risk in Portfolio Management, http: // www. ceres. org, 2005b.

[145] Ceres. U. S. Companies Face Record Number of Global Warming Shareholder Resolutions on Wider Range of Business Sectors. Boston MA, press release, 2005c, February 17.

[146] Ceres. Institutional investors Call on Power Sector to Focus Attention on Financial Risks from Climate Change. Press release, 2005d, July 11.

[147] CEX. Winning the Battle against Global Climate Change. Commission of the European Communities, *Background Paper*, 2005.

[148] China Greentech Initiative. The China Greentech Report 2009 [R/OL]. 2010 - 02 - 20, http: //www. china - greentech. com/report.

[149] Cogan, D. . Unexamined Risk: How Mutual Funds Vote on Global Warming Shareholder Resolutions. December. Boston: CERES; Washington, DC: IRRC, 2004.

[150] Cogan, D. . Unexamined Risk: How Mutual Funds Vote on Global Warming Shareholder Resolutions. January. Boston: CERES; Washington, DC: IRRC, 2006.

[151] Danish, K. . Outside the Oval Office. *Environmental Finance*, 2006 - 05, Supplement: Global Carbon 2006.

[152] Davis, E. Philip. Institutional Investors, Corporate Governace and the Per - formance of the Corporate Sector. Instututional Investors CorporateGovernance and Performance. London: Brunel University, 2002.

[153] Defra. EU Emissions Trading scheme . UK National Allocation Plan 2005 - 2007. Installations List, Department for Environment, Food and Rural Affairs, UK, 2004.

[154] Deloitte Center for Energy Soltions. Carbon Accouting Challenges: Are You Ready? [R]. 2009.

[155] Dischel, R. S. . Introduction to the Weather market: From Dawn Tomid - Morning, in

Dischel, R. S. (ed.), Climate Risk and the Weather Market, London: Risk Books, 2002.

[156] Dodwell, C.. EU Emissions trading Scheme: The Government Perspective. Presentation made at the Conference on Carbon Finance, London: October 31 – November 1, 2005.

[157] Dohm, D. and M. Turell. Effect of Incubation at Overwintering Timperatures on the Replication of West Nile virus in New York. *Journal of Medical Entomology* 2001, 38 (3).

[158] Dohm, D., M. O' Guinn and M. Turell. Effect of Environmental Temperature on the Ability of Culex Pipens (Diptera: Culicida) to Transmit West Nile Virus. *Journal of Medical Entomology* 2002, 39 (1).

[159] Dornau, R.. Verification: Compliance and Strategic Issues. Presentation Delivered at the Conference on EU Emissions Trading 2006, Brussels, July 10 and 11, 2006.

[160] Dowell, G., S. Hart and B. Yeung. Do Corporate Global Environmental Standards Create or Destroy Market Value? *Management Science* 2000, 46 (8).

[161] DrKW. Emission Trading Update: What Can Cement Companies Do? Dresdner Kleinwort Wasser, London: 2005.

[162] Doege J., Fehr M., Hinz J., Lüthi H., Wilhelm M.. On Value of Flexibility in Energy Risk Management. Concepts, Models, Solutions [J]. Operations Research Proceedings 2006, Springer, 2006.

[163] Dhakal Shobhakar, Shinji Kaneko, Hidefumi Imura, CO_2 Emission from Energy Use in East Asian Mega – cities: Driving Factors, Challenges and Strategies [J], Proceedings of International Workshop on Policy Integration Towards Sustainable Urban Energy Use for Cities in Asia, Institute for Global Environmental Strategies, 2003.

[164] Eric Cowan. Topic Issues in Environmental Finance [R]. was Commissioned by the Asia Branch of the Canadian International Development Ageney (CIDA), 1999.

[165] Egli, H., Steger, T.. A Dynamic Model of the Environmental Kuznets Curve: Turning Point and Public Policy [J], *Environmental & Resource Economics*, 2007 (36): 15 – 34.

[166] Ecosystem Marketplace & New Carbon Finance. State of the Voluntary Carbon Market 2009 [R/OL], 2010 – 05 – 20, http://www.ecosystemmarketplace.com/.

[167] Eleanor Revelle. Cap – and – trade Versus Carbon Tax, Two Approaches to Cur Bing Greenhouse Gas Emissions [EB/OL]. 2010 – 03 – 10, http://monrtose.co.lwvnet.org/files/cctf_bp_captrade – carbontax.pdf.

[168] Ellisthorpe, D. and S. Putnam. Weather Derivatives and Their Implication for Power Markets. *Journal of Risk Finance*, 2000, Winter.

[169] Environmental Finance Online. Deal Emerges inMontreal on CDM.2005, http://www.environmental – finance.com/onlinenews/08deccdm.htm.

[170] Environmental Finance. Carbon Trading – five years in review. Environmental Finance, 2004 – 10.

[171] Epstein, P., H. Diaz, S. Elias, G. Grabherr, N. Graham, W. Martens, E.

Mosley – Thompson, and J. Susskind. Biological and Physical Signs of Climate Change: Focus on Mosquito – Borne Diseases. *Bulletin of the American Meteoro – Logical Society*, 1998, 78.

[172] Epstein. P. and C. Defilippo. West Nile Virus and Drought. *Global Change and Human Health*, 2001, 2 (2).

[173] European Uoion. EU Action against Climate Change : EU Emissions Trading – an Open Scheme Promoting Global Innovation. 2005, http://europa. eu. int/comm./environment/climat/docs. htm.

[174] Financial Soultions. Financial Solutions: Carbon fund Assets Sail through the Recession [R], 2009.

[175] Freeman R. E. . Strategic management: A Stakeholder Approach [M]. Boston: Pitman Press, 1984.

[176] Fan Ying, Liu Langui, Wei Yiming, et al. . Changes in Carbon Intensity in China: Empirical Findings from 1980 – 2003 [J], *Ecological Economies*, 2007 (62): 683 – 691.

[177] Grossman, G. M. , Krueger, A. B. . Environmental Impacts of a North American Free Trade Agreement [J], *NBER Working Paper*, 1991.

[178] Globe and Mail. California Gives Green Light to Solar – power Subsidy. *Globe and Mail*. 2006 – 01 – 13.

[179] Hakkinen, S. , and P. Rhines. Decline of Subpolar North Atlantic Circulation During the 1990s. *Science*, 304 (5670), 2004 – 04 – 23, 304 (5670).

[180] Hassol, S. . Impacts of a Warming Arctic/Arctic Climate Impact Assessment (ACIA), Cambridge: Cambridge University Press, 2004, http://www. acia. uaf. edu.

[181] Henry Jacoby, A. Manne, S. Peck, T. Teisberg, M. Wise and Z. Yang. The Berlin Mandate: The Design of Cos – Effective Mitogation Strategies [R]. *Energy Modeling Forum No.* 14 *Stanford University*, 1995.

[182] Ian Plimer. Heaven and Earth: Global Warming, the Missing Science [M]. Quartet Books, 2009.

[183] Ibid. The China Greentech Initiative analysis [R]. 2009.

[184] IEA. World Economic Outlook [R]. 2007.

[185] Innovest Strategic Value Advisors. Value at Risk: Climate Change and the Future of Governance. Boston: Ceres, 2002, http://www. ceres. org.

[186] Innovest Strategic Value Advisors. Carbon Finance and Global Equity Mar – kets. London: Carbon Disclosure Project, 2003, http://www. cdproject. net.

[187] International Financial Services London. Carbon Markets&Missions Trading [R]. 2009.

[188] IPCC Core Writing Team . IPCC Third Assessment Report: Climate Change 2001 (TAR) [R]. 1995.

[189] IPCC Core Writing Team. IPCC Fourth Assessment Report: Climate Change 2007

(AR4) [R]. 2007.

[190] IPCC. Third Assessment Report. Intergovernmental Panel on Climate Change United National Environment Programme and World Meteorological Organisation, Geneva, 2001.

[191] Joseph Kruger and William A. Pizer. The EU Emissions Trading Directive: Opportunities and Potential Pitfalls [R]. *Resources for the Future*, 2004.

[192] Joshi, S. K.. Putting the Building Blocks in Place. *Environmental Finance*, Supplement: Global Carbon 2006, 2006 – 05.

[193] Jose Salazar. Environmental Finance: Linking Two Word [R]. Presented at a workshop on Financial Innovations for Biodiversity Bratislava Slovakia, 1998.

[194] Karan Capoor and Philippe Ambrosi. State and Trends of the Carbon Market [R]. 2009.

[195] Karan Capoo, Philippe Ambrosi. State and Trends of the Carbon Market [R]. World Bank Group, D. C. Washington, 2005, 2006, 2007, 2008, 2009.

[196] Kerr, R.. A Bit of Icy Antarctica is Sliding Towards the Sea. *Science*, 305 (5691) 2004 – 12 – 24.

[197] Kiernan, M. and P. Dickenson. Carbon Disclosure Project 2005. Innovest Strategic Value Advisors. London, 2005.

[198] Lanciotti, R., et al.. Origins of the West Nile Virus Responsible for an Outbreak of Encephalitis in the Northeastern United States Science, [1999 – 12 – 1], 286.

[199] Leyva, E. and P. Lekander. Climate change for Europe's Utilities. McKinsey Quarterly 1, 2003 – 02.

[200] Laffont, Jean – Jacques and Jean Tirole. Using Cost Observations to Regulate Firms [J]. *Journal of Political Economy*, 1986, 94 (3): 614 – 641.

[201] Mansanet – Bataller, M., Pardo, A., Valor, E.. CO_2 Price, Energy and Weather [J]. *The Energy Journal*, 2007, 28 (3): 73 – 92.

[202] Marcel Jeucken. Sustainable Finance and Banking: The Financial Sector and the Future of the Planet [M]. London Earthscan publish, 2001.

[203] Montgomery, D.. Markets in Licenses and Efficient Pollution Control Programs [J]. *Journal of Economic Theory*, 1972 (5): 395 – 418.

[204] Mercer Investment Consulting. A Climate for Change. A Trustee's Guide to Understanding and Addressing Climate Change, 2005, http://www.mercerIC.com.

[205] Merrill Lynch. Energy Security & Climate Change: Investing in the Clean Car Revolution, US, Europe, Korea, China, and Japan. Global Securities Research & Economics Group, 2005.

[206] Merrill Lynch. Merrill Lynch Commodities. *Carbon Market Outlook Conference Call*, 2006 – 02.

[207] Monks, R.. and N. Minnow (ed.). Corporate Governance, 2nd ed. Cambridge:

Blackwell Publishers, 2001.

[208] Moreno, M.. Weather Derivatives Hedging and Swap Illiquidity. *Environmental Finance*, 2003, 5 (1).

[209] Nicholas Stern. The Economics of Climate Change The Stern Review [R]. Cambridge University Press. 2006.

[210] Nicholls, M. and R. Bulleid. Following the Money. *Environmental Finance*, 2005, 6 (7).

[211] Nicholls, R., F. Hooxemans and M. Marchand. Increasing Flood Risk and Wetland Losses Due to Global Sea – level Rise: Regional and Global Analyses. Global Environmental Change 9 (supplementary issue), 1999.

[212] NSIDC. Sea – ice Decline Intensifies. (US) National Snow and Ice Data Center. press release, 2005, http://www.nsidc.com.

[213] OECD. Institutional Investors: Statistical Yearbook. Organisation for Economic Co – operation and Development, 1999.

[214] Pascual, M., X.. Rodo, S. Ellner, R. Colwell and J. Bouma. Cholera Dynamics and EI Nin – o – southern Oscillations. *Science*, 2000, 289 (5485).

[215] Patrick Karani, Mandla Gantsho. The Role of Development Finance Institutions (DFIs) in Promoting the Clean Development Mechanism (CDM) in Africa. *Environment, Development and Sustainability* [serial online]. 2007, 9: 203.

[216] Pospisil, R.. California plans 3,000MW solar programme. *Environmental Finance*, 2006, 7 (4).

[217] Post, L.. Power Companies Feel the Heat: Eight States and NYC Sue Power Companies over Global Warming. *Narional Law Journal*, 2004 – 08 – 02.

[218] Rescalvo, M.. Making the Numbers Add up. *Environmental Finance*, Supplement: Global Carbon, 2006, 2006 – 05.

[219] Ricardo Bayon, Amanda Hawn, Katherine Hamilton. Voluntary Carbon Markets: An International Busniess Guide to What They Are&How They Work [M]. 2nd edition. EarthScan, 2009.

[220] Richard Doornbosch and Eric Knight. What Role for Public Finance in International Climate Change Mitigation? [R]. OECD Roundtable on Sustainable Development. *Discussion paper*, 2008.

[221] Rundell, S.. UBS Iaunches Biofuel Index. *Environmental Finance*, 2006, 7 (5).

[222] Rotfuβ, W.. Intraday Price Formation and Volatility in the European Union Emissions Trading Scheme: An Introductory Analysis [R]. *Discussion Paper*, 2009, 9 – 18.

[223] Rickels, W., Duscha, V., Keller, A., Peterson, S.. The Determinants of Allowance Prices in the European Emissions Trading Scheme: Can We Expect an Efficient Allowance Market 2008? [R]. *Kiel Working paper*, 2007: 1387.

[224] Richard York, Eugene A., Rosa, Thomas Dieta T.. STIRPAT, IPAT and IMPACT: Analytic Tools for Unpacking the Driving Forces of Environmental Impacts [J], *Ecological Economics*, 2003 (3): 351 – 365.

[225] Sonia Labatt, Rodeny R. White. Environmental Finance [M]. New York: John Wiley and Sons, 2002.

[226] Subhes Bhattacharyya, Arjaree Ussanarassamee. Decomposition of Energy and CO_2 Intensities of Thai Industry between 1981 and 2000 [J], *Energy Economics*, 2004, 26 (5): 765 – 781.

[227] Selden, T., Song, D.. Neoclassical Growth, the J Curve for Abatement, and the Inverted – U Curve for Pollution [J]. *Journal of Environmental Economics and Management*, 1995 (29): 162 – 168.

[228] Seifert, J., Uhrig – Homburg, M.., Wagner, M. Dynamic Behavior of CO_2 Spot Prices [J]. *Journal of Environmental Economics and Management*, 2008, 56: 180 – 194.

[229] Saunders, D.. Europe Awakes to Dependence on Russian Gas. *Globe and Mail*, 2006 – 01 – 09.

[230] Silver, N., and A. Dlugolecki. The Day Before Tomorrow. *Environmental Finance* 2006, 7 (4).

[231] Smith, Stephen and Swierzbinski, Joeph. Assessing the Performance of the UK Emission Trading Scheme. *Environmental and Resource Economics*, 2007, 37 (1).

[232] Snow, R., C. Guerra, A. Noor, H. Myint and S. Hay. The Global Distribution of clinical episodes of Plasmodium falciparum malaria. *Nature*, 2005 (434).

[233] Sonia Labatt and Rodney R. White. Carbon Finance: The Financial Implicatios of Climate Change [M]. New Jersey: John Wiley & Sons, Inc., 2007.

[234] Sterlicchi, J.. Investors look to the states. *Environmental Finance*, 2006, 7 (5).

[235] Sullivan, R. and Pfeifer, S.. Moving the Capital Markets: The EU Emissions Trading Scheme. The Journal of Corporate Citizenship. Spring, 2009, 33: 87 – 96.

[236] Sweeney, G.. Intermittency is no Barrier to Development. Presentation Made at the Launch of the UKERC Intermittenty Report. UK Energy Research Centre. London: 2006 – 04 – 05.

[237] The American Clean Energy and Security Act (Waxman – Markey Climate Change Bill 2009, H. R. 2454) [Z] 2009.

[238] The American Clean Energy and Security Act (Kerry – Boxer climate change bill, S. 1733) [Z]. 2009.

[239] The Ministry for the Environment and the Treasury. The framework for a New Zealand Emission Trading Scheme [R]. 2007.

[240] The World Bank. 10 Years of Experience in Carbon Finance [R]. 2009.

[241] UNFCCC. Finance and Investment Flows to Address Climate Change [R]. 2007.

［242］ United States Senate. 2006. Lettet to the President, 2006 – 06 – 29.

［243］ USA. Recovery and Reinvestment Act ［Z］. 2009.

［244］ Vallely, P.. Africa will Suffer Most from Climate Change. *The Independent*, 2006 – 05 – 16.

［245］ WBCSD. Industry, FreshWater and Sustainable Development. *World Business Council on Sustainable Development*, 1998 – 04.

［246］ Webster, P. J., G. Holland, J. Curry and H – R Change. Changes in Tropical Cyclone Number, Duration and Intensity in a Warming Environment. *Science*, 2005, 309 (5742).

［247］ Wellington, F. and A. Sauer. Framing Climate Risk in Portfolio Management. *Ceres and World Resources Institute*, 2005.

［248］ White, R. R.. Catastrophe Options: An Esperiment in the Management of Catastrophic Risk in the United States. *Journal of Environmental Management*, 2001 – 07: 62 (3).

［249］ Willis, M., M. Wilder and P. Curnow. Powering Renewables with Carbon. *Environmental Finance*, 2006, 7 (6).

［250］ Woodruff, R., C. Guest, M. Garner, N. Becker, J. Lindesay, T. Carvan and K. Ebi. Predicting Ross River Virus Epidemics from Regional Weather Data. *Epideniology*, 2002, 13 (4).

［251］ World Bank. Carbon Finance at the World Bank. Frequently Asked Questions: What is Carbon Finance? 2006, http://www.carbonfinance.org.

［252］ Yeoh, P.. Is Carbon Finance the Answer to Climate Control?. *International Journal of Law and Management*, 2008, 50 (4): 189 – 206.

［253］ Youguo Zhang. Structural Decomposition Analysis of Sources of Decarbonizing Economic Development in China: 1992 – 2006 ［J］, *Ecological Economics*, 2009, 68 (8 – 9): 2 399 – 2 405.

［254］ Zaman, P. and C. Brown. Ensuring that You Buy Clean Air and not Hot Air under CDM Emission Reduction Project Agreements. Presentation delivered at the Carbon Finance Conference, London, October 31 and November 1, 2005.

［255］ Zapfel, P.. EU ETS Review – evolution of the Scheme Beyond 2012. Presentation Deoivered at the Conference on EU Emissions Trading 2006, Brussels, July 10 and 11, 2006.

［256］ Zeng, L.. Weather Derivatives and Weather Insurance: Concept, Application And analysis. *Journal of the American Meteorological Society*, 2000, 81 (9). 2000 – 09, 81 (9).